天下文化
BELIEVE IN READING

LINK UP

溝通的方法

脱不花

目錄

推薦序

請加入這場無限遊戲

羅振宇（得到App創始人）

這篇推薦序只有一個任務：勸你一定要把這本書看完。

我自己買過太多沒看完的書，但從來沒人告訴我，我錯過了什麼。這篇序言要負起這個責任。

我給你三個看完它的理由。

第一個理由：這很可能是一本經典。

如果一本書能在一個古老問題下填寫新答案，本就足以成為經典。「如何溝通」就是這樣的古老問題。

如果一本書還能把古老的問題變成新問題，那它距離經典就更近一步。

如何說服對方？如何讓對方覺得舒服？這些是關於溝通的古老問題。而在這本書裡，脫不花問出了一個新問題：怎麼通過溝通，實現自我塑造？

人是通過選擇來自我塑造的。但是，窮盡我們自己的稟賦，選擇的空間仍然有限。有一個段子是這麼說的：「我媽問我為什麼不結婚，為什麼不上北大。難道是因為我不願意嗎？」你看，太多的限制性因素把我們困在當場。所以，不斷邀請他人進入自己的生活，打破資源匱乏的困局，借助各種外部力量，放大自己的選擇組合，我們才能成為那個想要的自己。

這才是溝通的終極目的。脫不花稱之為「無限遊戲」：將更多的建設性關係連結到自己的生命之網中，讓這張網受到滋養，不斷生長。

在這個視角下，有關「溝通」的每一個話題幾乎都會被改寫。

第二個理由：這是一個工具箱。

一個正常受教育的人，18歲之前，就已經知道了世間所有的大道理，但他一生都未必湊得齊應對挑戰的小工具。

比如，我早就知道要尊敬長者的道理，但直到我8歲那年，我堂哥在飯桌上對我父母說了一句「我吃完了，您們慢慢吃」，我才瞬間明白，此情此景下，「禮貌」的大道理是可以通過這樣一句話來實現的。

再比如，我早就知道為人要謙遜的道理，但直到20歲那年，我聽人講課，老師說「接下來我分享一些自己的經驗」，我才瞬間明白，傳經送寶而又不顯得好為人師，是可以用「分享」這個詞來實現的。

這些工具很瑣碎、細屑，但一個人的溝通素養，就是這樣持續蒐集，由涓埃匯成的。

不說「但是」，而是說「同時」；不說「你聽懂了嗎」，而是說「我說清楚了嗎」；不說「我來晚了」，而是說「謝謝你等我」；不說「你我」，而是說「我們」；不說「非常抱歉」，而是說「還盼理解」；不說「你過分了」，而是說「我很生氣」，等等。

這本《溝通的方法》，充滿了各種具體情境下可以快速調用的小工具。

脫不花寫這本書的姿勢，不是站在指揮席上揮舞道理的指揮棒，甚至也不是站在你的前面指引著遠方，而是站在你身邊，在你確有需要的時候，對你使個眼色，附耳過來：「你可以這麼說……」

第三個理由：這是脫不花寫的書。

脫不花是我的創業戰友，也是我一生的奇遇。

她沒有上過大學，但她寫的散文得過「人民文學新人獎」。她的知識量和好奇心，都遠超常人。我經常開玩笑說，一個沒上過大學的人成了著名知識服務品牌的創始人，這件事本身就非常勵志。

同時我也知道，「沒上過大學」對她到底意味著什麼。

她沒有可以倚仗的平臺，她登臨向上的每一步，都是通過溝通的努力，引來了貴人相助、能者幫忙、看客祝福。

所以，這本書其實不是她「寫」出來的，而是她「自我追問」出來的。這本書的寫作任務逼著她把自己用過的方法清晰表達出來。

順便回答一個很多朋友都好奇的問題：「羅胖，你是怎麼找到脫不花這樣的創業夥伴的？」我知道，他們的這句問話中，半是請教，半是豔羨。

其實很簡單。2013 年，我和她在一個非正式的學習小組裡相識。小組的成員大概有 10 人，來自各行各業。大家每月聚會一次，湊份子[1]請一位老師給我們講課。前後大概持續了一年多。在這樣的深度交流氛圍中，識別出一個能幹的人當然不難。

有一次，我試探性的問了一句：「我想創業，要不一起幹？」她說：「好。」

如此乾脆而平靜的態度，讓我當時小小的受了一次驚嚇。於是，兩年後，就有了「得到App」。

這個故事雖然簡短，但它包含了今天得到App最重要的基因片段：用「湊份子」的學習方式，尋找高價值的學習資源和氣味相投的人。這個故事也顯出了脫不花所有溝通技巧中最珍貴的部分：直白且果決。

這本來只是溝通風格的一種。但相處時間長了，我才認識到這種風格的價值：因為戰略透明，她會成為他人世界裡一個價值確切的節點。

這些年的共同創業，我一次次旁觀了她處理事務的方式：面對叢雜的難題，精準的設立目標，然後想辦法完成它。那種目送手揮、截斷眾流的姿態，好看。

你也許沒有機會和她共事，但是你面前有一本同樣風格的書。

看完它。

這是「得到App」立志要出齊的「職場四大名著」之一。《溝通的方法》是第一本。接下來的主題還會有：寫作、表達和執行。

作家凱文·凱利（Kevin Kelly）在他68歲生日的時候寫了這麼一句話：「傾聽你所喜歡的人時，要不時的追問『還有嗎』，直到他們沒有更多東西可講。」建議你也以這種方式追問脫不花和這本書，直到她沒有更多東西可講。

---

1 編注：「湊份子」是指大家各自拿出一些錢，湊在一起送禮或做某件事。

脫不花「使用說明書」

感謝你翻開這本書。

我相信，讀者買一本書，不是為了捧走一堆文字和概念，而是為了享受作者的服務，解決自己的問題。所以，請允許我把第一句話重新說一遍：感謝你翻開這本書，讓我——脫不花——為你服務。歡迎光臨！

請快速瀏覽一遍這份專門為你準備的使用說明書，以便更好的使用「脫不花」和這本《溝通的方法》。

我的第一種使用方式是：當你感到溝通是一件非常困難的事情時，我會從你身後把這本書遞給你，在你耳邊說一句——「你可以的！」

目前我在「得到」這個終身學習平臺擔任聯合創始人和CEO，但是你可能不知道，我連大學都沒上過。二十多年前，一個沒特長、沒背景、沒學歷的年輕人，從小城市漂到北京——你可以把這當作向下比較的一條「基準線」。這樣一個人，怎樣立足、怎樣學習、怎樣發展呢？我的答案是：靠貴人相助。

所謂的貴人，不是有權有勢的人，而是在關鍵時刻能夠指點我幾句竅門、教導我幾手絕活，甚至只是允許我偷窺幾眼他們的世界的人。他們教我見了天地，也見了眾生。這個過程中，我能用的方法只有一種：全力以赴的溝通。

寫作這本書時，我有一個強烈的衝動，就是把「**你也可以**」這幾個字交到你手中——你也可以把每一個你需要的人發展成你的貴人，你也可以在每個關鍵時刻尋求貴人相助。這並不取決於對方，而取決於你自己是否掌握了「溝通的方法」。

所以，每當你覺得自己遇到了難題，已經努力過，但不知是否該鼓起勇氣向貴人尋求幫助時，就可以想想我，告訴自己：「連她都行！」

我的第二種使用方式是：當你覺得與人溝通不順利時，我會舉起這本書，揮舞手臂，給你提個醒——把眼光從當下這一局挪開，看到溝通是一場「**無限遊戲**」。

所謂「有限與無限的遊戲」，[2]區別在於，有限遊戲有邊界，有天花板，有輸家贏家，以一方取勝為目的，比如打牌下棋、發動戰爭。而無限遊戲無邊界，不封頂，不對立，以可持續為目的，比如文化、宗教，還有生命本身。

很多人看到溝通中有強勢主動的一方和弱勢被動的一方，就認定溝通是一方「搞定」另外一方的有限遊戲。不，

2　原注：參見（美）詹姆斯．卡斯，《有限與無限的遊戲：一個哲學家眼中的競技世界》，馬小悟、余倩譯，電子工業出版社二〇一三年版。你也可以在「得到App」上搜索同名聽書，通過聽書解讀人提供的中國商業案例，更好的了解這本書。

溝通是一場無限遊戲。具體的溝通事項可能會結束，但是溝通高手能夠讓雙方的關係持續發展下去。

請允許我再強調一遍：溝通是一場無限遊戲。這是一個極其有用的規則，但是很可惜，絕大多數人並不知道，或者知道了也不相信。而我建議你，先選擇信，然後遵循這個規則去溝通。你會發現，天地自寬。

假如我今天做為銷售人員，向一個客戶推銷產品，而客戶無情並且無法挽回的拒絕了我。這顯然是一次失敗的推銷。但參考「溝通是一場無限遊戲」的觀點，如果我可以在被拒絕後加上一句話：「好的，您不需要，我就不再打擾您了。但是不好意思，我想占用您一分鐘的時間，向您誠懇的請教一個問題，我們的產品和服務您為什麼不滿意呢？您給我提提要求，我今後改善自己。」那麼，我和客戶仍然完成了一次成功的溝通。這一次，我們雙方的關係從「銷售人員和客戶」變成了「請教者和幫助者」。我的推銷雖然結束了，但我們新的互動關係從此建立了。

你看，溝通不是使用漂亮話術，而是建立信任關係。

所以，每當你在與他人的溝通中覺得卡住了，感到失控或者慌張，你都可以花5秒鐘給自己「叫個暫停」：「不要慌，先信脫不花的，這是場無限遊戲。我現在應該轉變目標，目標不是把話說了、把事辦了，而是把關係延續下去。徐徐圖之，來日方長。」

我的第三種使用方式是：當你覺得自己笨嘴拙舌時，我會拿著這本書，站在啦啦隊的位置為你打氣——我們有的是辦法做一個成功的溝通者。

「你呀，就是吃了不會溝通的虧！」

我不知道這句話曾經多少次出現在你的生活裡。反正30歲以前，我經常被貼上這樣的標籤，還為此偷偷掉過眼淚。因為長輩們認為，只有那些外向、熱情、會說話的人才算善於溝通。一個內向、害羞、不太會說話的「老實孩子」，肯定會因為不善言辭而吃虧。

這種「虧」經常「吃」得十分具體。比如，不主動彙報所以沒和上司搞好關係，說錯話所以惹身邊的人不愉快，不會拒絕所以老得幫別人加班，等等。

但不善言辭就處理不了這些問題嗎？不靠說，行不行？

試想，我們面前有兩個人，一位套路很深，[3]溝通時相當社會化；另一位簡單直接，訴求和目標都會坦誠告知。如果你有機會選擇一位合作者，肯定會選擇後者，不是嗎？誰說老實人就吃虧呢？

3　編注：「套路」原指武功招式，大約2016年開始在網路上流行起來，多為貶義，指一套精心策劃來設計別人掉入陷阱的計畫。說一個人套路很深，通常指這個人工於心計。

好的溝通方法，是要降低他人和我們合作的心理成本。至於「見人說人話，見鬼說鬼話」式的八面玲瓏，只會令人提高警惕，並不能促成你與別人的合作。

再試想，在一個商務宴請場合，一個初出茅廬的年輕人，內向又害羞，那他是不是可以通過其他方式來與他人溝通呢？比如，密切觀察飯桌上每個人喝茶的進度，然後以恰到好處的頻率站起來，幫大家把茶斟上，讓他們每次端起茶盞時都能喝上熱乎乎的茶。那麼，一頓飯下來，所有人都能感知到他的殷勤和善意，而且還會覺得他低調、得體。在這個意義上，他就達成了比「會說話」更好的溝通效果。

所以，每當你因為自己內向、害羞而對某些溝通任務有畏難情緒時，就可以再次「召喚」我出現——老實人也能成為溝通高手。這是一本**老實人的「溝通手冊」**。

我的第四種使用方式是：當你衝向熱火朝天的溝通現場時，我會帶上一個工具箱在路邊守候你。箱子裡裝有這本書，還有很多「任君取用」的順手工具。

《溝通的方法》不僅僅是一個寫作計畫，還是我發起的龐大計畫中的一部分。在這個計畫中，我和我的同事為了提高每個人的溝通能力，正在開設訓練營課程，推廣線下講座，培養專業的溝通教練，當然也包括出版這本書。我希望每個人都能從中找到最適合自己的方式來解決問題。

我把日常工作生活中最基礎的溝通情景一一拆解開來，

分析、配套對應的方法，便於你在面對實際挑戰時，可以針對性的學習，形成一套自己的打法。我在這本書中一共拆解了 18 個溝通場景，提供了幾百個具體案例和方法，覆蓋了怎樣與陌生人破冰、怎樣向他人求助、怎樣準備一場會議等常見問題。

不要小看這 18 個基本場景，它們幾乎構成了所有溝通場景的「積木」，你只要稍加組合，就足以應付各式各樣的複雜情況。你要帶著自己的任務來，形成自己的能力走。

這本書中絕大部分案例，都來自我本人和已經在「得到溝通訓練營」學習過的三萬多名同學的真實經歷，可以說，每一個溝通的方法背後，都有一個「經過生活的毒打」，最終「打贏了」的故事。

壞消息是，這看起來是很重的學習任務。好消息是，我們的溝通能力就像游泳、開車一樣，一旦習得，永不退化。通過系統化學習，我們完全有機會實現從抗拒溝通到掌控溝通的蛻變。

而且，我不是一個「沉默」的作者，我是為你服務的溝通教練。

每當你覺得有需要時，只要在「得到App」的搜索欄搜索「脫不花」，你就能找到我，把你的問題扔給我。只要是真實的溝通難題，我都會積極為你提供解決建議。而且，我會不定期舉辦「溝通的方法」公開課。如果你感興趣，可以隨時在「得到App」裡獲得這些公開課的訊息。

當然，我還有一些輔助的使用方式。請你留心書中的這些設計：

一、我在每一節的開始都會問你**三個問題**，希望你在開始閱讀之前先想一想。如果你願意，可以把自己的想法隨手寫在那一頁，並帶著問題繼續閱讀。

二、我非常願意把那些曾經啟發過我，並且我認為可能對你有幫助的好書和課程推薦給你。請留意書中的**注腳**——我在那裡為你準備了一些延伸閱讀材料和學習資源。希望這本書能成為一個入口，帶你走進一段非常奇妙的自我升級之旅。

三、我從本書第三部開始，會講解18個經常出現的溝通場景。在你展開一些你認為很艱難的溝通之前，比如，向甲方提案、說服上司接受自己的方案，都可以翻至對應部分，帶走溝通的方法。不要「**讀**」這本書，而要「**查**」這本書。

在這份說明書的最後，我懇請你收下這樣幾句話：

好的溝通不在於此刻，而在於未來要面對的所有時間；

好的溝通不在於你是否能達成眼前的目標，而在於你能否不斷的自我塑造；

好的溝通不是你和對面這個人之間的事，而是你和整個世界之間的事。

無論你遇到什麼挑戰，請記住，你不是一個人在戰鬥。我們，是自己人。

第一部

從傾聽開始，全力以赴的溝通

你有沒有發現這樣一個現象，就是當別人在說話時，你的內心一直在迴蕩著嘈雜的背景音：

「嗯，我有個特別好的例子。我能把這件事說得更精采。」

「他說得不對，我得想個絕妙的說辭來反駁。」

於是，在你心裡想著反駁對方的十八種方法時，對方的話題已經換了不下三個了。可以想見，你們接下來的溝通，有很高的機率是雞同鴨講。

RT1

總有人以為會溝通就是能說會道、舌燦蓮花。但恰恰是這個錯誤的目標，干擾了我們真正的溝通。我們總在想自己待會兒要怎麼說，卻忘了認真傾聽。

溝通的起點，是傾聽。這裡的「傾」，是傾巢出動的傾，傾箱倒篋的傾，傾盡全力的傾，是全力以赴的意思。只有全力以赴的去聽，我們才能聽出對方的真實意圖，才能識別出對方可能並不會說出口的那些潛在需求；同時，只有讓對方看到我們已經全力以赴的去聽了，我們給他們的回應才能被友好的接納。本書的第一部分，讓我們來看看，怎樣才能成為傾聽的高手。

01

先聽再說

畫好三個框，溝通不用慌

請你帶著這些問題閱讀：

- 你在傾聽別人說話時，是怎麼抓訊息重點的？
- 你能分清說話人傳達的情緒、事實和期待嗎？它們的區別是什麼？
- 請你回憶一下，主管交辦工作給你時，你們是怎麼對話的？

溝通最大的問題在於，

人們想當然的認為已經溝通了。

——喬治・蕭伯納

我對蕭伯納的這句話表示無比贊同。

因為我們「說」了，所以，我們就默認已經和對方溝通了。至於對方到底聽了沒有，聽懂了沒有，我們並不關心。而在聽的時候，我們也很少會主動核實聽到的訊息是不是準確、是不是完整。所以，每天在無數的辦公室都會循環播放同一句咆哮：「我不是跟你說了嗎？你怎麼像沒聽見似的！」

據說在日常溝通中，訊息左耳進右耳出，最後至多只留下一半，糟糕的是，我們並不知道留下的是哪一半。生活中人人都說傾聽很重要，但事實上能做到的人卻很少。

反觀那些公認的溝通高手，他們有一個共同性：溝通不靠說，人狠話不多。因為他們知道，口若懸河只會把人推開。把嘴閉上，把耳朵豎起來，才是讓他人願意和你溝通的頭號祕訣。

傾聽是溝通的起點。如果你無法聽懂對方表達的意思，甚至聽不全對方提供的訊息，絕對不可能展開真正有效的溝通。所以，我們要有點耐心，從最基礎的傾聽開始掌握溝通的方法。相信我，聰明人更得下笨功夫。

在正式學習之前，我們先來做幾道測試題，考察一下你的傾聽能力：

一、假設你是一名新員工，主管突然給你打電話問：「你現在忙嗎？」
請問，主管到底是什麼意思？是想臨時考察你的工作，還是想給你安排新任務？

二、你做了個方案，有個關鍵決策需要請示主管，主管倒是沒說別的，頭也不抬的扔下一句：「你決定。」
請問，這件事，你到底能決定，還是不能決定？

三、你去相親，對方問你：「你們網路公司，加班肯定很辛苦吧？」
請問，對方是關心你，還是好奇網路公司的工作情況，又或是含蓄的嫌你加班太多？

這幾句話都不長，字面意思也很簡單，但說話的人到底是什麼意思呢？你想，如果你就是對話中的另一方，當下就要做出反應，是不是還有點挑戰？這個挑戰在於，我們無法立刻從對方的隻字片語中分辨出他們的真實意圖。

第一題中，如果你按字面意思回答，我在忙這個、那個，主管肯定會覺得，「我問一句你說十句，什麼意思？是不是不想接新任務？」但如果你直接回答不忙不忙，那也不合適。主管可能會想，工作量不飽和啊！可見，一句話的含義並不是字面意思那麼簡單。主管真正想問的是：你現在對我有空嗎？所以在這個場景中，你只有一種回覆是正確的：「長官，您請講。」

第二題中，主管是讓你決定，還是不讓你決定，就得看語境了。這取決於你所在的職場環境、你和主管之間的信任程度，甚至是你的職位權威性。但是請注意，主管這裡核心想表達的是：「你全權負責。重點是，出了問題，你也要全權負責，因為方案我沒發表意見，是你定的。」

第三題中，相親對象問你加班辛不辛苦，其實是在了解：你有時間投入親密關係嗎？你願意傾注多少時間和感情呢？聽懂了這層意思，你就會意識到，要促成這段關係，加班的事根本不用多聊，要和對方溝通的，是自己對生活方式以及未來生活的想像。

發現沒有？要從一句話裡完全聽明白對方的意思，其實很困難。你需要具備基本的社會經驗，對當下的語境有判斷，還需要聽出對方的「弦外之音」，尤其是聽懂對方接下來的期待。

所以，我建議你在學習傾聽之前，先調取一下你以前看過的那些福爾摩斯、名偵探柯南之類的記憶，牢記一個意象—— 偵探。事實上，別人在表達時，無論是有意還是無意，都會隱藏一些訊息。我們應該像偵探一樣傾聽，全神貫注，把所有隱藏線索都挖掘出來，攥在手裡。

那麼，線索怎麼找呢？有個很重要的方法，叫結構化傾聽。別被這個概念嚇住了，我已經幫你把這個複雜詞彙翻譯成了一個特別簡單的方法，就是學會畫三個框，把訊息往裡裝，然後你就能看清楚，想明白，做正確。

結構化傾聽

結構化傾聽，是指你在接收到對方傳達的訊息以後，要習慣性的在頭腦裡畫三個框，分別放三件東西：溝通對象的情緒、事實和期待。

第一個框：情緒

情緒是我們內心感受的外在表現。高興、悲傷、恐懼、焦慮、憤怒……都是情緒。但對方通常不會直接表示「我很生氣，我很焦慮」，而是把情緒隱藏在話語裡面。[1]這就需要我們在傾聽時把對方語言裡隱藏的情緒識別出來，分清何為事實、何為情緒。

比如，「主管總是讓我加班」，這句話是事實還是情緒？

是情緒。「總是」這個詞，表達的只是一種主觀感受，而不是事實。當我們這樣表達時，或多或少都帶有誇張的成分。

很多情侶經常為這種詞吵架。一方說，你為什麼總是忘記我們的紀念日？另一方就會很生氣的駁斥，哪有總是，我不就是去年忘記了一次嗎？你看，這麼溝通，吵架就要升級了，最終很可能以「你不愛我了」和「你無聊不無聊」而告終。其實，對方要表達的只是「我覺得你忽略了我，我沒有安全感，所以很難過」，但身在親密關係中的他／她並沒有將此識別出來，當然也就不可能說出什麼對症下藥的話。

需要提醒的是，一旦出現「總是、老是、每次、經常、永遠」等類似的詞，你就可以立即告訴自己，對方是在宣洩情緒。我把這樣的詞叫做「**情緒路標詞**」。

「情緒路標詞」一出現，你就要意識到，對方沒有在陳述事實，而是在發洩情緒。這時候你要做的，不是跟他辯

---

1 原注：如果你對和情緒有關的研究感興趣，向你推薦心理學家阿爾布特．埃利斯（Albert Ellis）和阿瑟．蘭格（Arthur Lange）的作品《我的情緒為何總被他人左右》。

論事實真相，而是安撫他的情緒。只有把惡劣的情緒先降下來，雙方才有溝通的基礎。

第二個框：事實

什麼是事實？對方不帶情緒陳述的訊息都是事實嗎？不見得。和情緒剛好相反，我們只有在表達那些不受主觀判斷影響，可考證、可追溯的內容時，才會說它是一個事實。

當然，從對方丟給你的一堆訊息裡判斷哪些才是事實，是最考驗偵探能力的，需要你調用自己的經驗和對事件本身的了解。

我們可以借用新聞記者查核事實的方法，在對方的描述中考證以下幾個要素：who（人物）、when（時間）、where（地點）、what（事件）。如果能用四個 W 還原實際場景，那麼對方所言很可能是事實。相反，如果對這些要素語焉不詳，而僅僅從諸如「我覺得」、「我判斷」、「我認為」的主觀推論出發，那我們聽到的陳述很有可能不是事實。

第三個框：期待

什麼是期待？就是找出對方內心真正想要得到的東西。

了解了情緒和事實之後，我們需要結合二者來判斷對方的期待。

舉個簡單的例子。假如我是客服，接到一個用戶的電話投訴，說收到的商品有破損，很生氣。我該怎麼回應？是不斷跟客戶道歉，說「你別生氣，你別著急」嗎？顯然不是。如果被對方暴跳如雷的情緒帶著走，就沒法聽懂他真正的意思。愈跟他說別生氣，就愈是在火上澆油，把一起針對公司的投訴變成了私人恩怨。

實際上，我應該在頭腦裡畫出三個框，分別放入事實、情緒和期待：

事實：對方收到了一件破損的商品。

情緒：他很生氣，也很著急。

期待：趕緊換貨，最好還能補償他的損失。

所以，不要跟他在情緒上糾纏。首先承認他不應該有這樣的遭遇，然後承認錯誤，道歉，緊接著加上一句：「我馬上為您補寄新的商品，並且同步送您一個小贈品，希望能彌補一點點您的損失。」

發現對方真實的期待以後，我們就可以立即做出正確的反應。

反向敘述

大部分時候，只要我們梳理清楚事實和情緒，就可以判斷對方的期待。但有些情況下，對方只說了一、兩句話，傳達的訊息非常有限，很難分辨出他內心真實的意圖。這時我們就要利用反向敘述去挖掘更多的訊息。

所謂反向敘述，是按照自己理解的邏輯，重新描述一遍前面結構化傾聽獲得的訊息，請對方做個確認。

這個方法，我是從「得到App」的程式設計師那裡學到的。你知道，我做為「得到App」的CEO，完全不懂技術，是絕對的外行領導內行，而且還天天開腦洞、提需求，真是想想就討厭。我發現，在我提出一些技術需求的時候，有經驗的程式設計師一般不會當場答應；他會隔一、兩天再來找我，用他們的語言進行一次反向敘述。有時是他們理解錯了，我的需求和他們的反向敘述有出入；有時是我說得不太確切，那麼我會把需求重新梳理一遍，試著再描述一下。當然，也有很多時候，我意識到自己提的需求不可行，放棄了原先的想法。但是，我會因此更感激他。

通過反向敘述的過程，雙方有機會把對方的訊息徹底聽明白，更知悉彼此的意圖。

那麼，反向敘述的時候，具體的操作要領有哪些呢？你可以按照這三個步驟走。

第一步：回應情緒

這是一個「排雷」的步驟。我們在溝通中之所以會不清楚對方到底想要什麼，很多時候是因為情緒的阻隔。對方的情緒會影響他的思考和表達，進而增加我們傾聽的難度，因此，我們應該預先排除干擾訊息，提前處理情緒這個地雷。

然而，情緒是對方的，就算我們識別出來了，怎麼幫助對方把它從溝通中剝離呢？

最簡單的方式，其實是**點破和接納對方的情緒**。

這一點在三、四歲的小孩身上同樣適用。孩子如果情緒失控，大哭大鬧個不停，你只需要問他：「你現在是很生氣，還是很著急？」孩子就會立刻安靜下來。之所以會這樣，是因為此刻他需要切換狀態，審視、分辨自己的情緒。而只要他從原先的狀態中跳出來，就遠離了「情緒地雷」。

這裡要注意的是，千萬不要說「你別生氣，你別著急」。因為這是在否定對方的情緒。對方會把這種否定視為對他本人整體的否定。不管是孩子還是成人，都會更生氣。

你要做的，是點破：「我知道，這個時候你肯定特別著急。」給予對方的情緒正面的回應。對方如果感覺到他的情緒被你接納了，就會慢慢回歸到理性狀態。

就這麼一句，不要糾纏，立刻進入第二步。

第二步：確認事實

訊息挖掘主要是在這一步完成的。我們可以先把聽到的事實用自己的話描述一遍：「您剛才說的這幾點，我的理解是……，不知道我的理解對嗎？」

如果正確，對方就會給你個肯定的確認，如果不對，那他就會補充更多的訊息。

這是一般情況。但有時，對方表達的訊息，我們可能壓根兒就沒有聽懂。這時，不要逃避，可以借由一系列提問的技巧去追問，比如：「您能跟我再多講一些嗎？」甚至，再誠懇一點，直接說：「不好意思啊，這裡我聽不太懂，您能再跟我說說嗎？」

很多人怕對方不耐煩，不好意思追問。確實，很多時候對方的耐心是不太夠。但請你試想一下，追問／不追問帶來的兩種後果：一個是他現在稍微有點不耐煩，另一個則是你完全做錯了。你選哪一種呢？

透過追問取得訊息之後，就進入了反向敘述的第三步。

第三步：明確行動

所謂明確行動，是按照前面的所有訊息，把對方的期待翻譯成接下來可實施的行動，讓對方清晰的感受到，你確實聽懂了他的意思，並按照他的期待規劃出了行動。到這一步，就完成了反向敘述——取得所有訊息，也讓對方放心的整個過程。

掌握方法之後，我們馬上來練習一下：

假設你是人力資源部的員工，主管問你：「你這績效方案做這麼久了，怎麼還沒弄好？」

你該怎麼回答？

直接說：「沒有很久啊！週一交辦的任務，我已經做了80%，我們不是說好下週一交方案嗎？」

這當然不行。雖然你說的是事實，主管無法指責你，但他肯定憋了一肚子火。那麼，應該怎麼回應呢？

來，先把你聽到的東西放到三個框裡，整理一下。主管這句話裡傳達的情緒是什麼？「這麼久了，怎麼還沒弄好？」顯然，他是著急了。事實是什麼？這個任務是三天前安排下來的，當時約定的是下週一交方案。現在是週四，完成了80%，看起來合乎情理啊。問題出在哪兒呢？這就需要結合情緒和事實，進一步推導對方的期待了。

如果你的職場經驗比較豐富，可能已經猜出來了。但如果你資歷尚淺，還需要跟對方確認一下，我們就可以使用反向敘述的方法。

第一步，先回應對方的情緒。「不好意思，是我一直沒回報進度，讓您著急了」——點破對方「著急」引發的情緒。

說完這句，不要戀戰，立刻進入第二步，確認事實。「長官，我已經完成80%，有些小細節還不夠完善。先跟您確認一下，這份績效方案重點考慮哪些地方呢？」

主管會回答：「最近業務運營調整要配合績效方案，沒有績效就沒辦法展開調整。」這下你就聽明白了。主管要拿到你的工作成果以後，才能展開他自己的工作。那他的期待是什麼？他不是覺得你逾時了，而是想讓你提前交但沒有明說。

這時你就得趕緊明確一下接下來的行動：「好的，我以最快速度把主幹部分做出來，一些次要問題之後再完善。再針對最近的情況微調一下，做一份最適合現在營業情況的績效方案。明天下午四點，我們可以討論一下方案嗎？」

提前交，還考慮到了主管接下來最重要的工作方向，那他當然會欣然同意了。

這就是反向敘述的作用——當訊息不全時，就要跟對方反述一遍，挖掘出更多的隱含訊息，判斷出對方真實的期待。

如果說上述練習訓練的是你挖掘對方隱含訊息的能力，那麼接下來的練習，我們將帶你在接收到一大堆訊息後，有條理的跟對方反向敘述：

每年羅胖（羅振宇）跨年演講的籌備期間，我們合作的設計師都要接一個重大任務，就是設計羅胖身後那塊幾十公尺高的大螢幕上要展示的幾百頁PPT。

這項工作非常重要，所以每年我都要給他提需求。

比如，我是這麼提的：「今年的跨年演講要延續我們往年的設計傳統，視覺符號要保持住，我們的符號化要強。另外，我要提前告訴你一聲，羅胖的稿子可能給得比往年要晚一點，你要做好準備。還有，今年這個螢幕特別大，跟以往的規格不一樣。都說這種螢幕很難搞，特別容易出問題，一定要注意，千萬不能出事故。」

你說，我說得夠細嗎？好像還行。但是，這對設計師來說，一個不小心，全是廢話。他必須把我說的這些訊息進行結構化，才能「翻譯」成對他的設計工作有用的東西。

假使你的回覆是「花姊不用著急，保證沒問題」，那我可就擔心大了，你輕飄飄一句話就把這麼重要的事給搪塞過去了。你要是把我說的話完完整整的重複一遍呢？也不行。因為我還是無法肯定你是不是確實理解我的意圖了。

你需要跟我做個反向敘述。

首先，回應情緒。還記得前文介紹的情緒路標詞嗎？我說到「千萬別」這個詞，就說明我是帶著情緒的。你要先回應這個情緒：「今年螢幕確實特殊，我們明白您的擔心，我們也很重視。您放心，我們會多試幾個方案，然後跟您報告。」你看，一句話就安撫了我的情緒。

其次，確認事實。我上面表達的事實，其實就一句：「我們要延續往年的設計傳統。」對此，你可以這麼確認：「花姊，您說要延續往年的設計傳統，您看是不是這個意思：我們今年仍然保持字要大，頭像要大，暖色系，設計元素要簡單的設計標準？」這就確認了事實。

最後，明確行動。我在當中說了：「羅胖的稿子會給得晚一些。」我的期待是什麼，怎麼讓我肯定你確實理解我的期待了呢？就是把我的期待轉化成你接下來的行動。你可以這樣說：「稿子給得晚，您能給我一個大致的時間嗎？往年我們用三個設計師來做這個工作。如果今年情況緊急的話，我可以多調兩個設計師一起來為這個工作做準備，您看行嗎？」

這就是明確了一個行動，也是我期待設計師做出的行動。到這一步，我才能真的放心，你是考慮過這件事的重要性和緊急性才做出的安排，而不是跟在黑箱裡一樣，只回答一句「你放心，沒問題」。

發現了嗎？一個傾聽高手，自己聽懂很重要；把自己聽懂的信號傳遞給對方，給對方掌控感，讓雙方的溝通達成共識，也很重要。

更上一級：裝備「傾聽工具」

掌握方法之後，我再教你一招，就是在傾聽時裝備兩個小工具，可以發揮事半功倍的效果。

首先，準備一個筆記本。在職場溝通的場景中，不要讓這個筆記本離開你的視線。和對方說話時，你可以掏出筆和本子來問：「你說的很重要，我能記一下嗎？」

這個動作很簡單，3 秒鐘就能完成。但對方會因此對你非常滿意，因為，做筆記意味著你特別願意傾聽，這是尊重的表現。

記筆記的時候，你可以把頁面劃為兩欄，將聽到的資訊分門別類——經判斷為事實的部分放到左邊；右邊則是那些非事實的部分，比如對方的情緒、你自己的感受，等等。基於此，邊聽邊問自己——什麼是我需要做的？我該怎麼行動？非常重要的一點是，把行動清單整理出來，以特殊記號標記。

你可能會問，電腦同樣可以記錄訊息，為什麼一定要在本子上完成呢？因為，躲在電腦後面時，你可能無暇顧及和對方做眼神交流，很容易忽略他的非語言訊息，比如眼神和身體語言等。而當你對著電腦打字時，對方也很難判斷你到底是在聽他講，還是在跟別人微信聊天。

所以，我認為做筆記最好的方式是用本子記，而不是用電腦記，因為筆記本是一種能傳遞很多積極信號的工作道具。當然，如果你習慣使用電子設備，你也可以在iPad上寫筆記。我推薦一款手寫記錄軟體Notability，非常好用。

其次，你還需要一個「外掛」——錄音。

溝通時為什麼要錄音呢？因為，如果是長對話，尤其是在開會的場景中，只要是聽，就一定會丟訊息。你要花很長時間訓練，才能做到聽訊息不丟，聽訊息不忘。而錄音軟體可以直接把訊息完整記錄下來，充當你的「外腦」。

但請注意，錄音工具的作用是備查，方便事後查漏補缺，不能用它來代替你的筆記。還有，需要調用錄音的時候，不是聽，而是把錄音轉成文字。看文字比聽錄音效率高得多。推薦你在手機上下載一款錄音軟體「訊飛聽見」。除了錄音，這款軟體只需要一點點錢就可以把錄音轉成速記。

當然，你要提前和對方說一下：「我能錄個音備分嗎？」只要不是出於保密需要，對方一般都會同意。

花姊幫你畫重點

一、在溝通中有一半的訊息會被自動忽略，而且我們不知道是哪一半。相信這一點能讓我們提起精神，對溝通充滿敬畏。

二、學會在頭腦裡畫框框，把對方的訊息按照事實、情緒和期待來分類處理。

三、當對方給出的訊息比較少時，要以反向敘述的方式，按照回應情緒－確認事實－明確行動的順序，追問出更多訊息。我們追求的不僅是聽懂對方隱含的訊息，還要讓對方明白我們確實聽懂了。

聽話聽音

你能聽懂別人沒說出來的意思嗎？

請你帶著這些問題閱讀：

- 你覺得自己在平時的溝通中，最大的優點是什麼？最大的劣勢是什麼？
- 如果用一種動物來形容你的溝通風格，你覺得會是什麼？
- 你最重要的溝通對象，溝通特點是怎樣的？

> 雖然沒有兩個人擁有同樣的面孔，各種地方文化也存在著種種差異，但這些都只是一種表象，就本質而言，人類擁有同樣的心理結構。
>
> ——史蒂芬・平克

如果你能把實驗心理學家史蒂芬・平克（Steven Pinker）[2]的這句話聽進去，我相信你對人性的理解會更上一級。因為你會意識到：做為個體的人複雜多變，但人做為群體的一員時，其實非常容易被理解。如果我們能通過對人的行為特徵的分類、歸納、總結，找到一些基本類型，就能大大提升我們認識人、理解人的能力。

如果說，上一節我們處理的是溝通中的訊息本身，那麼，這一節我們要學習怎樣理解訊息背後那個最重要的變數——人。不同的人溝通風格迥異。愈早了解對方的溝通風格，我們就能愈早使用對他有效的方法來提高溝通效率。

---

2 原注：如果你感興趣，我強烈建議你把平克的著作都翻一遍。就我個人而言，最有收穫的是《白板：科學和常識所揭示的人性奧祕》、《語言本能：人類語言進化的奧祕》，還有《風格感覺：21世紀寫作指南》。

正式開始之前，我們先做個測試，看看你會怎樣處理這個溝通任務：

> 假設你有兩個主管，某天你向他們彙報方案，其中一個主管說：「我沒什麼意見了，你去問問王總的意思。」
> 請問主管是什麼意思，你聽懂了嗎？

不好意思，這道題是個坑。因為在這個場景裡，當事人性格不一樣，行為風格不一樣，兩位主管之間的關係不一樣，都會讓這句話的意思大相逕庭。如果不能理解他們是什麼類型的人，你根本聽不懂他這句話到底是什麼意思。

所以，我們需要一些工具，來幫助我們理解對方到底是什麼類型的人。

現在市場上有很多專業的行為風格測評工具，每個人是什麼類型，一測便知。如果你有機會，強烈建議你去做一做這樣的測評，很有趣。不過問題是，在實際工作和生活中，我們不能一見面就先讓人做套測評再開始溝通吧？所以，結合這些測評研究的成果，我會向你介紹一套最簡潔的分類方式，[3]你一次就能記住，並可以在未來和人打交道的過程中不斷驗證，糾正偏差，形成自己快速識人的能力。

在這套分類方式中，人們的溝通模式會被分成四種主要類型，分別是：控制型、表現型、謹慎型和溫和型。為方便記憶，我們可以用四種動物形象——老虎、孔雀、貓頭鷹和無尾熊來標注他們。工作生活中遇到的各種人物，都可以「分門別類」的以這些動物形象來表示。

怎樣識別

老虎

第一類人，如老虎一般強勢、有力量。這類人的特點鮮明且外露，能「打仗」，但掌控欲強。

觀察一個人是不是老虎型人有兩個小技巧：

第一，留意他的溝通特點。如果這個人習慣說祈使句，喜歡下指令，即便職位不是特別高，表達也非常直接，總想快速進入「說正事」的環節，那他很可能是老虎型的人。

第二，關注他在集體活動時的表現。比如大家一起出去吃飯，坐在餐桌前點菜時，經常會相互謙讓。如果某個人

3　原注：我在這一節以PDP職業性格測試（Professional Dyna-Metric Programs）為基本模型，總結了一套識別不同類型的人，並與他們進行高效溝通的方法。

「啪」的抓起菜單就開點，那他多半是老虎型人。因為老虎型人掌控感特別強，無法忍受這種亂作一團的情況出現。所以，不管是不是他請客，他都會率先打破這樣的局面。

老虎型人的目標感極強，總是當機立斷，因此非常容易被識別出來。

孔雀

孔雀的形象非常適合表現型的人：努力開屏，展現自己，高度在意感受。他們溝通的第一個特點是「自來熟」，跟任何陌生人見面，都不需要過渡就可以很快熟絡起來。在溝通過程中，他們經常把「關係維護」放在第一位，不自覺的取悅對方，希望對方喜歡自己，而具體溝通的事項可能就被擱置了。

雖然孔雀型人有時候會「為了關係，忘了事情」，但這不見得是缺點，而是他們溝通的特點。很多以對外聯絡為職責的崗位就需要這個類型的人。比如，孔雀型人特別勝任公關的工作。

根據我個人的生活經驗，孔雀型人的第二個鮮明特點是，他們非常願意跟別人發生肢體接觸。

人類學家愛德華·霍爾（Edward Hall）研究過人際交往的距離，[4]他將人與人的空間距離「從親密到生疏」劃分為四個類別。陌生人初次見面，通常在霍爾所說的社交距離

（social distance，1.2 公尺至 3.6 公尺）。這很符合我們的日常經驗——二人往往要相熟以後，才會慢慢靠近，從社交距離進入私人距離（personal distance），乃至親密距離（intimate distance）。

孔雀型人則「不走尋常路」。他們還沒真正跟你熟絡起來，就可以摟著你肩膀去餐廳吃飯了。這很大程度上是因為他們沒有社交距離的障礙。相反，如果你特別不喜歡跟別人有肢體接觸，那你有很高的機率不是孔雀型人。

貓頭鷹

貓頭鷹型人處事周全，講求事實依據。除此之外，他們還給人一種「聊天興致不高」的感覺。你可以試著在集體活動中觀察：有的人表態特別慢，甚至讓你覺得他們並沒有真正參與對話。但事實上，他們沒有走神，只是在細心觀察，那麼這類人有很高的機率是貓頭鷹型人。

貓頭鷹型人非常謹慎。他們在對一件事表態之前會蒐集足夠多的證據，即便表現出「興致不高」的抽離感，也是因為他們正調動感官，觀察周遭的人或事。

---

4 原注：參見Edward Hall, *The Hidden Dimension*, Anchor Books, 1990.

關於如何識別身邊的貓頭鷹型人，我還有一個經驗：貓頭鷹型人迷戀結構、系統、流程，經常在不經意間流露出對嚴謹系統的崇拜。所以，他們大多也是操作Excel的高手。

無尾熊

最後是無尾熊。回想一下掛在桉樹上啃葉子的呆萌小獸模樣，你就知道無尾熊型人的特點了——緩慢、溫和、友好。孔雀型人也是友好的，但他們看見人就往前撲，表現的是一種積極主動的友好。無尾熊型人則相對被動，不會主動和人拉近關係，總展露出毫無攻擊性的善意。

無尾熊型人經常掛在嘴上的是「隨便、我都行、聽你們的」，不爭不搶，不願意得罪人。

發現沒有？這四種風格的人，都有非常顯著的溝通特質。老虎和孔雀是主動型的，只是主動的動機不一樣——老虎主要是為了掌控局面，會不由自主的成為控場者；孔雀並沒有主持意識，只想表現自己，取悅對方。

貓頭鷹和無尾熊雖然都經常表現得非常被動，但無尾熊的初衷是不得罪人，貓頭鷹則是為了蒐集足夠多的證據，決定接下來怎麼做。貓頭鷹雖然被動，但不見得是溫和的；蒐集完證據以後，他可能搖身變成最堅定的反對派。

只要把握老虎、孔雀、貓頭鷹和無尾熊有共同性的特質，有意識的觀察、總結，就可以識別出身邊的人到底屬於什麼類型。

別被這些抽象的描述嚇著了。我們可以透過同事們一起約著去吃飯這個常見的溝通場景，來看看上述四種溝通風格的人會如何表現。你可以邊看邊代入一下自己身邊的人。

老虎會率先掏出手機，打開大眾點評App，告訴大家：「我已經看好了，排行榜第一名，我們走吧。」老虎總是最先拿定主意的那個人。當然，決定去哪家餐廳未必一定是排名第一這個理由，但他們總是目標明確。

但這個時候，孔雀會跳出來說：「哎呀，我去過一家餐廳，特別好，我還認識他們家老闆，我們要不要去那兒？」沒錯，孔雀會在取悅同伴的同時表現自己。

那貓頭鷹呢？他會等大家發表完意見之後提醒一句：「等一下，我們看看評論。排名第一，可能是便宜，也可能是店家刷榜。」貓頭鷹永遠是那個提醒大家控制風險的人。他甚至會補充一句：「我們看看高德地圖，[5]去這家是不是會塞車。」除了風險控制，貓頭鷹還會特別謹慎的計算，看決策是不是最合適的。

---

5 編注：高德地圖是由高德軟體推出的電子地圖服務，是中國大陸主流的地圖服務之一。就跟臺灣常用的Google地圖一樣。

而人群中毫無存在感的，通常就是無尾熊。等到大家想起他的時候，他才弱弱的說一句：「我都行，看你們。」

怎樣溝通

光識別出人群中的老虎、孔雀、貓頭鷹和無尾熊還不夠，我們要利用這種認知能力，和他們展開更有效的溝通。不過在此之前，我們要先承認兩個既定事實：

第一，不同溝通風格的人是均衡分布的。在一個溝通環境裡，我們有可能遇到各種類型的人。

第二，不同溝通風格的人之間會「不可避免」的產生矛盾。以慢熱的貓頭鷹和「自來熟」的孔雀為例：貓頭鷹還在小心觀察周圍環境時，孔雀猛的撲上來要跟他擁抱，他肯定受不了。所以，貓頭鷹「天生」對孔雀持有偏見，覺得孔雀咋咋呼呼，靠不住。

但掌控欲強的未必就喜歡聽話的——老虎其實特別受不了無尾熊的拖拖拉拉和隨便。如果你的主管是無尾熊，而你是老虎，那你肯定瞧不起你的主管：「這麼點事怎麼還拖泥帶水、毫無作為呢？」

而看起來井水不犯河水的老虎和孔雀，經常合作的話也會產生矛盾。比如，孔雀點餐時會習慣性拿著菜單問一圈：「小楊你想吃啥？小李你想吃啥？」這可就把老虎急死了——還不點菜，在這閒扯什麼呢？老虎控制欲強，會不自覺的打壓孔雀的自我表現。

舉這幾個例子，不是想要挑撥離間，而是想傳達一則重要的訊息：我們在工作、生活中會遇見各種溝通風格的人，和他們打照面時，要先摘除「喜歡／不喜歡」的偏見，並透過學習，掌握「對他們最有效的溝通方式」。

怎樣和老虎型溝通

如前文介紹的，老虎喜歡直切主題、掌控局面，目標感也特別強。正因如此，老虎害怕那種毫無目標的失控感。如果出現「包餃子沒幾個會擀皮的，逛公園沒幾個會認門的」這種情況，老虎就會抓狂。

結合這些特性，和老虎溝通時需要注意以下三點：

第一，老虎既然喜歡直切主題，溝通時就別做過多鋪墊，或在那兒「循序漸進」。這些都不重要。你要爭取在一個回合裡把他的疑惑解釋清楚。

第二，別讓老虎覺得你是一個「黑箱」，要給他足夠的掌控感。如果你的上級是老虎，讓他知道你的工作進度非常重要。但請注意，進度同步不等於天天向上彙報，老虎也很煩來回溝通；和他約定一個時間，定期彙報即可。相反，如果你的下屬裡有老虎，你需要給他清晰明瞭的指令，告訴他目標是什麼。具體過程可以不用管，因為老虎並不喜歡被控制。

第三，老虎的目標感特別強，但反過來，如果老虎和你溝通時，你發現他既沒設立目標，又不下達指令，那只意味著一件事：他在跟你客氣。老虎雖然喜歡直接，但不見得情商低呀，當然也會佯裝客氣。只是，老虎的客氣，真的就是客氣一下而已，他們是在出於各種考慮憋著不表達自己的真實意圖。所以，一發現老虎在假客氣，你就要馬上讓他提提意見，請求他把目標說出來——這才算真正聽懂了一隻老虎「無聲的吶喊」。放心，他會說的。

怎樣和孔雀型溝通

孔雀在溝通中好「對付」，也「不好對付」。好對付是因為，只要表達對孔雀的喜愛，就能讓他特別滿意。不好對付則是因為，要堅持不懈的表達喜愛。所以，與他們共事、生活，並不容易。

我有位大作家朋友，他的妻子做得一手堪比米其林三星的好菜，而且每天換著花樣做，常常看得大家垂涎三尺。但是有一天，作家朋友在與我們閒聊時說到他的妻子：「唉，我也有我的難處。」

大家一聽，這不是得了便宜還賣乖嘛，能有什麼難處呢？

作家朋友說：「我夫人什麼都好，還會做飯。但她的性格吧，是個大孔雀，需要強烈的讚美。所以，我每天吃頓飯比寫本小說還難，因為人家菜色不重複，我讚美的話當然不能重複。」

這就是跟孔雀溝通的難處。你得絞盡腦汁，變著花樣讚美。當然，我這朋友兩口子也是天作之合：一個是作家，特別懂得描述和讚美；一個是孔雀美食家，樂此不疲的幹活。

如果你的另一半也是孔雀，就多多誇獎、讚美吧。別找藉口，說一家人那麼客氣幹麼。想要過好日子，就得使用對他最有效的溝通方式，第一時間發現他的情緒，肯定他，讚美他。

反過來，如果孔雀與你對話的過程中一直沒有「開屏」表現自我，那就趕緊問他：「你現在有什麼感受？」不是問有什麼想法、建議，而是問感受。孔雀對任務、目標都不敏感，唯獨對感受敏感。他最受不了的就是他的感受被忽略。

可以說，「人人都需要被看見」，孔雀則特別需要被看見。面對孔雀，要探尋、回應他的感受，並表達對他的感受的重視。這就是對孔雀行之有效的溝通方式。

怎樣和貓頭鷹型溝通

跟慢熱、研究型的貓頭鷹打交道，一定要非常主動，主動為他提供訊息、流程和規則，推動他進行判斷。

需要注意的是，貓頭鷹不會輕易表揚人。對他們來說，得出「一個人是否可靠」的結論，要建立在足夠多的「證據」之上。如果貓頭鷹沒表揚你，不代表他不喜歡你，他只是還在蒐集訊息。

貓頭鷹還會經常提出負面回饋。對此，如果我們直接說：說啥都不行，你說個行的？溝通就難以為繼了。事實上，貓頭鷹做為風險謹慎型的人，會不斷指出任務中潛在的風險點。這般「唱反調」，貓頭鷹並不認為自己在反對你，他只是覺得你還沒有提供足夠的資訊，讓他相信眼前方案的可行性。只要你給足正面證據，用它們來「覆蓋」負面回饋，貓頭鷹就會馬上改變態度相信你。

也就是說，貓頭鷹只是看起來特別難溝通——不輕易誇人，還總提反對意見——其實是有一套自己的規則和規矩。了解這一點以後，雙方溝通起來並不費勁。

但如果反過來，貓頭鷹對一件事情特別積極，比如，你話音剛落就率先表態，這通常不會是他的真實意圖。他可能是迫於生活經驗，在跟你客氣，也可能是想盡快結束對話。出現這種情況時，你要重新找個時間與他溝通，解決潛在的問題，別讓他在蒐集完證據以後成為你堅定的反對派。

怎樣和無尾熊型溝通

無尾熊在組織裡的存在感不強，很難在高層領導者裡發現這類人。這首先是因為他們沒有什麼目標感，其次是因為他們怕得罪人，而這恰恰是領導者必須避免的特質。但溫和、適應能力強的無尾熊可以是很好的助手；如果你要聘用祕書或助理，無尾熊會是很好的選擇。

無尾熊好說話，但這不意味著他們沒有自己的性格。無尾熊害怕變化，他們之所以努力適應所有人、配合所有人，就是因為懼怕「適應不了，配合不了」帶來的矛盾與變數。

也就是說，嘴上掛著「我都行」的好好先生無尾熊，肯定不是怎麼都行的！他可能每分鐘都在內心吶喊：「我好害怕！我壓力好大！」所以，無尾熊是特別需要去維護和關照的一類人。當你和無尾熊溝通某項工作變動時，一定要意識到，他說「都行」的時候，可能沒講真心話，也一定要去探尋那句「都行」背後的壓力和顧慮。

但反過來，如果你自己是無尾熊，你也要知道自己的那句「都行」，是會讓別人，特別是老虎抓狂的。別人適應你的同時，你自己也要有意識的做出調整。

了解四種類型的溝通風格之後，我們要明白：一方面，與他人溝通時，要承認任何一種溝通類型的合理性，用最有效的方式與之溝通；另一方面，我們自己要努力修練，學會在各種風格間切換，不讓溝通能力「偏科」[6]——需要我當孔

---

6 編注：「偏科」是指在學習過程中，對某幾門科目掌握得很好，成績總能名列前茅，但某幾門科目的表現卻是中等，甚至在平均水準之下。

雀時，我可以衝出來扮演孔雀，哪怕這樣讓我很有壓力；該當老虎時，也可以當機立斷，雖然這麼做可能「違背」了我的本性。

當我們可以為了某個溝通任務，扮演一個與自己截然不同的角色時，我們的溝通能力就會得到顯著提升。

更上一級：怎樣和複合型人溝通

掌握老虎、孔雀、貓頭鷹和無尾熊的溝通特點後，我們再來增加一點學習難度，看看如何與「複合型人」溝通。

所謂「複合型人」，是指他可能既有老虎的特徵，也有貓頭鷹的特徵；或者既是孔雀，又是無尾熊。

一個人複合的溝通風格，大多是後天環境使然。比如，老虎為了獲得更多的掌控感，漸漸培養出了煽動周遭人的「孔雀特徵」。再比如，貓頭鷹難以忍受混亂，把自己逼成了老虎。這些「變異」都有可能發生。

在溝通場合遇到這種複合特徵的人該怎麼辦呢？其實，我們也可以用複合的方式去回應他們。

舉個例子，遇到孔雀和無尾熊的複合型人，讚美他、不要讓他處在變動中就可以了。

遇到老虎和孔雀的複合型人（如果老虎身上有了孔雀的溝通特質，在跟人溝通的時候就會柔和一點），要讓對方在自我表現的同時獲得掌控感。

老虎和貓頭鷹的複合型人可能是最難「對付」的，因為他們既要目標，又追求過程。如果遇到這樣的人，你就要嚴格按照對方的目標和路線行事，不在細節上出紕漏。

要特別提醒你的是，面對一個職位很高、年齡偏大、經驗又非常豐富的領導者時，你其實很難讀出他的溝通風格。這不是你的問題，而是對方隨著「戰鬥值」的提升，把自己修練成了非常均衡的風格，隨機應變，順勢而為。這是我們每個人努力的目標。

當然，在達成這個目標之前，有一個問題亟待我們解決：即使我們能辨別出對方的溝通風格，但對方因為種種原因，在溝通時表現得不那麼友好，怎麼辦？

這種極端情況，我們會在下一節展開討論。

花姊幫你畫重點

圍繞溝通場景中最重要的變數——人，我向你介紹了四種不同溝通風格，最後用一張表格來做簡單的總結。無論面前是剛認識的人還是很熟悉的人，不管要展開深度溝通還是淺度溝通，這個基本分類會讓你更加有的放矢。

類型	老虎	孔雀	貓頭鷹	無尾熊
特徵	控制	取悅	謹慎	溫和
害怕	失控	被忽略	混亂	變化
非正常狀態	沒目標	沒表現自己	率先表態	欣然接受變化
有效的溝通方式	目標導向	肯定他	有序	主動維護

03

積極回應

你能讓不友好的人好好說話嗎？

請你帶著這些問題閱讀：

· 如果對方問了一個你不會的問題，你通常是怎麼回應的？你有沒有想過更好的回應方式？
· 如果對方提出了一個你並不想答應的需求，你會如何答覆呢？
· 當主管向你提出質疑時，你要怎樣應答呢

直言有諱。

——左暉

我很佩服貝殼找房、鏈家地產的創始人左暉老師。不是因為他公司做得大，而是因為他在十多萬人的組織裡提出了一個非常簡潔的文化主張：直言有諱。翻譯一下就是：有話要直說，方式要恰當。這很難啊，我的朋友。

這本書行進到這裡，你已經會在頭腦裡建立訊息處理框架，能聽懂對方的意思，聽出隱藏劇情，並且透過有效確認，讓對方知道我們確實聽懂了。這時，一個完整的傾聽過程理論上就實現了閉環。[7]

只是，這裡有一個前提——在這場溝通中，對方是友好且善意的，你自己也具備處理問題的能力，而且雙方是一起奔著解決問題去的。

但我們都知道，之所以要花大力氣學習溝通，是因為在真實社會中，人與人的交往並不都是那麼和風細雨。雖說不至於血雨腥風，但聲東擊西、刀光劍影肯定少不了。如果對方沒有抱持善意，該怎麼辦呢？或者，對方的意思我聽懂了，但這個行動我就是不想做或者沒能力做，又該怎麼辦呢？我還能把自己的真實意思回饋給對方嗎？怎樣做，才算直言有諱呢？

我們不可能只接受那些想回答的問題，也不可能只回應我們能處理的問題。任何問題，我們都要給予積極的、善意的回應。記住這句話吧：一個溝通高手，應該有這樣的自覺，可能有我們解決不了的問題，但沒有溝通不了的問題。

那麼，在對方不那麼友好的溝通氛圍中，如何給予積極回應呢？我的答案是，學會「四個換」——換口徑、換時間、換場合和換角色。

換口徑

我們可以透過一種最極端的情境——假設對方帶有滿滿的惡意——來看在溝通中「換口徑」的招式。

換口徑是指，對方問你的是 A 問題，但你偷換個概念，用 B 口徑來回應他。

這種方式其實特別適用於我們職場上的一些場景——對方的態度不大友好，但我們還要維持基本的友好關係。

---

7 編注：「閉環」是指執行一項工作時，在過程中給予回饋，使這個執行過程得以不斷優化。

假設同事來找你幫忙，你剛好在忙，沒有時間。對方陰陽怪氣的說：「呦，您現在可真是個大忙人呢！」這個時候你該怎麼回應？

如果你反駁：「可不是，哪比得了您，每天都閒得沒事幹。」那完了，這下算是結仇了。正確的回應方式是：「唉，我就佩服您這樣的業務大拿，[8]舉重若輕，什麼事兒到您手上都能很快解決。」

這個回覆，就把「你是個大忙人，看不起同事，不願意幫助同事」的問題，置換成了「你對同事的評價很高」。口徑一換，兩個人潛在的衝突關係就被削弱了。

因此，當你聽出對方不是非常善意的時候，就可以用這種方式來處理他的情緒。但是需要提醒的是，用換口徑的技巧也有一定風險，因為它的分寸很難拿捏，特別容易被人看成是耍小聰明，顯得不夠真誠，不利於後續的溝通，所以最好慎重使用。

換時間

還是同事找你幫忙的例子，緩和完情緒之後，你就可以說：「我手上的事大概今天能忙完，我們約明天下午三點一起來討論一下你這件事，可以嗎？」

這種回應方式就叫換時間，即另找時間來解決對方的問題。

比如，你馬上要下班了，主管突然叫住你說：「我想給你換個部門。把你調到客服，你覺得怎麼樣？」

這實在太突然了，一點心理準備都沒有。那你是不是只能回答「行」或者「不行」？要是回答「不行」，主管會不會不高興？

很多人在這個時候一定特別緊張。但我要提醒你，此時此刻你就可以採取「換時間」的方式，化被動為主動。比如，你可以這麼回覆：「長官，這麼重要的事，我得認真想想。您能不能給我點時間，我好好考慮一下，下週一我來向您報告，您看行嗎？」

主管一般都會說：「行，你想好了再來找我。」或者說：「這件事很急，只有24小時給你考慮，你明天就得來找我。」

其實，給你多長時間一點都不重要。重要的是，化被動為主動。主管突然問你，不管你怎麼回答，都是被動的。因為你沒想過這件事，就只能做應激反應。[9]但換過時間後，等

8 編注：「大拿」是指在某一地區、某一單位或某一領域最有權威或掌握大權的人。

9 編注：「應激反應」是指有機體對各種內、外刺激因素所做出的全身性適應性反應。

你下次再找主管，你就是溝通的發起者了。你可以帶著你想好的目標、條件、計畫、要求，來跟主管溝通。

通過這一舉措，你把溝通的掌控權拿回到自己手上，變成了一個主動發起溝通的人。

而在極端情況下，你甚至可以用「一分鐘暫停法」來換時間。比如，對方突然說了一段很激烈的話，如果你緊接著開口，無論你是情緒多麼穩定的人，都可能受到影響。即使你不受影響，對方也很難馬上從情緒中出來。那麼，不管你說什麼，接下來就都是短兵相接、兵戎相見。

這個時候，你就可以叫個暫停：「實在不好意思。我能去個洗手間嗎？一分鐘就回來。」或者說：「真抱歉。有點急事，我需要打個電話，一分鐘就回來。」

不要小看這一分鐘。就在這一分鐘裡，你們雙方的關係發生了改變。等你再回來時，肯定是由你來發起新一輪的溝通，換你拿下主控權。

籃球比賽時，教練會突然喊一個暫停。不懂的人會以為，他喊暫停是要布署新戰術。其實不然。有的時候教練就是希望透過喊暫停的方式，改變一下比賽的節奏。節奏一變，策略就變了，勝負雙方的把握可能也變了。這就叫做換時間。

你可能會想，這個換時間的招式和回避問題有什麼區別呢？差異在於，你有沒有明確下一次溝通的時間。

以上文提到的同事找你幫忙為例，如果你直接說：「我現在比較忙，待會兒吧。」給人的感覺就是回避和拖延。但如果你說：「我手上剛好有件事在忙，半個小時後我去找你，你覺得可以嗎？」這樣就跟對方約定好了明確的時間點，表達出了我是明確想為這件事負責的，只不過不是現在而已。這當然不算是回避問題。

很多時候，我們不見得當場就能聽懂對方的意圖，往往需要再琢磨一下，找人商量一下，才能把事情搞清楚。在這個意義上，換時間，就是為自己爭取機會，主動製造一個時間窗口。

換場合

除了換時間，空間意義上的「換場合」也是一個有效的招式。

舉個例子。今天主管開大會，說：「接下來我們要大幹一百天，所有的幹部把休假全部取消，週休二日全部要來加班，我們一定要達成今年的總目標，大家有問題嗎？」

主管的話擲地有聲，剛說完，你就面露難色。主管發現了，問你：「你有什麼難處嗎？」

假設週末你跟女朋友約好要給準丈母娘接機，你該怎麼跟主管回覆呢？

如果你說：「我丈母娘要來，我得去接機，所以週末加不了班。」你覺得主管會怎麼回覆你？

主管只能說：「怎麼回事？剛才開會你沒聽嗎？你不是這公司的人嗎？你跟公司的戰略沒關係嗎？」

你看，它馬上會演變成一場非常激烈的衝突。但如果你覺得剛才這個答案太硬了，換個更委婉、更開放的，比如：「長官，實在不好意思，週末我已經有安排了。我馬上要結婚，週末丈母娘過來，我得去接機。我這週末請個假，您看行嗎？」

這個回答聽上去柔和多了，但不好意思，仍然沒用。因為對主管來說，你的語氣、措辭固然重要，但更重要的是，他要給團隊打氣，你卻站出來給他當頭潑了一盆水。哪怕這盆水是溫的，也澆了他一個透心涼。

事實上，這個時候應該使用的是換場合大法。你可以這麼說：「小事，不耽誤大家，會後我跟您說。」

這句話一說，相當於把這件事給降級了。等散會之後，你可以到他辦公室，私下跟他說：「長官，真抱歉。我最近快要結婚了，丈母娘週末要來看婚禮籌備，我要去接一趟。但是後面的加班，我都沒問題。」絕大多數情況下，主管都會答應你。

你可能會問，為什麼主管在會上那麼憤怒，會後他就會答應你呢？其實，不是因為你們的關係變了，而是因為主管的身分變了。

在公開的場合，他代表了公司，要維持公司形象的嚴肅性。你來不來其實是小事，關鍵在於，你當眾拒絕的話，他很難再去要求其他人。但在一個私下的場合裡面，他只代表了他個人。做為一個人，當然能夠理解你的難處。

這個方法就叫做換場合。當然，它還有不同的用法。如果你希望升級一件事的重要性，你就要把場合做擴大化的處理。

比如，主管在走廊裡把你攔住，說：「上個月的數據怎麼回事？你給我說說。」假如你希望借此協調多個部門的配合，你就可以這麼說：「長官，這事太重要了。難得您有時間，我把王部長和張部長都叫來，一塊兒給您彙報，您看行不行？」多叫了兩個人，等於把這個場合擴大了，這個問題的重要程度也就升級了。

不過，叫人之前，你得跟主管說清楚，為什麼要叫這兩人一起。你也要跟這兩個人說清楚，叫他們來參與是為了什麼，來了幹什麼。不能為了擴大場合而擴大場合。

當然，在使用這個方法之前，你心裡要有一個判斷：「降級」或「升級」，主管會不會認可。如果你做不了這個判斷，就不要輕易換場合。

換角色

但有的時候，我們確實判斷不了怎麼辦？這個時候還可以用「換角色」的方法，把球往回踢一下，交由主管判斷。

還是上面的情境，你可以這樣跟主管說：「長官，我覺得這個數據可能不適合放在這麼大範圍來討論，您覺得呢？」把判斷權交給主管，他如果判斷就現在說，那你照常說就可以了。

也就是說，在我們不方便回答、不願意回答，或者沒有能力回答的情況下，還可以透過「換角色」來回應。

再比如，主管突然問了你一個問題：「你覺得你們這個季度的指標訂得合理嗎？」

你也許會想：我既然這麼訂，肯定覺得是合理的。但是主管這麼問，他到底是怎麼想的呢？

這個時候，你就可以把問題扔回去：「長官，這機會太難得了。您既然問到這個了，我特別想跟您請教，您看我們的指標怎麼訂才能更合理、更符合公司的大局呢？」這個提問一出口，相當於把球傳了回去，回答問題的角色也換了。你的角色從回應者變成了提問者。

當然，你還可以把自己回應者的角色切換為主持人。

主管突然問你：「你覺得你們團隊表現得怎麼樣？你給自己打多少分？」

你應該看出來了，這個問題是個坑。你做為一個團隊的負責人，其實很難回答這個問題——打滿分，主管覺得你太狂了；打分特別低，你肯定不甘心。要是打個八分（滿分十分），主管下一個問題肯定是：「那兩分扣哪了？你說明一下。」這問題就沒完了。

怎麼辦呢？這個時候，如果現場有好幾個人的話，你就可以用換角色大法，從這個尷尬問題的回應者搖身一變成為主持人。具體怎麼做呢？

你可以「訪問」團隊裡的人：「王老師，你從我們團隊成立的時候就一直都在，整個過程你都有感受。你覺得，我們團隊應該打幾分？」當然，你也可以把球傳給其他人。這麼做更大的好處，就是可以讓更多的人都參與到對話當中來。

不過，我知道你心裡一定在嘀咕：換角色好是好，但這是不是甩鍋呢？

我認為，是不是甩鍋，我們自己心裡是有桿秤的。

就拿剛才的例子來說，把球傳出去之前，我們至少要對以下兩個問題有足夠清晰的認識：第一，團隊關係到底怎麼樣，你心裡是有答案的；第二，團隊成員能不能接住提問，在了解他們的情況下，你肯定也會有基本判斷。比如，你不能把這個問題拋給團隊裡的「情商黑洞」，他會怎麼回答這個問題，你心裡沒底。而且，讓「情商黑洞」來回答，也是為難他。所以你肯定要把這個問題交給團隊裡情商比較高、平時就接得住話的夥伴。對他來說，這不是個鍋，而是在大主管面前表現的機會。

當你成為主持人時，最好把問題拋給那些更專業的人——這個方法在銷售行業特別適用。

比如，我是一個銷售人員，帶著我們團隊去拜訪客戶。突然，客戶看著我們的資料，問了一個問題：「我剛發現，你們還沒有通過六西格瑪認證。」[10]

使用結構化傾聽法，我立即知道，對方是在表達一個訴求：他想和我重新談價格。這時候我怎麼辦？

我應該換角色，以「主持人」的角色說：「您這個問題太重要了，可問到點子上了。我先請技術同事跟您說一說。」這個時候，你就可以請工程師來解釋六西格瑪認證這樣的專業問題。

等工程師說完，你做為主持人再把話接回來：「我不知道他說清楚了沒有。工程師都很專業，我再給您翻譯一下。雖然我們現在還沒有完成認證，但我們提供的服務可是符合六西格瑪標準的。我這兒給你拍個胸脯，如果沒有達到您的要求，讓您產生了損失，我們公司包賠，您看這樣行不行？」

首先，請工程師來回答這個問題，是因為他會介紹得更詳細、更專業，也更能讓客戶信服。其次，透過這個重新建立群體溝通的方式，你拿回了主控權，激烈的衝突也會因此得到化解。

「四個換」我們都介紹完了。以我自己多年的職場經驗，一個人如果掌握了這幾種換法，無論對方說什麼，大概都能回應。

真話不全說，假話絕不說

我相信此時你會有這樣的隱憂：「四個換」，是不是回避真實問題，耍心機啊？在這裡，我要嚴肅認真的和你強調：任何一種工具、任何一種能力都有限制，也都有邊界。當你用這幾種置換法溝通時，一定要記住下面這句話：真話不全說，假話絕不說。無論用什麼技巧，溝通中的這條底線不能破。

為了回避一些激烈的衝突，或者讓溝通能夠進入一個有序的狀態，我不見得要把所有的真話都表達出來。直言也應該有諱。我可以有選擇的和對方交流，不合適的訊息不說，

---

10 編注：六西格瑪，原文「Six Sigma」，是一套用於改善生產作業流程、消除瑕疵的方法，後來廣泛應用於商業領域，是商業管理的一種戰略。臺灣譯為「六標準差」。

不合適的場景也不說。這就是真話不全說的意思。

當然，更重要的是，假話絕不說。我可以用各種方式、各種技巧來回應對方。但是在回應的過程中絕不說假話。要知道，我們說的任何一句假話都有可能被傳出去、被公開化。一旦說過一次假話，我的職場信用就徹底消失了。那時候，我懂再多的溝通技巧也是無用的。所以，溝通能力愈強，就愈得要求自己，絕對不說假話。

一定要積極回應嗎？

我們系統性的介紹了積極回應的四大技巧以及技巧使用的邊界。但我知道，你可能會從根本上質疑積極回應的必要性：一定要這麼做嗎？那我多累啊。而且有的時候態度差點，對方可能還會被我震懾住，是不是能更快實現我們的溝通目標？

但我想告訴你，要在職場溝通中為自己「種下」一個意識，一旦進入多人溝通的場合，我就是主持人，我就是球場上的「攻勢發動機」——所有的球都送到我這兒來，我得把球再發出去。我們都需要找到這個角色的信念感。

我有一個朋友叫王瀟。她是一位創業者，也是一位暢銷書作家。王瀟跟我說，她寫書經常會遇到不想寫、寫不下去的時候。這時她就會用一種方法，叫做「上身法」。什麼意思呢？王瀟有一位精神偶像，梁鳳儀，也是一位創業者，同時也是高產作家。每當寫不下去時，王瀟就問自己：如果是梁鳳儀，她這個時候會怎麼做呢？

王瀟告訴我，每次這麼一想，她就想像自己此刻正被梁鳳儀「上身」，那些不想寫、想拖延或者沒靈感、寫不下去的情緒就全都消失了。所以，她才能在創業這麼繁忙的情況下，每天堅持寫作，現在已經出版八本書了。

同樣，在溝通場景中，我們必須要有角色的信念感。不管今天我們是什麼身分，職位是高還是低，在溝通過程中，我就是主持人，我就是「攻勢發動機」——即便我現在不是貝克漢，還是可以先到這個位置上去。當然，我們的能力也會在一次次主動訓練中得到提升。

生成這個意識，還有一個額外的好處——我們的小情緒也能得到解決。下次如果再遇到這樣的情景：「憑什麼啊？把鍋都甩我頭上！」、「憑什麼啊？每次都要我主動！」請你一定告訴自己：「不憑什麼，因為你對自己要求高。你對自己的期許更高。」

更上一級：讓積極回應成為本能

關於積極回應，我在日常溝通中還有一個絕招，它讓我無論後面說什麼，對方都覺得我是積極和正向的。現在我就把這個祕訣教給你。

很簡單，要求自己在開口之前，把第一句話定位為，給對方一個肯定。也就是說，無論對方剛才說了什麼，無論我接下來說的是什麼，我都要把第一句話處理成一個肯定。這叫做修練「肯定反射」。

比如，可以用幾句簡單的話來回應：

您的意見一直對我都很重要。

您剛剛說的這些太有啟發了。

您提的這個問題，對我們的幫助很大。

那麼，如果對方剛才說的，我不是特別認同或者沒有資訊量，怎麼辦？你仍然可以傳遞肯定。

比如，可以發現對方的一個優點：

我沒想到，您花了這麼多時間跟我聊這件事。

這一大早，幾位這麼大老遠來到我們公司，非常感謝。

請注意：我們傳遞肯定，不是為了取悅對方、討好對方。事實上，愈是積極肯定對方，就愈是在彰顯「我很自信，我很有把握，我對接下來的局面很有掌控感」。這對於我們後面的溝通是非常有價值的。

當然，如果我接下來要表達的是負面的意思，也就是說，我們的溝通可能不太愉快，甚至不見得能取得共識，我用第一句話去傳遞肯定就更重要了。因為，從長遠來看，我們還是希望互動能持續下去。這種時候，肯定對方，其實是為雙方留下一個態度意義上的餘地。

花姊幫你畫重點

一、面對那些我們不想回答、很尷尬、處理不了，甚至對方可能帶有惡意的溝通場景，我們依然要積極回應。回應的時候，還是先處理情緒，再處理事實和期待，但最終目標都是要解決問題。

二、面對艱難的回應，我們有四個辦法：換口徑、換時間、換場合、換角色。這四招都能讓你拿回溝通的主動權。

三、修練自己的「肯定反射」，讓積極回應成為自己的本能，也成為別人對我們的印象標籤。

第二部

掌握溝通三大原則，不犯低級錯誤

有這樣一個時刻，我每次想起來就坐立不安。

二十多年前的某一天，還是「脫小花」的我，做為參加工作第一年的職場新人，突然獲得了一個特別大的機會，可以擔任主要彙報者，向一家大企業的高階管理層做一次彙報。這個機會對我來說太難得了，我精心準備，寫了逐字稿，規劃了每一個細節，反覆彩排。那一天真正到來的時候，我滔滔不絕的展示了自己的方案。

客觀來說，彙報的完成度很高，稿子上寫了什麼，我就說了什麼，沒有絲毫紕漏。還記得那天提案結束以後，所有的高階主管都走到我面前和我握手，說：「年輕人，口才真好。」當我聽到這句溢美之詞時，汗「嘩」一下就出來了。不是因為激動，而是我後知後覺的發現自己犯了大錯。我居然把一場與對方公司高階主管之間的溝通，變成了一個人的表演，完全沒有展現彙報者應有的開放性。相反的，我用自己的滔滔不絕關閉了所有可能性的視窗。

這件十分丟人的往事讓我意識到，具體場景中的具體方法固然重要，但真正的高手其實手中無劍，劍在心中。招式是簡單的，心法是稀缺的。有招式只能偶爾贏，有心法永遠不會輸。只有掌握了那些貫穿所有溝通場景的底層邏輯，才能不犯低級錯誤。

這一部分，我們就來結合具體情況講透溝通的三大原則：開放性、目標感和建設性。記住這個溝通的鐵三角，就已經掌握了「無限遊戲」的一半。

開放性

學會說「我們」，你就能團結任何人

請你帶著這些問題閱讀：

· 怎麼區分「真開放性」和「假開放性」？
· 在一段溝通中，你會怎麼開啟對方的開放性？
· 在上一次重要的溝通中，你最後一句話說了什麼？想不起來的話，你可以就這個溝通場景，重新設計一個結尾嗎？

一個活生生的心智
總能發現通往可能性世界的視窗。

——侯世達

對於認知科學家侯世達（Hofstadter）說的這句話，我忍不住想再補一句：「一個不開放的心智總能把所有的窗戶統統關上。」一提到開放性這個詞，很多人會覺得它只是種態度——我很包容，能夠接受一切事物，我就有開放性了——真的是這樣嗎？

我們做個測試：

你手下新來的實習生嚴重拖延了某個任務的進度，而且全程沒有和你溝通。做為他的上級，你怎樣和他溝通，才是有開放性的表現呢？

A. 沒完成任務還不同步是職場大忌，要嚴厲的告訴他後果，督促或者帶著他趕緊做完。

B. 讓他解釋沒完成任務的原因。評估一下，如果他不適合，就換其他人接替他的工作。

C. 先詢問他遇到了什麼困難，再有針對性的把訊息同步給他，最後問問他現在還有沒有困難。

我推薦C選項的做法。其他選項，要麼根本不讓對方說話，要麼「假裝」讓對方說話，本質上是在質問他。唯有C選項的溝通方法是以「獲取對方的所有訊息」為起點的。

溝通是在幹什麼？是兩個人在交換訊息啊。如果一個人全程只輸出了自己的訊息，而沒有接收他人輸入的新訊息，那麼，他就好像一個沒連上網絡的封閉系統，溝通是無法在這樣的系統中發生的。

反過來，我做為一個「開放系統」，應該是怎樣的呢？別人的建議、智慧和感受都可以進入我這個系統中，成為系統的一部分。之後我透過運算，輸出一個更好的結果——這才算是完成了一次溝通。

讓自己在溝通中保持開放性，不是要展現「我願意聽大家意見」的姿態，而是真正的把對方的意見吸納進來。所以，評判一個人開放性的高低，最簡單的檢驗標準就是他有沒有從溝通對象那裡接收到新的訊息，能不能因此輸出一個更好的結果。

開放性不只是一種態度，更是一種能力。

我舉個真實案例。某一次，我們使用一家公司的產品，對方的產品經理很快連繫到羅胖，問他：「羅老師，看到你們用我們的產品很開心。希望您從用戶角度提些建議給我們。」看起來是不是很有開放性？而且，對方專門來做回訪，顯示出足夠的重視。羅胖當然也很高興，於是就提了產品使用過程中遇到的幾個問題。

提完第一個建議後，對方產品經理說：「哦？這個功能我們已經上線了，您沒發現嗎？」羅胖又提了第二個，結果對方又說：「這個問題不應該啊，可能是你們在使用的時候操作錯了。」

雖然事實可能的確是我們同事在操作過程中出錯了，但這麼兩輪下來，請問，羅胖還會提第三個建議嗎？而對這個產品經理來說，他不辭辛苦的向使用者蒐集建議，接收到新的訊息了嗎？沒有。之後他能產出一款更好的產品嗎？也不能。

這就是典型的「假開放」。

你或許會覺得：確實是你們沒用對產品啊，人家產品經理還能怎麼展現開放性呢？其實是可以的。我先給你一個簡單的公式：

開放性＝擴大共識＋消除盲點

我們先從理論層面來理解這個公式。心理學有一個非常重要的工具，叫周哈里窗（Johari Window），是心理學家勒夫（Joseph Luft）和英漢姆（Harry Ingham）提出的一個模型，它被認為是「描述人類互動最有意思的模型之一」。周哈里窗把人們的資訊（或者意識，personal awareness）劃分為四種類型[1]：

> 第一種，我知道、你也知道的訊息，這是溝通中的共識區，雙方享有的訊息完全對稱。
>
> 第二種，我不知道、但是你知道的訊息，叫做我的盲點。
>
> 第三種，我知道、你不知道的訊息，叫做你的盲點。
>
> 第四種，我們都不知道的訊息，這是特別「可怕」的一類，因為它是溝通雙方共同的盲點。

當我們透過周哈里窗來劃分溝通雙方掌握的訊息時，你就會意識到，為什麼開放性需要建立在擴大共識和消除盲點的基礎上——如果你我的盲點都特別多，說明我們在溝通事項上沒什麼共識，特別容易產生衝突。

同理，那些我知道、你不知道的訊息會讓我變得傲慢；而那些你知道、我不知道的訊息容易讓我喪失安全感，進而產生牴觸情緒。溝通的意義恰恰在於，透過不斷同步雙方的「訊息流」，讓共識區慢慢變大，讓盲點愈來愈小。

回到上文產品經理的案例。他只是指出了羅胖的盲點，並沒有消除自己的盲點，更沒有去擴大共識。如此，雙方溝

	我知道的	我不知道的
你知道的	1 共識區	2 我的盲點
你不知道的	3 你的盲點	4 共同盲點

通的通道就關閉了。事實上，針對羅胖提出的第一個問題，產品經理如果這樣回應，就可以消除盲點、擴大共識：「這個功能我們其實有，但看來不好用，您這樣的客戶都沒發現。您能從用戶體驗的角度跟我們回憶一下，您當時為了找這個功能都做了哪些動作嗎？」

至於操作過程中的問題，產品經理可以這樣說：「麻煩您把負責同事的微信推給我，我問問他是操作過程的哪個環節出的問題。我們看看怎麼把它消除掉。」

如果你是這名產品經理，那麼你應該意識到，用戶沒有

1　原注：請參見Joseph Luft, *Of Human Interaction*, Palo Alto, CA: National Press, 1969。

發現產品新功能，或者沒能正確使用產品，問題也許不在於用戶，而在於產品本身的設計。你要在消除自己對於產品認知盲點的基礎上，再去擴大和用戶的共識：我們一起來看怎麼改善得更好。這樣一來，用戶是不是更願意提建議了呢？如果下次有新的想法，是不是還會主動連繫你呢？

這就是周哈里窗的作用。它是一件能夠讓你在溝通中保持開放性的工具。

如果你想在日常工作、生活中使用周哈里窗，應該如何著手呢？簡單來說，分為四個步驟：

第一步，窮盡自己的已知。在和別人溝通前，先在筆記本上列一列，通過此舉窮盡你知道的事項。

第二步，盤點自己的未知。有哪些事是你應該知道或者希望知道的，這是你跟對方溝通之前需要「做功課」了解的。

第三步，盡可能探尋對方的已知。用一些開放性的問題，引導對方多說出訊息。在這個過程中你會慢慢發現，有些事情是你們都知道的，有些是對方知道、你不知道的，還有些是你們都不知道的。因此——

第四步，探尋你們雙方共同的未知，一起尋找答案，進一步擴大共識。

了解周哈里窗使用的四個步驟後，我們到一個典型的溝通場景中實際演練一下。比如，怎麼用這個工具來應對剛加入一個組織時的尷尬？

新加入一家公司時，大家常常覺得難以融入。特別是中午吃飯的時候，同事「呼啦」一下全走了，辦公室裡空蕩蕩的，只剩下你一個人。要化解這種更換環境不適應的問題，提前做好功課就很重要。

首先，關於這家公司以及之後的工作內容，你肯定略有所知，否則面試也不能通過。你可以事先把這些訊息梳理出來，做到心中有數。

其次，你要想一想，哪些問題是自己關心但尚不了解的。比如接下來的工作重點、未來跟誰配合、主管對你的期待等等，把它們列舉出來。

再次，在上班第一天找自己的直屬主管，或者直屬主管指派的導師，率先把自己的訊息攤給對方。你可以這麼說：「特別高興來我們公司，雖然面試的時候可能介紹過了，但畢竟現在我真的是其中一員了，先跟您報告我的基本情況。另外，關於這個工作我是這麼這麼理解的，我覺得我可以做這些這些……」假如對方正因為做一個複雜報表而著急，聽到你的介紹，知道你擅長使用電腦，那麼你們立即便建立起了信任和溝通的第一步。

最後，你還可以問對方：「我還有幾個問題想向您請教。您看看這個工作，還有什麼是我需要知道的？關於部門的事，您指點指點我。」——這是探尋對方已知的過程。你還可以進一步追問他，持續擴大雙方的共識區。比如，你們部門最近接了一個大專案，加班會比較嚴重。再比如，你們的總監還有另外一個職務，他的時間需要提前預約，等等。你知道的訊息愈多，你們的共識愈多，你嵌入一個新環境的速度就會愈快。

建立共同體：少說「你」，多說「我們」

在使用周哈里窗的四大步驟中，前兩個更多是自己提前做好功課的問題，只要工夫下到了，一般都可以做到。到後兩個步驟，我們才真正進入了溝通的環節，這時就需要有意識的使用一些技巧。

比如，使用周哈里窗的第三個步驟，向對方探尋訊息時，有一個技巧非常有效，就是少說「你」，多說「我們」。

我們從一個生活場景說起。

你的同事小楊，某一次孩子期末考試成績不理想，去找任課老師了解情況，張口就問：「您能不能跟我說說，為什麼孩子這學期成績下降這麼多？」

這種問法，我們平常是不是一不留神就說出口了呢？——其實小楊未必是想指責老師，但話一脫口，給老師的感受就是：「你在怪我沒教好你家孩子。」

「你」這個字，激發了溝通對象的防禦狀態，小楊接下來說的任何話，對方心裡都是牴觸的。特別是在老師情緒管理能力沒那麼強的情況下，他的下一句很可能就是：「你家孩子什麼情況，你心裡沒數啊？」小楊本來是想跟老師請教問題，結果卻成了互相指責。

但如果小楊換一種問法，把主體「你」換成「我們」——「老師，我觀察到孩子的成績最近有點下降，請問我們家長可以從哪些方面來幫助孩子提高成績呢？」——首先，老師不再覺得自己和小楊處於對立關係，他和小楊同時面對「學生／孩子」成績下降的挑戰，結成了一個共同體。其次，小楊說「我們家長」，其實是有意把「提高孩子成績」的責任主體變成他自己。這樣的話，老師當然不會覺得自己被指責了，也更願意心平氣和的跟小楊交流怎麼一起提高孩子成績。

沒錯，問題是雙方需要共同面對的，但主要責任在我。在溝通中多多使用「我們」，把我們自己變成責任主體——這不是單純向對方示好，也不是什麼客氣話，而是減少對方的壓力。對方的壓力變小了，和我們結成共同體的障礙也會變小，就願意與我們分享更多訊息。

當然，在你的帶動下，對方可能也會無意識的用「我們」來替代「你」。那麼，祝賀你，別管多複雜的溝通，讓對方說出「我們」，就是第一個里程碑。

開啟對方的開放性：每說一段，都問問對方意見

看到這裡，我猜想你一定有個疑問：用前面的技巧去徵求對方意見，看起來是挺管用的，但對方就是不接話茬兒怎麼辦？尤其是在多人溝通的場合，請大家補充意見，往往沒什麼人表態。就算我們表達了和對方結成共同體的心願，展現了我們對於不同聲音的開放性，結果可能還是寂靜一片。

這種情況下，我們的開放性能力表現為能不能開啟對方的開放性。比如，我們可以每說一段就請對方說說想法，而不是等到我們自己全部說完以後，再請大家來提意見。

舉個例子，我們公司要做跨部門協作流程改革，我做為老闆，在中階主管會議上提出了改革流程的各項要求。改革的目標很大，同事們很容易陷入前文提到的「不知從何說起」的境地。與其在會議最後請大家「暢所欲言」，不如在過程中反覆向他們提問：

> 流程改革的初步框架就是這樣，你們看看哪裡還要補充？
> 在具體執行上我不太懂，小王，你是業務部的，你覺得在具體執行過程中，可能會有哪些障礙？
> 第一個環節沒問題了，我們來看看第二個環節。這中間的銜接環節我還沒想清楚，你們覺得怎麼調整

比較好呢？

……

如你所見，我每一步都等著對方的意見；對方不發表評論，我們的討論就無法進入下一步。當會議行至尾聲時，大家就不再需要統一什麼想法了，因為過程中的每一步我們都已經達成了共識。

當然，如果在其他一些場景中，參與討論的都是你的上級或者客戶，方式也是相似的，只不過在表達上可以更開放一些：

這裡我講清楚了嗎？大家有沒有補充建議？

關於這個問題，王總您怎麼看呢？

……

到這裡，細心的你可能已經發現了：若想在上述的多人溝通場景中讓大家放下心理負擔發言，需要一些提問技巧。仔細品品我前面的提問，[2]你會發現有兩個要素非常關鍵：

---

2 編注：「品品」有感受、鑑賞、品嘗的意思。

小王，你是業務部的，你覺得在具體執行過程中，可能會有哪些障礙？

提問的第一個要素是直接點名，而不是泛泛的徵求意見。至於第一個點誰，首先，我們要判斷這個人是不是能說出點想法。只有提出新想法，才能對其他人起到帶頭作用。

其次，他的意見有很高的機率是偏正面的，不會給你難堪。否則當啷一個刁難砸下來，不光你尷尬，別人也都沒辦法接話了。

再次，我們要意識到，「誰先說」這件事在不同場合是有區分的。在一個階級相對嚴格或者相對正式的職場環境裡，徵求意見要「從小往大」，由職位低的人先說。因為在這樣的場合，愈往後就愈像是總結性發言。如果一上來就點名副總發言，那後面的人只能附和「我覺得長官說得對」，無法提實質性的意見。相反，如果是相對寬鬆、扁平化的公司，或者沒那麼正式的場合，就可以先點那些「愛開腦洞」的人來說。我們需要請他帶帶節奏，把各種開放的可能性拋出來，再由大家補充。

第一個環節沒問題了，我們來看看第二個環節。這中間的銜接環節我還沒想清楚，你們覺得怎麼調整比較好呢？

提問的第二個要素是拋出一個具體問題。比如，上文提到的「中間的銜接環節」就是一個可供大家討論的具體問題，也是我們在徵求意見時可以有意露出的一點「破綻」。我會有意說「我還沒想好」。拋出這個問題後，大家討論的壓力就變小了。因為這不再是對（提出問題的）人做評價，而是對具體問題發表意見。大家一旦開始各抒己見，系統就完全被打開了。

至此，我們從打開自己到打開溝通對象的開放系統，把解決問題的主動權牢牢掌握在了自己手中。

更上一級：萬能接話

溝通中難免還會出現一種情況，就是我挺善意、挺積極的，但是對方不配合，或者他的觀點我不同意。這時候應該怎麼辦呢？

我再告訴你一個技巧，這是我從陳凱老師那裡學來的。他是一個特別厲害的證券交易員，思維敏捷，經常給人一種「智商被碾壓」的感覺。但陳凱老師在溝通中總是能夠展現特別好的開放性，因為他會用一個萬能話術來接住對方的話：「是個思路」。

「是個思路」這短短的一句話，意味著我沒有關閉談話，也沒有評價你說得對還是不對——不論你說了什麼，對我而言，肯定是一個思路。哪怕我不同意你，只要無關價值觀和法律，大部分情況下，我都可以說這四個字，保持溝通的開放性。

另一個類似的萬能話術是：「有啟發」。不管我受到的是什麼啟發，比如一個經驗、一個教訓，都可以說它們「有啟發」。當你給出這樣的回饋時，對方也會覺得你在溝通中保持了開放性。

花姊幫你畫重點

一、溝通的意義在於不斷的交流訊息，努力消除彼此的盲點，擴展雙方的共識區。這首先需要我們整理好自己的訊息，主動把它們展現給對方。

二、我們要探尋對方的訊息。在這個過程中，多說「我們」，把對方的問題轉化成雙方需要共同解決的問題，並把責任背到自己身上來。

三、學會開啟對方的開放性。每說一段，都問一下對方的意見。不要問對方「明白了嗎」，而要問「我剛才說清楚了嗎」。提問時可以策略性的點名，或者「露個破綻」，拋出一個具體的問題，幫助對方打開開放性。

目標感

你更有目標感，你就掌握主動權

請你帶著這些問題閱讀：

· 如果和對方目標不一致，你會怎樣促使雙方達成共識？能想到相關事例嗎？
· 有沒有遇到過目標在溝通過程中被帶偏的問題？現在看來，你認為出現問題的原因是什麼？
· 在某些溝通中，你存在過多重目標的情況嗎？如果有，你當時是怎麼判斷目標的優先順序的？

我們的初始目標是想解決問題，
但每次只要有人提出反對或質疑的聲音，
我們轉眼間便會把初始目標忘得一乾二淨。[3]

通過前文介紹，我們知道，如果溝通對象三緘其口，我們就要發揮自己的開放性，打開自我，打開對方，形成有效的訊息交流。實際場景中，還有一種與之全然相反的情況：溝通對象的訊息如排山倒海般湧來，事實中夾雜著情緒，情緒中夾雜著評判。這種情形之下，我們該如何處理，又該如何保證自己的主線任務不被干擾呢？

這就需要提到我們這裡要探討的主題——目標感。

很多人把目標感理解為「強勢」：決不放棄自己的立場，「我要我要我就要」。但我想告訴你，那可不叫目標感，那叫「霸道」。真正的目標感不是把「我要」時刻掛在嘴邊，它其實是一種想方設法實現目標的能力。請注意，目標感的關鍵字是「**實現**」。

目標感＝方案力

我們可以通過一則事例，來看什麼樣的人才算是目標感強的人。

我的好朋友楊天真是一位非常著名的明星經紀人。很多劇組和製片人對於和她打交道都聞風喪膽，因為，她總是會代表自己的藝人提出各式各樣的要求。

有一次，楊天真代理的一名藝人參演了一部大製作的電影。楊天真就跟製片方提要求：「我希望，我的藝人能站在海報的中間位置。」這是一個非常高的目標——電影眾星雲集，誰都想在中心位，憑什麼是你的藝人？

但是，她同時給製片方提了一個方案：「你看，能不能先把我們放到海外版海報的中間位置？我們家藝人在海外市場的號召力非常強。雖然合約裡沒寫，但是我願意協調時間，我們配合海外的發行，至少跑三個城市。」

當楊天真提出這樣一個方案之後，製片方考慮到自己的目標在海外的落地，[4]就高高興興的答應了她的要求。

這就是目標感的威力。跟楊天真有過多次合作的脫口秀演員李誕，在談到她時是這麼說的：

楊天真在合作中拒絕了我們很多的要求，但每拒絕

---

3 原注：〔美〕科里．帕特森等，《關鍵對話：如何高效能溝通》（原書第2版），華崇毅譯，機械工業出版社2017年版。

4 編注：「落地」是落到實地，落實到執行面的意思。

一個要求，她都會給出一個理由，以及相應的替代方案。雖然我最初的設想都被她打破了，但我又很同意她的說法。最後，節目的效果確實很好。我們整個團隊通過和楊天真的磨合都獲得了成長。

楊天真能夠實現自己的溝通目標，是因為她特別強勢嗎？其實不是。你在上述事例中也看到了：她給對方提供了一個「無法拒絕的方案」。目標感的本質，其實是方案力。所謂的目標感強，不是「我有一個夢想，然後強加給對方」，而是「我有一個目標，透過溝通讓你知道，這是我們共同的目標；而我已經為此準備了一個完整藍圖。我們一起努力吧」。

在溝通中保持目標感，其實是要把「我的目標」轉化為「我們的方案」。用一個標準句式來說：「我們有一個目標要達成，對此，我有一個方案。」

我們可以在接下來的四組練習中，試著用這個句式來實現自己的溝通目標：

練習1：怎麼約到高階主管

假設你是部門總監，想邀請高階主管出席你們部門的年度收官會議，[5]請問你要怎麼和主管溝通？

如果你說：「長官，不好意思打擾一下，您週二下午有空嗎？」我猜想你有很高的機率會被拒絕，因為這個問法既沒有提出溝通目標，也沒有給到方案，光想著薅主管的時間。[6]很多大忙人看到這類提問都會特別沒有耐心。[7]

找人溝通，我們要先把溝通目標拋出來：「長官，為了慶祝我們部門提前完成年底所有的任務指標，想邀請您參加我們的部門收官會議，頒獎給一部分同事，您週二下午有時間嗎？」

這句話是不是比上一句話好了一點？但這麼說就能邀請到主管嗎？不一定。這樣的會議更像是一次團建活動。[8]邀請主管參加，就是請他花時間為你站臺。他來或不來，還得看你們部門的重要程度。

---

5 編注：「收官」是圍棋術語，指圍棋比賽中的最後一個階段，有臨近結束的意思。

6 編注：「薅」在辭典裡有兩個意思：(1)拔除野草；(2)泛指拔掉。它在方言裡則有「揪」的意思，這裡是指「揪主管的時間」。

7 原注：我忍不住提醒你幾個「千萬別」的說法：微信上千萬別問「在嗎」，約人時間千萬別問「有空嗎」，工作會面千萬別跟人家說「沒什麼具體的事」。先把你的目標亮出來，對方才能判斷要怎樣回應你的訴求。

8 編注：「團建」是團隊建設的意思，是一種為了提升團隊向心力而進行的活動。

為了實現目標，我們還得把溝通話術再升級一下：「長官，我們想開一個收官會議，獎勵一下優秀的同事。一方面是為了慶祝提前完成年底全部指標，另一方面也是為了激勵大家保持鬥志，爭取明年業績翻倍。所以想邀請您來幫我們把握一下方向。[9]當然，我也知道您忙，我已經先幫您草擬了發言稿的大綱。會議在週二下午三點，第一個議程就是請您發言，大概10分鐘就可以。您發言結束，再給今年的第一名頒個獎，就可以去忙別的工作了，我們不多耽誤您的時間。」

這樣溝通，實際上就是在把我的目標「請您幫我來站臺」，轉變為我們共同的目標，「明年業績翻倍」。並且，我為此規劃好了方案，把所有的障礙都掃清了。你說，主管還有什麼理由不投資這10分鐘？

也許你會覺得，主管只要出席10分鐘，這個目標當然好實現。那麼，我們把難度升級，來看接下來的練習：

練習2：怎麼持續獲得對方的幫助

「得到溝通訓練營」裡有一位同學，正在讀博士。做研究，肯定希望指導教授能一對一輔導自己。但老師每天都很忙，不僅有自己的研究工作，還要指導很多同學。所以，對於一對一輔導的要求，老師一般都會予以拒絕。

但這位同學不但成功讓老師答應了單獨輔導的請求，還爭取到了老師定期一對一輔導的時間。他是怎麼做到的呢？

簡單來說，他主要做了以下幾件事：

第一，提前發信跟指導教授約時間，注明需要討論的問題，以及為什麼想請教這個問題。

第二，列舉自己已經做了哪些嘗試，根據所做的嘗試，提出對這個問題目前的想法有哪些。

第三，標注大概需要老師輔導的時間長度，以及希望老師給予哪些方面的建議。

在他寄給老師的郵件裡，目標很清晰，方案也很清晰。老師很快知道回答哪幾個問題能夠幫助他突破，也願意騰出時間來輔導他。

但這還沒有結束。每次老師輔導完，他還會當場跟老師溝通接下來的計畫，並且會在下一次約老師時間的時候，把

---

9 編注：「把握一下方向」是指請高階主管來加持一下，為團隊加油打氣。

原先計畫的最新進展和需要老師輔導的問題再總結出來。這位同學告訴我，完成這幾件事以後，連著幾次，他的指導教授都沒有拒絕他單獨輔導的請求。

這就是方案力為實現目標帶來的加持。

但可能你還沒被說服：畢竟是師生嘛，只要學生好學，老師肯定是願意幫助學生的。那麼，我們再把目標感練習的難度指數調高一些，來看怎麼對外溝通：

練習3：怎麼做好客戶溝通

> 假設你是乙方，想約甲方客戶談合作。但約了好幾次，對方都說：「不好意思，我最近特別忙，我們改天吧。」請問：怎麼溝通可以提高我們約到客戶的機率呢？」

答案仍然是在溝通中展現出我們反覆強調的方案力。比如：「張總，知道您最近忙，不敢占用您太多時間。但再忙也得吃飯啊。為了我們的合作，您看這樣行不行？我們在您公司附近吃頓飯，就一個小時，吃完飯您就可以回公司繼續工作。我明天中午先到，把菜點好，您到了可以直接吃。我把資料也都準備好，列印出來。到時候我們邊吃邊討論，最多一個小時，您看這樣可以嗎？」

對於客戶來說，這個方案沒什麼損失，就很有可能答應你。只是，即便你做了這麼多的安排，還是有可能被客戶放鴿子——你都到他公司附近的餐廳了，他突然告訴你：「不好意思，我接到一個緊急任務，需要飛上海，見不了你了。」很多人就會非常失望，甚至還有一些人會公開吐槽：「我的客戶太奇葩了。」

如果你也有這樣的情緒，我想提醒你一下：你不僅不該感到沮喪，還應該感到竊喜。試想：你為什麼願意跟他一起吃午飯？你為什麼願意提前到，幫他點好菜？你這麼做，都是為了進一步跟他建立關係啊。這個時候，他因為偶然的原因放了你鴿子，對你有些歉意，不是更有利於你建立跟他的關係，實現你設定的目標嗎？

所以，如果你的目標感足夠強，這個時候你可以這樣回覆：「您的時間最寶貴，我隨時待命。乾脆這樣好不好？如果可以的話，我陪您一塊兒去機場，在路上跟您聊。」你做好萬全的準備，那麼對方就會深感「盛情難卻」。

也許你會覺得，這麼做也太誇張了，簡直是緊迫盯人，對方能接受嗎？我要告訴你：能行，只要你讓對方感受到你是認真的、堅決的，即便不接受你的方案，對方也會對你的努力留下深刻印象。那麼，他有很高的機率會用自己的方式還給你一次機會。

我自己有過這樣一段經歷：為了爭取一個客戶的時間，

我不僅把他送到了機場，還買了一張飛上海的機票，一直跟客戶同班機飛到上海，把他候機和在飛機上的時間都充分利用了一下。下飛機之後，我跟客戶握手告別，沒出機場直接飛回了北京。這個客戶，至今跟我都是非常好的朋友。

請相信：你來我往過招的時候，誰的方案更周全，誰的目標更堅決，誰就能贏。

上述練習中，溝通雙方的目標基本是一致的，都是為了讓工作順利、讓研究順利、讓合作順利。最後一個練習，我們把溝通難度再升級：

練習4：怎麼在不傷和氣的情況下離職

> 假設你在一家國有企業工作，決定離職創業，想徵求主管同意。你離職之後，相關的工作沒有更合適的人接手，對主管來說是個麻煩；而你的主管又對你有知遇之恩。請問，你要怎麼跟他提離職呢？

如果你說：「實在對不起，長官，感謝您的培養，我還是想去外面闖闖試試。」話說到這個分上，主管不會硬攔著你，但這麼多年的師徒關係算是結下疙瘩了。主管覺得，你只考慮自己的前途，不考慮他工作的難處。不管你說得多麼聲淚俱下，都無法改變這個事實。

怎麼辦呢？按照我們在這一節反覆強調的，應該把你自己的目標轉化成雙方共同的目標：「長官，我跟您報告一下最近的想法。八年前，多虧您的賞識和關照，我才有今天。一直以來，我也特別感謝您對我的提攜。但經過這麼多年的鍛鍊，我也想出去闖一闖。而且，我們部門積壓了好幾個幹部，沒有位置讓他們升職，嚴重影響了他們的工作熱情。我出去之後，也可以給他們騰個位置。」

說到這裡，還要立刻提出一個方案：「我預計用半年左右的時間，把能接手的人帶出來。部門裡的幾個年輕人，能力強，素質高，也很努力，肯定能比我幹得好。您可以指定一兩個人，我用半年時間好好帶帶他，幫助他盡快進入狀態，防止我走後工作受影響。當然，我知道您肯定擔心他們寫公文的水準還有點欠缺。即使半年後我離職了，只要您批准，我都會跟他們保持溝通，遠端支持。」

最後別忘了保持開放性，徵求一下對方的意見：「這只是我不太成熟的想法，您覺得可行嗎？還望您多多指點。」

你這樣表述，意味著你不是為了自己的目標，棄老長官於不顧，而是充分替他考慮了後路，同時還能帶動其他同事的工作熱情，這對他管理團隊也有益處。當你成功打造出你和主管的共同目標，並提出解決方案，他當然會更容易答應你的請求。

完成上述練習後，對於如何把「我的目標」轉化為「我們共同的目標」，從而提出解決方案，你是不是更有手感了呢？[10]但就這幾個案例，特別是在對外溝通的場景裡，我想你還會提出一點質疑：自己提出的目標正好也是對方的目標，怎麼看也是一件機率很小的事啊。我們提出一個方案的依據到底是什麼呢？

這個提問看起來像一個「無限循環」，但我認為，它恰恰體現了方案力的價值——我們不知道目標是否已經形成共識，才需要在溝通一開始時拿出一個方案，用它來驗證溝通雙方對目標的理解是否一致。

也就是說，不存在一開始就十全十美的方案，它需要我們在溝通過程中反覆的測試、調整和確認。毫無疑問，這將是一場需要不斷打磨方案的無限遊戲。

怎麼找到真正的目標

最後來說一則趣聞。將目標感轉化為方案力的方法，因為親自測試過有效，所以我經常在公司和新人們分享。直到有一天，我的同事小楊向我吐露心聲：「你以為我們是拿不出方案嗎？我們是沒有目標啊。」

這句話對我來說簡直是「靈魂拷問」。我忽然意識到，找到目標是我們要在打磨行動方案前解決的元問題（meta question）。在這一節尾聲，我們來討論一下，處理複雜溝通時，怎樣才能明確自己的目標。

我設身處地思考了溝通「沒有目標」的問題，觀察到這樣一個事實：大多數時候，我們不是沒有目標，而是目標太多。既想要這個，又想要那個，以致於不知道哪個才是靶心。這才會有目標模糊，甚至沒有目標的感覺。

要在那些「既要、又要、還要」裡找到真正的目標，方法很簡單，就是問自己一個問題：我馬上要做的事，和我最終要做的事，是同一件事嗎？

我舉一個典型事例。很多人在一段親密關係中發現伴侶跟其他異性走得很近時，第一反應是去跟蹤她／他，調查清楚到底怎麼回事，然後跟她／他吵架，甚至到對方公司去鬧。這麼做都是為了讓她／他回來跟自己好好過日子。

從旁觀者的視角來看，我們都知道，這麼做只會事與願違。實際上，我們很容易犯這種「錯失真正目標」的錯誤——在學生時代因為不喜歡數學老師，所以不好好學數學；到職場上，又因為跟上司不對頭，故意不好好配合工作——這兩個情境裡，我們最終的目標是什麼？是好好學

10　編注：「更有手感」在這裡是指對於目標轉化這件事該怎麼做有了更深的理解。

習、好好工作。但我們的選擇，卻是跟老師賭氣、跟老闆叫板，發洩一時的情緒。

在這些時刻，給自己按下暫停鍵吧。問問自己，你馬上要做的事和你最終要做的事，到底是不是同一件事。如果不是，就不要去做。從日常的繁瑣任務中找到你最終要做的事，這才是你真正的目標。

更上一級：6 個月之後法

我自己在建立溝通中的目標感時還會做一個思考實驗——「6 個月之後法」。顧名思義，它是指溝通雙方在眼下無法拿出解決方案的情況下，想像兩個人來到 6 個月之後，並從這個時間節點回過頭看，今天的我們到底需要做什麼。

是不是有點開腦洞？我舉一個具體的例子。你和一個非常重要的朋友合夥創業，後來，你發現他有點跟不上公司的發展節奏，需要跟他談一次話。但因為你們的關係太緊密了，你無法板起臉來跟他提要求。

這個時候，你就可以用「6 個月之後法」，跟他說：「我們展望一下。如果我們兩個人都努力，這家公司也順利發展，6 個月之後，我們倆、我們的團隊、我們的公司應該是什麼樣子？」這句話就把他帶到了 6 個月之後；他馬上可以用 6 個月之後的願景，來倒推你們為了達成這個目標，在今天分別應該做出哪些調整。

如此就能脫離此時此刻誰批評誰、誰對誰提要求的情境。

請注意，這裡有一個關鍵訊息要素，就是「6 個月」這個時間節點。為什麼要設置在「6 個月」？首先，它屬於未來，可以脫離當下的很多現實障礙，幫助雙方把思路打開。其次，它並沒有特別遙遠，是我們每個人都能想像和掌控的未來。很多人強調三年展望、五年計畫，但這對於二十多歲的年輕人來說毫無意義，因為他很難估量未來三、五年會是什麼樣子。

在這個意義上，「6 個月」這個時間是最適當的——它是所有人都有感受，能想像，還有控制感的一個時間點。

花姊幫你畫重點

一、目標感的本質是方案力。具有目標感的溝通，不是抱著自己最初的立場不放，而是要把目標實現。

二、在溝通中展現目標感，可以使用一個句式：「我們有一個目標要達成。對此，我有一個方案。」

三、蒙田說過一句話：「沒有一定的目標，智慧就會喪失；哪兒都是目標，哪兒就都沒有目標。」當你覺得自己的目標沒那麼清晰時，也可以透過一個句式問自己：「我馬上要做的事，和我最終要做的事，是同一件事嗎？」

建設性

從「我要」到「我來」是你的一次質變

請你帶著這些問題閱讀：

- 在一場溝通中，你覺得什麼樣的表現可以被稱為有建設性？
- 你認為，溝通中的開放性、目標感和建設性，這三個原則有什麼關係呢？
- 你有沒有注意過自己的口頭禪？如果沒有，問一問身邊的朋友，把它們列出來。你希望身邊的朋友經常聽到這些話嗎？

> 沒有人一開始就能想清楚，只有動手做，目標才會愈來愈清楚。
>
> ——馬克·扎克伯格

在生活中，我們經常會遇到這樣的情況：

我們提出一個想法，他們說：「這裡有個問題。」我們又提出一個想法，他們說：「哎呀，這裡可能有個風險。」一來二去，性格再好的人也忍不住發飆：「別說什麼不行，你給我說個行的！」這時候，當事人往往表示非常無辜：「你生這麼大氣幹麼？我沒有別的意思，我也是想把這件事促成啊！」

我想告訴你，他們說的是真的。他們這樣回覆，並不是想挑剔你，只是不知道應該怎樣溝通來「把事促成」。不是有句話嗎？「能解釋為『愚蠢』的，就不要解釋為惡意。」下次再遇到這種情況，應該對對方多一份慈悲心。

那麼，怎樣的溝通方式才能展現出「我想把這件事促成」的態度呢？我們來看與之相關的一大溝通原則：建設性。

可以說，建設性是一個人人心裡都有，但多少又有點模糊的概念。為了搞清楚它的準確意涵，我們先試著從它的反義詞來體會。

我曾在張曉風的散文中看到這樣一句話：「愛的反面不是恨，是漠然。」這句話對我啟發很大。建設性的反義詞，不見得是「破壞性」，而可能是「停滯不前」。欠缺建設性的溝通，不是不溝通，而是不行動。坐而論道，拒絕行動，是最沒有建設性的表現。

關於建設性，還有一個容易混淆的詞，叫創造性。我們經常把建設性和創造性混在一起，好像只有不落窠臼的想法才是有建設性的。其實不然。如果說創造性追求不斷推陳出新，建設性則會著重考慮方案能不能落地。也就是說，只要溝通可以推動事物向前發展，比如，將問題解決一點，把共同目標往具體落實一點，那它就是具備建設性的。這個過程未必一定要標新立異。

把溝通導向行動

完成概念梳理的工作以後，我們會發現，建設性是一項把溝通導向行動的能力。只有落實到行動，我們的溝通才不是說空話、說套話，也才能產生真正的價值。

我總結了一個把溝通導向行動的公式，它可以拆解為 3 個關鍵動作：

建設性＝可執行的最小化行動＋可持續的行動階梯＋每個節點的即時回饋

第一，也是最重要的，找到立即可執行的最小化行動。比如，部門開專案會議，你做為一個年輕人，既沒有決策權，又想不到什麼絕妙的主意，是不是只能全程旁聽？

不是。即便在這種情況下，你都有一個當下就能展開的行動，就是抓起馬克筆，跟大家說：「來，你們說，我記錄在白板上。」

我們公司的首席運營官馬想有一句名言：「**開會的時候，誰拿起了馬克筆，誰就掌握了主動權。**」這個最小化行動能立刻把整個會議向前推進一小步。

萬事開頭難。很多溝通之所以停留在空想層面，就是因為無法啟動第一步。不是有個段子嗎？「出來混，什麼最重要？出來。」有了第一步，其他行動才會像齒輪一樣被帶動著轉起來。

當然，光有「第一個推動力」還不夠，任何溝通都會經歷交鋒與磨合。我們還要把整個方案拆解，使其成為一級級可以持續向上的階梯，把溝通引導向最終行動。所以，建設性的第二個關鍵動作是拆解可持續的行動階梯。

在此基礎上，我們要做的第三個關鍵動作是不斷回饋，及時調整，讓溝通對象對接下來的每一步都產生掌控感。

透過一則案例來看。

我們公司有一個叫做企業服務部的部門，這個部門的工作，簡單來說是對企業端（B to B）銷售，說服其他企業的人力資源部批量採購「得到 App」的課程，給員工做內部培訓。了解 B to B 銷售流程的話，你應該知道它的溝通過程特別漫長：客戶不光要了解「得到 App」，了解課程和學習方式，還要評估自己的員工到底需不需要課程、需要哪些課程，評估完還要主管簽字批准等。所以，從最初建立聯絡到完成銷售，經常要花費一年半載的時間。

可以想見，這種長程合作對溝通的要求非常高——拿開放性來說，要不斷跟客戶擴大共識，減少彼此的認知盲點。以目標感為例，要向客戶提供個性化的方案，並且讓他們認可。當然，二者之外，最重要的還是建設性——把溝通導向行動，讓對方拍板。

假設你是我們企業服務部的同事，你會怎麼說服客戶簽約呢？你先試著想一下。我也會告訴你，我的同事是怎麼推動進度的。可以說，他們的做法非常有建設性。

我的同事在介紹方案以後，會見機發起「最小化行動」，告訴客戶：「我們一邊評估著，一邊先推進點兒工作。你們人力資源部多少人？讓你們全公司試用課程，這我做不到，但是給人力資源部試用，我是有權限的。我選了五門課程，你們試聽一下，看這五門課程哪門最適合你們公司。」這麼一句話，雙方關注的焦點就從「這個專案要不要做」轉變為「選哪一門課更合適」，溝通也從想法評估進入行動層面，銷售成交的可能性大大提升。

當然，如果對方還沒有下定決心簽約，我的同事也不會叫停手上的動作。他們會在接下來的溝通裡拆解可持續的行動階梯：「下一步，我會為您匯總一份您部門的學習資料報告，基於此設計一套專屬學習方案，再來向您彙報。」

這麼做是為了讓客戶在你設計好的路徑上不斷前進。每個行動階梯，都是你再次發起溝通的好機會。哪怕你推薦的五門課程都不合適，沒關係，還會有新的課程持續開發出來。只要你和客戶的溝通不關閉，你就可以不斷「拾級而上」。而且，你每多做一個動作，對方拒絕你的心理成本就會更高一點，因為對方同樣在付出行動，銷售方案裡也凝聚著他的心血。

這就是建設性為溝通帶來的積極影響。除了鞏固溝通中的這幾個關鍵動作，我還有兩個實用的技巧，能夠幫助你更好的展現自己的建設性。

技巧一：來，我們抓抓落實

第一個技巧是一句話：「來，我們抓抓落實。」我的合夥人羅胖經常在一些社交場合使用這個技巧。

通常，大家在飯局上聊天，碰撞出什麼新的想法，會先記在心裡，再約一個正式的會議溝通。但羅胖常在飯局快結束時這麼說：「今天這頓飯吃得太有成果了。來，我們把成果落落地。」

飯桌上其他人都覺得這只是頓飯，羅胖卻在裡面「吃」出了成果；而且這不是客套話，因為他堅持要將討論結果落地。原本天南地北侃大山的飯局閒談，[11]在羅胖這句話之後，常常就轉變成一場卓有成效的「動員大會」。

因此，除了前文介紹建設性的三個關鍵動作，你還可以將「來，我們抓抓落實」常掛在嘴邊。

技巧二：請您再給我提點需求

第二個技巧也是一句話。它不需要你有什麼特別的想法，張口就能說，說了就有用。這句話是：「請您再給我提點需求。」

比如，我是一個專案的負責人，對專案小組裡的一個同事特別不滿意，因為他沒按時完成一項重要工作。對此，我當然可以發一頓火：「怎麼回事啊？還不趕緊去做？」這

11　編注：「侃大山」也稱做「砍大山」，北京把漫無邊際的聊天稱做「侃大山」，意思接近臺灣的「打屁」。

對他來說肯定有威懾作用；說罷，他也八成會去做。但問題是，如果經常使用這種溝通方式，我在團隊中的威信就會變得很低，大家私底下也不會尊重我。

怎麼用建設性的方式跟他談這個問題呢？事實上，我可以主動請這個同事給我提點需求：「你看，這個工作現在進度有點落後了。我們商量一下，我能替你做點什麼，幫你把這件事給辦成了？」這是一個非常重要的推動力——我們二人結成了共同體，把對方從停滯不前的狀態帶入行動的計畫中。

這句話在銷售溝通場景中也非常適用——你做為銷售代表向客戶彙報新的合作方案，溝通非常順暢，客戶聽罷很滿意。但請注意，眼下可不是散會的時候，而是請對方給你提需求的時候。你可以這麼說：「機會難得，您再給我們提提要求。」

客戶一般不會浪費這種機會，順勢就會給你提點要求。這樣，你馬上可以把要求撿起來說：「好的，您的要求我收到了。我們馬上落實，然後和您約一個時間，再向您彙報一次。」無須透過客戶的祕書，你就把下次彙報的機會緊緊攥在了手中。

等到下一次見客戶，你可以這麼開場：「以上幾點，是您上次開會時提的要求，我們落實了一下，情況是這樣的……」將落實的情況說完之後，你再像這樣補充：「您再給我們提提需求吧？」

沒錯，你和客戶可以不斷展開非常有建設性的互動。一來二去，客戶會覺得：我隨口提的一個要求都落實得這麼認真，真可靠。再多幾個回合，他會認為你是這個世界上最懂他的人，特別願意跟你合作。

這個技巧對於銷售溝通有顯著的推動作用。但我要提個醒，千萬別把它當成話術來用。如果事後你把客戶提的需求忘得一乾二淨，對方肯定覺得你在糊弄他。我們探討的建設性，主要還是抓行動與落實；要把自己的承諾看得特別重，這樣雙方才能結成行動的共同體。

在不合理需求面前表現建設性

但你可能會擔心：萬一對方獅子大張口，給我提不合理的要求怎麼辦呢？

對此，需要明確的一點是，不管我們有沒有主動說「您給我提提需求」，對方都是會提需求的。客戶提要求，才是成交的前奏。如果什麼也不提，只能說對方沒有合作意願，不想瞎耽誤工夫。那種沒有任何要求、給什麼就要什麼的甲方，放心，根本就不存在。

明確這個前提以後，我們可以在一個具體的場景裡看，需求不合理的問題可以如何解決。

主管向管理員工餐廳的小楊提要求：「員工老對我們餐廳不滿意，能不能保證每天兩道葷菜啊？」小楊一聽就知道要求不合理，因為物價一直在漲，預算沒辦法保證每天兩道葷菜。但如果他只是在心裡嘀咕「瞎提要求，你懂嗎就提？你行你上啊」，而不採取任何行動的話，溝通的建設性就消失了。

透過學習結構化傾聽法，我們應該知道，主管提這個要求，不是非得加兩道葷菜，而是想解決員工對菜色不滿意的問題。這個時候，小楊做為管理員工餐廳的專家，應該發揮自己的專業能力，將要求轉化為可執行的行動方案：「長官，我明白，員工覺得我們餐廳菜色不夠豐富。這樣，在預算不變的前提下，我們每週定兩個主題日，按照 24 個節氣，每個節氣都推出一樣時令食物。該吃元宵吃元宵，該包粽子包粽子，而且還可以開放給員工來參與。這樣，不僅菜色顯得豐富了，餐飲還可以變成員工文化生活的一部分。您覺得怎麼樣？」

很多情況下，是我們自己用「不可能」三個字遮蔽了提出新方案的可能性。對方提出不合理要求的時候，正是考驗我們專業能力的時候——我們要把看似不合理的要求拆解成一級級可以持續行動的階梯。

當然了，也有一些要求，我們就是沒辦法做到，或者沒有權力決定。這個時候又怎麼辦呢？

假設客戶提了五個要求，小楊說：「行，這些要求我都記下來了。我回去商量。」或許小楊確實沒辦法全權定奪，但這個回覆會顯得他特別無能——輕飄飄的一句「回去商量」就把活接走了，客戶會覺得特別沒有安全感：既然你什麼決策權都沒有，那下次我直接跟能決策的人談吧。

這種情況下，你還是要用「可執行的最小化行動＋可持續的行動階梯＋每個節點的即時回饋」這個公式，表現你溝通的建設性：「這五個要求我都記下來了，我們特別重視您的需求。現在我當場能定下的是前兩條，我跟您說說我的打算。第三條，主要跟我們財務部有關係，我今天晚上立即跟我們財務總監開會。第四條和第五條我得問總經理，您給我點時間，確認完我立刻跟您回報。」

你其實還是需要回去商量，但因為你把這些需求拆解成了一級級行動階梯，對方就有了掌控感，你們雙方就更容易合作。同時，你在客戶心目中的威信也不一樣了。也就是說，建設性不是要給別人提供什麼方便，而是為了你自己把事兒做成。

更上一級：不要使用負面詞彙

前面我們介紹了把溝通導向行動的方法。這裡我再給你一個提示：為了讓你的溝通保持建設性，請不要使用（尤其不要下意識的使用）負面詞彙。

我們很多人經常有這樣的口頭禪：「煩死了」、「沒意思」、「討厭」……這些話似乎挺俏皮的，但對溝通對象來說，它們其實是缺乏建設性的表達。

日本著名作家松浦彌太郎曾經說過一段話：「經常會有錢不夠、時間不夠的情況，但不把這樣的話說出口。在忍不住要說的時候，強行咽回去。」[12]時間不夠和錢不夠，資源永遠有限，這是世界的客觀規律，我們就是要在資源有限的前提下展開行動。抱怨資源有限，除了讓對方覺得你是個牢騷滿腹的人，毫無意義。

你可以問問你的家人，或者你信得過的同事，你在日常表達時有沒有下意識的使用負面詞彙；或者用錄音軟體把你和別人的聊天錄下來，事後重播。如果家人、同事回饋，或者在錄音中發現自己是經常使用負面詞彙的人，你就要有意識的把這個習慣戒掉。

12　原注：〔日〕松浦彌太郎，《100個基本：松浦彌太郎的人生信條》，尹寧譯，湖南人民出版社2014年版。

花姊幫你畫重點

一、找到立即可以執行的最小化行動，是我們把溝通導向行動的起點。

二、有了起點之後，我們要把方案拆解成接下來可持續行動的階梯，在各個節點不斷回饋，即時調整。

三、溝通過程中，如果不能馬上想出行動方案，還有兩招可以用：「來，我們抓抓落實」，當個行動派；或者邀請對方，「請您再給我提點需求」。

第三部

這樣溝通，你能讓人「如沐春風」

在這一部分正式開始之前，我想先講一個教育家蘇霍姆林斯基的故事：

學校的花園裡開出了一朵極大的玫瑰花，每天都有很多人前來觀賞。一天早晨，校長蘇霍姆林斯基發現一個 4 歲左右的小女孩摘下了那朵玫瑰花，正拿在手裡往外走。如果是常人，做為老師或者長輩，此時應該會說：「要愛護公物啊，花園裡的花不能攀折，這是公德。」但他卻攔住孩子，先問了一個開放性的問題：「孩

子，你摘這朵花是送給誰的呀？能告訴我嗎？」

小女孩有些羞怯的說：「我奶奶病得很重，我每天都陪著她說話。我告訴她，學校的花園裡有一朵非常大的玫瑰花，奶奶就是不相信。我現在摘下它送給她看看，看過了我就把它送回來。」

聽了小女孩天真的回答，蘇霍姆林斯基牽著小女孩的手又回到了花園裡，摘下第二大的那朵玫瑰花對她說：「一朵是獎勵給你的，因為你有充滿愛的心靈；另一朵是送給你奶奶的，感謝她養育了你這樣的好孩子。」

這就是蘇霍姆林斯基做為一名偉大的教育家所強調的「目中有人」的理念。

在這部分，我想跟你特別強調：溝通，不是對著別人的臉，而是對著自己的心。自己的心是否開放，是否能夠發現別人的存在，看見別人的光采，照亮別人的優勢，決定了能否完成一次友好的溝通。

接下來我們會用 6 個最常見、最有用的場景，來進行「讓人『如沐春風』」的溝通修練。從破冰開始，讚美、激勵、說服、輔導、安慰，每一步，都是一場「雙向奔赴」，既是在鼓舞別人，也是在擴展自己。

破冰

怎樣讓人對你印象深刻

請你帶著這些問題閱讀：

- 在和陌生人破冰時，你一般會怎麼介紹自己？
- 如果是一對多的場景，比如研討會或者行業論壇，你又會怎麼介紹自己？
- 自我介紹之後，你會怎麼挖掘雙方都可能感興趣的話題？

我們對別人產生興趣的時候，

恰好是別人對我們產生興趣的時候。

——賀拉斯

這場讓人「如沐春風」的溝通修練，會先從破冰開始。也就是，怎麼走進別人的視野和腦海，讓別人對你印象深刻。

有人認為，破冰是為了打破初次見面時的藩籬，縮短人際交往的距離。但我想請你沿著這層含義深入的想想：距離感只會在兩個陌生人之間產生嗎？難道我們和朋友或者家人就沒有距離感嗎？

人和人之間的距離可以分出很多層次。從陌生人到點頭之交，從點頭之交變成無話不談的朋友，甚至演變成親密關係，每近一層，就要消除一層距離感。破冰不是一次性動作，而是一個**動態的**過程。

如果我們把破冰理解為和陌生人之間的「一錘子買賣」，那當然應該好好展現自我，搶占對方的注意力。但現在我們知道，破冰是動態過程，它的本質應該是「雙向奔赴」，讓兩個人在溝通過程中相互一點點靠近。拚命表現自我，只能引起對方的注意，卻無法讓對方卸下防禦，沒準還會讓他反感的後退一步。

但反過來說，這並不意味著我們什麼都不做，社交「堅冰」便能自然融解。這層「冰」雖然看不見，但是客觀存在，一定得有人先往前邁出一步。而且，誰以巧妙的方式破除了這層冰，誰就可以率先走進對方的世界，贏得對方的信任。

沒錯，破冰是一次溫柔但非常關鍵的博弈，奠定了溝通雙方此後關係的基調。開啟這場博弈前，我照例給你一個公式，將破冰的方法概括為以下三個動作：

破冰＝雙線卡位＋展現關切＋營造掌控

動作一：雙線卡位

你先回想一下，當陌生人向你介紹自己時，很多資訊（姓甚名誰、在哪個部門、什麼職務，等等），你是不是「轉臉」就忘了？不是你記憶力不行，而是因為，他們覺得自己的每條資訊都很重要，總想往你這裡多塞點東西。但這些資訊對你來說純粹是記憶負擔，所以就會變成他塞他的，你扔你的。

事實上，破冰的第一步，自我介紹，目的不是塞多少資訊進去，而是要在對方的世界裡穩穩的「卡」住一個位置，讓他把你放置在他的記憶地圖裡。

至於如何卡住位置，還記得我們是怎麼查地圖的嗎？用一條經線、一條緯線來建立準確的座標。我推薦在破冰場景裡使用的，就是這種「雙線卡位法」。

假如我和你初次見面，我要向你做一個自我介紹：「我是脫不花，得到App的聯合創始人。」這麼做就是先給溝通對象一根「經線」，交代「我是誰」。

看起來很簡單，但請注意，上述介紹方式有兩個顯著的問題需要解決。

第一，脫不花不是一個常見的名字。如果不是我非常注意咬字清楚的話，對方根本反應不過來我叫什麼。大多數人的名字對於陌生人來說都是個認知負擔，更別提有生僻字的了。所以，首先要保證把自己的個人資訊清晰的傳遞給對方。

第二，得到App是每個人都知道的嗎？不一定。如果在一個不太熟悉「得到」的圈子裡做介紹，我就必須補充一句得到App是做什麼的。

來，從這兩個角度來優化這條「經線」—— 我是脫不花，這是我的「花名」啊，我本名姓李。我是得到App的聯合創始人，我們是一家服務於大家終身學習需求的公司—— 力爭做到清晰且簡潔。

經線搭上之後，還「卡」不住呢，別忘了架設那條用於「卡位」的緯線。破冰的緯線是什麼？是雙方的共同關係。

在中國這個人情社會裡，我們自然而然會因為人與人之間的交集而對人產生信任。陳述個人資訊不夠，你還要把自己的資訊「嵌入」對方原有的人際地圖之中。

那麼，怎麼搭緯線呢？我相信很多相對內向的人在這個時候都不知道說什麼。為此，我會給你幾種常見的方法——「四個同」——同校，同鄉，同好，同伴。它們都可以變成你和別人之間的共同關係。

第一個是同校，它不僅包括同一間學校畢業的校友關係，還包括另外一種廣義的「同校」，你們前後腳在一家公司工作過，你們都在這所社會學校裡學習過。你們共用著關於母校（和公司）的回憶，溝通距離自然就縮短了。當然，這還隱含了一層考慮——你和對方可能擁有一個共同關係網，對方很容易通過它來了解你。[1]但這一點恰恰增加了對方的掌控感，使其更容易對你產生信任。

第二個是同鄉。我們中國人對地理和文化意義上的原籍有普遍認同感，所以才會有「老鄉見老鄉，兩眼淚汪汪」的說法。不過，老鄉的「分量」差異很大：在一些鄉土情結比較重的省份，同鄉這根緯線會比較好用。比如，我是山東人，走遍全世界，發現我們山東人特別認老鄉，老鄉自動加十分。但如果你來自超大城市或者移民城市，老鄉在破冰時能發揮的作用就非常有限。比如，兩個人見面說「我們都是深圳人」，不如「我們都是汕頭人」更能拉近距離。

第三個是同好，也就是共同的愛好。你可能從對方的公開資訊或者別人的介紹裡發現，對方和你一樣喜歡健身，喜歡某款遊戲，或者和你一樣喜歡某個作家、某個明星。這些共同的愛好，也是能把人們連繫在一起的緯線，因為你們有了共同話題。所以，平時把眼界放寬一點，多對一些事物保持好奇，就是為自己積累更多的同好儲備。

第四個是同伴，共同的朋友。我去見一個陌生人，因為沒話聊而感到尷尬，但是我知道他跟我另外一個朋友認識，肯定會忍不住提到那個人。如果他們交情不錯，我就像邀請了一個「不在場」的介紹人一樣，當然有助於對方加深對我的印象。但需要注意，這麼做之前要先判斷一下：他們的真實關係，我確切的知道嗎？萬一對方看不慣我那個朋友呢？以及我對自己和那個朋友之間的關係有把握嗎？萬一對方去問這個朋友，得到的答案是跟我不熟，不就很尷尬嗎？這個方法很好用，但是用之前要多個心眼兒。

說到這裡，你可能會問：「兩個陌生人破冰的溝通場

1　原注：這也是我們在找工作時要盡可能進入用人標準更高的組織的原因——我們會在這些組織裡收穫「校友」。想想麥肯錫、騰訊、寶潔等公司的前同事組織，甚至已經成了一個人才品牌。所以，珍惜自己在職場的口碑吧，它會伴隨你很久很久。

景，我怎麼知道對方跟我有上述這些共同關係呢？」唉，這個世界既不屬於有錢人，也不屬於有權人，是屬於有心人的啊！你想，自己真的是在面對一個完全陌生的人嗎？如果你去參加的是會議或者面試，事先肯定知道自己會碰到誰。只要提前做足功課，就可以把雙方的共同關係挖掘出來——在新媒體時代，很多資訊都是公開的。你可以在對方的社交媒體帳號，甚至對方公司的官網上查到相關資訊。即便要見計畫之外的人，臨時拿手機查一下，你也能獲得不少資訊。

至於進入溝通現場以後，你可以多關注細節——對方牆上掛了某個書法家的字畫，對方桌上放著什麼書、什麼茶，都可以成為你建立起連繫的媒介。

當然，這建立在你和對方對看書、飲茶有相同喜好的基礎之上。如果對方與你偏好不一樣呢？看到客戶桌上放著一本你最近在讀的書，脫口而出：「這本書我也特別喜歡！」客戶卻急忙解釋說：「啊，我隨便翻了下，這本書通篇都在胡說八道。」可以想見，「搭緯線」也有風險，你要在確切知道對方的態度之後再這麼做。

比如，你可以先墊個問題，試探一下：「王總，您最近在看這本書嗎？」如果他對這本書表示肯定，你再把緯線遞過去：「我也看了這本書，收穫還挺大的。」

這就是破冰場景中一次完整的「雙線卡位」——用「經線」簡潔、清晰的交代「你是誰」，用「緯線」把你嵌入對方的關係網絡中——搭配使用「經緯線」，對方就更容易記住你。

動作二：展現關切

破冰的起點是在對方的人際網絡裡卡住一個位置。完成這個動作以後，怎麼繼續向前推進呢？我們可以沿著緯線繼續向對方展現：我和你不僅有共同連繫，我還非常關心你。

比如你和客戶見面，在完成「卡位」後就可以追加一句：「貴公司上次辦的那個發布會特別成功。您演講提到的那個什麼什麼觀點，讓我很受啟發。」

客戶的發言、近期在做哪些專案等，事先瀏覽他們公司的官方帳號就能略知一二。這麼說其實是在表達：我是真關心你，因為我知道你們公司最近發生的事。對方從而也會意識到：對面這個人不是尋常的陌生人，而是一個滿懷善意和關切的人。

提前做好功課，展現對溝通對象的關切，就可以把兩個人的距離拉近一些。

此外，我還從一位威望極高的企業家那裡學到了向溝通對象表達關心的有效方法。

我和這名企業家相識於一場宴會。這樣的飯局是特別典型的破冰場景：一頓飯下來，賓主盡歡，很多原先互相不認識的人臨走時加上微信，算是「破冰」了。而這位企業家叫人嘆服的地方在於，他可以藉由加微信這個簡單的動作，在破冰之餘向對方展現關切。

他是這樣說的：「我們能不能合照一張？」微信有一個功能，就是可以在好友的備注裡附上照片。這位企業家添加完對方微信之後，就會當著對方的面把二人的合影添加到備注裡，同時和對方說：「這樣，我可就再也忘不了你了。」因為這位企業家旗下有美術館，在此之後他還會向對方發出邀請：「歡迎你隨時來我的美術館看展覽，提前告訴我，我讓祕書去接你。」在場的人裡面，他地位最高。當他這般謙虛的發起破冰時，每個人都感到非常意外，也因此對他滿懷敬意。

我們都把加微信當作跟對方破冰的最後一步。但對這位企業家來說，加微信只是關係的開始。首先，當面備注並且加上照片，意味著不管對方以後換微信名還是頭像，你都可以通過這張照片立刻想起對方，想起自己是在什麼情境下認識了對方。下次見面，說不定你還可以就照片中的細節，向對方表示關切，再次展開交談。

其次，邀請對方看展覽也是一種表示關切的方法。因為微信上存著對方的照片，祕書接送時也可以根據照片找到人。這就讓你的邀請區別於一般意義上的客套話。

但你可能會問：「這位企業家的做法未必適用於所有人

和所有場景啊，畢竟不是誰都有美術館或者公司可以請人參觀的。我怎麼才能向對方表示關切呢？」

我再分享一位銷售專家的方法，他同時也是「得到溝通訓練營」的同學。正式向客戶介紹產品前，他會說這麼一句話：「來的路上我一直在想，我說什麼才是您最關心的內容，好幫您節省點時間。」

「轉譯」一下這句話，其實是在說：「我知道你很忙，所以只想說你關心的內容。」預先把對客戶的關切傳遞過去。這個時候，客戶通常會主動說明自己特別希望了解什麼。我們也順勢了解了對方最關心的內容，接下來的溝通就可以順利推進了。

通過上述方式向溝通對象表達關切，主要是為了縮短社交距離，但表達關切的尺度需要把握好。比如，第一次見面就說：「上次我看見你送孩子，咱倆孩子在一個幼稚園」、「你是不是住這個社區？上次在社區旁邊的超市看到你」，這種關心顯然超出了兩個陌生人初次見面的社交距離，踏入了隱私的「禁地」。對方會因此失去安全感——你往前進一步，對方就往後退兩步。破冰也就難以為繼了。

動作三：營造掌控

終於走到了破冰的最後一步，我把它稱為：把自己的一部分交給對方，營造掌控感。

最輕的一種方式，是把自己的連繫方式交給對方。與對方告別後，給他發一條微信：今天交流非常有收穫。這是我的電話號碼139×××，有事您隨時招呼。

你可別覺得，你們已經交換名片了，這個步驟沒什麼意義。實際上，你把電話號碼發給對方，相當於重申了一遍想與對方保持連繫的意願。你可以把這則訊息提前編輯好，放在備忘錄裡，這樣你們一分開就可以立即發出去。

至於這則訊息怎麼編，你當然可以直接寫：我是脫不花，139×××，請惠存。但你應該發現了，我強調要放「這是我的電話號碼」這幾個字。對方不一定當下就會保存你的連繫方式，但未來如果他有需要，在微信裡隨時搜索「電話」兩個字就能找出這條訊息。除了電話號碼，位址、郵箱等資訊都可以這樣操作。

稍微重一點的方式，是把自己能夠馬上落實的一個行動交給對方。比如，在剛才的交流中，你們提到了某部電影、某本書。離開之後你就可以把連結發給他，附上這麼一句話：「剛才我們說到的那部片／那本書，我感覺特別好。這是連結，您看完之後，我們可以繼續交流。」

再重一些的方式，是把自己的一個「小祕密」交給對方。舉個例子，我和另外一家公司的一名女性高階主管初次見面，相談甚歡，聊到個人形象方面的問題時，她向我打聽北京哪裡有可靠的髮型師。如果希望把她發展成私人朋友，我就會把我髮型師的微信名片推給她。這樣，我們除了是工作合作夥伴，還共用著私人生活的「小祕密」，再次見面也很容易找到朋友的感覺。

走到破冰的最後一步，需要你花點小心思，有意識的經營與溝通對象的關係。你想把雙方的關係經營成什麼類型——工作夥伴或者私人朋友——就可以相應的交給對方從輕到重不同量級的東西，在他的頭腦裡夯實定位、砸實印象。

我們最後可以通過一個特別有意思的場景，來體會如何通過「把自己的一部分交給對方」，砸實我們在對方頭腦中的印象。這個場景是用得到 App 的「贈送」功能，把我們自己在學習的課程送給溝通對象：

> 你想把科學作家萬維鋼老師的專欄《精英日課》送給一個新結識的朋友，應該附上哪句話？
>
> A.「這門課特別好。我聽了，你也應該學學。」
>
> B.「知道您經常關注新思想。這個專欄是介紹新研究和新著作的，和您分享。」

當然是 B 選項了。你送朋友禮物，不是為了教育他，而是為了讓他建立對你的印象。當你說「我知道您關注新思想」

這句話時，你就管理住了這個標籤，對方也更容易記住你。

來看下一個場景：

> 你想把阜外醫院馮雪教授的課程《科學減肥16講》送給一個新結識的朋友，應該附上什麼話？

這裡沒什麼選項可供你選擇。因為答案只有一個：不能把這門課送給他！這麼做相當於在告訴對方：「你得減肥了。」一個剛剛相識的朋友，你絕不應該提示他該減肥了。即便對方曾向你抱怨他要減肥，和你送他課、要求他減肥也是兩碼事。

完成破冰的三個關鍵動作，我們便在這場溫柔但非常重要的博弈中取得了勝利。但你可能已經發現了，上文我們都是在一對一的場景裡破冰。如果在一場研討會或者行業論壇上，面對二十多個人，又要怎麼破冰呢？

在成功發起一對多的破冰的人物裡面，最經典的要數曹雪芹先生塑造的王熙鳳了。我們可以看黛玉初進賈府時，王熙鳳說的一段話：

> 天下真有這樣標致的人物，我今兒才算見了！況且這通身的氣派，竟不像老祖宗的外孫女兒，竟是個嫡親的孫女，怨不得老祖宗天天口頭心頭一時不忘。

王熙鳳這一席話，從誇獎林黛玉的美貌開始，既捧了賈母，又讚美了周圍和黛玉年齡相近的「三春」，與此同時，還幫賈母展現了對黛玉的關切。厲害了。

取法乎上。我們可能無法像王熙鳳這樣面面俱到，但還是可以試試這個非常實用的小技巧：在一對多的場景裡面，**先「摁」住第一個人**。跟第一個人破冰之後，就能用話題「捲入」下一個人。當然，你要知道選擇什麼樣的人成為第一個人。我建議你選擇在場離你最近的那個人，這是從空間意義上來說的。當然，你也可以選擇在破冰時發現跟你有特殊連繫的那個人，這是從個人特質的角度來說的。無論如何，「摁」住第一個，從他出發，就可以在一對多的破冰現場做到「各個擊破」。

更上一級：破冰的第二天

按照記憶曲線的原理，即使我們做了破冰的所有正確動作，對方還是很有可能快速忘記我們。對此，我有一個小技巧，就是在破冰的第二天和對方再進行一次輕量級的互動。這麼做無意給對方增加額外的負擔，只是為了「馴服」他的遺忘曲線。

你可以給對方發個微信，對前一天的交流做出回饋。比如，他推薦了一本書，你在與他見面之後買了這本書，就可以給他拍張照片，寫上：「書到了，讀起來。」說到這兒就行了，對方這下肯定記住你了。

甚至還有更輕的方式：對方剛好發了一條朋友圈，你寫個評論，也能讓對方對你的印象更深一點。

花姊幫你畫重點

一、和溝通對象破冰，本質上不是展現自己，而是通過為對方營造掌控感，讓自己更快的贏得信任，消除彼此的距離感。

二、首先，我們可以用「雙線卡位法」在他的世界裡定個位。

三、其次，我們要展現對他的關切，這主要取決於我們是不是足夠有心，提前把「功課」做好了。

四、最後，我們可以選擇把自己的一部分交給他，營造他的掌控感。比如你的連繫方式，或者一個可以馬上落實的行動。

讚美

怎樣提升你的人際友好度

請你帶著這些問題閱讀：

· 你會從哪些方向出發去讚美一個人？

· 你有哪些讚美小妙招？

· 當別人誇獎你時，你會怎麼回應？

一流的糖衣，
本身就是炮彈。

——東東槍

真誠、有效的讚美，就是東東槍所說的這種「炮彈」。

在讀讚美這一節內容之前，我需要你先答應我一件事：讀完這一節的 24 小時之內，必須完成「認真讚美五個人」這個指標。不為什麼，只是希望你體驗一下愉快的一天應該是什麼樣子。

很多人把讚美等同於誇人——誇人還不簡單？使勁誇就行了。但請問：如果你的溝通對象是你的頂頭上司，而且他很嚴肅，你要怎麼誇？或者，你跟某個業務負責人不熟，不太了解他的風格，你又要怎麼誇？

就算你說，「熟不熟、嚴肅不嚴肅不是問題，我都可以豁出去拍主管的『彩虹屁』」，那你一定也想知道，怎麼誇主管才會真的開心。同時還要注意，在你「大拍彩虹屁」時，旁邊如果都是同事，他們聽罷會做何感想。

顯然，讚美沒你想像的那麼簡單。沒有水平的誇人不僅不會加分，沒誇到點子上，甚至可能會得罪人。

用行動表達讚美

怎麼辦呢？我先教你一個方法，就是用行動，而不是語言來表達讚美。這不僅降低了對你語言能力的要求，還更加安全、有效。

一般我們會通過一些約定俗成的儀態規範向別人表示尊重。比如，對方說話時我不能環抱手臂，更不能四仰八叉的坐著。同樣，我們可以將讚美用身體語言表達出來，像是不斷點頭，身體前傾，口頭配合著說：「嗯嗯，是這麼回事。」

這些都是禮儀常識。除此之外，還有一個指標特別重要，我開玩笑的把它命名為「摸機率」。控制「摸機率」，就是在溝通時要盡最大可能少碰手機。大家都有這樣的體會：別人說話的時候我們頻繁看手機，其實就是在告訴對方，你說得特別沒意思，無聊到我想看會兒手機。當然，反過來則表示對方很重要，我很尊重對方，沉浸在與對方的交流中，完全忘記看手機了。所以，如果你格外重視某次溝通，要麼控制你自己完全不碰手機，要麼在你不得不碰手機的時候說一句「抱歉」，避免誤會。

當然，我們可以順著上述這些線索，把「讚美行動」升級。比如，提高「舉機率」，在聽對方演講時，適時舉起手機拍攝對方的投影內容。通過這個行動，對方就能感知到你的讚美。再比如，在對方發言時認真做筆記。這是一個比身體語言更明確、更強烈的讚美信號。

在我認識的人裡，這方面做得最厲害的是著名企業家劉永好先生。他是新希望集團創始人，早在20世紀90年代就成了中國首富。20年前，我做為一個初出茅廬的菜鳥，第一次有機會跟他談話，結果發現他居然拿著筆和筆記本，一直在做筆記。我當時真實的反應是：「天哪，劉先生是多麼重視我啊，居然在記我的話！」後來跟他熟悉了才發現，記筆記是他溝通時的習慣。他在記錄關鍵訊息的同時，也傳達了對他人的尊重。所以，每個跟他打過交道的人，都覺得劉先生待人謙和，也非常善於學習。

讓對方被看見

我們已經掌握了「行勝於言」的讚美方法。在學習使用言語、措辭表達讚美之前，我們先來理解一句至關重要的話，它來自心理學家的一個洞察：「每個人畢生都在追求的是被看見。」是的，每個人，沒有例外。

你可能會說：「我就挺喜歡做幕後的。」不，你依然追求被看見，只不過你期待的方式不一樣而已——你不喜歡在公共場合拋頭露面，但你可能希望自己的名字在大螢幕上展示；你不喜歡在會議上發言，但有人關注到你的投入和工作，你心裡還是會暗暗竊喜。雖然方式不一樣，但我們想被看見的心願是一樣的。

記住這個觀點後，你就會意識到，讚美的本質是告訴對方：「我看見你了，我看見你的好了，我看見你跟別人不一樣了。」只要你的措辭能體現這層意思，你的讚美就是有效的。

進一步把讚美拆解成公式的話，它是由以下這些動作組成的：

讚美＝打聚光燈＋輕輕的＋深深的＋常常的

動作一：打聚光燈

先來說打聚光燈。我想請你啟動形象思維，想像一個場景：

你是一名燈光師，身處黑暗的劇院裡，要用手中的聚光燈找到那個與眾不同的人，「啪」的把聚光燈打在他身上。一道明亮的光束落下，這個人馬上會意識到，你看見他了，他也被其他人看見了。那個瞬間，他感受到了周圍期待的目光和自己身體裡蘊藏的前所未有的巨大能量——他想展現出更好的自己。

這是你做為一名燈光師的價值所在：把「讚美的光束」

打在人身上，讓他被看見。當然，你需要面對一道難題：不同光線所呈現的效果不同，如何才能準確的將適合的光線打到不同的人身上呢？

在讚美中，我們打聚光燈時也面臨同樣的難題。

比如，很常見的，誇美女。你認識了一名女演員，想給她打聚光燈，於是誇她真好看。對方心裡想：「這還用你說，我有好幾千萬粉絲，每個人都誇我好看。」當然還有人會這樣讚美：「你真自律，堅持鍛鍊，身材保持得真好。」這束聚光也有可能會打偏，因為如果這位演員想要維持「怎麼吃都吃不胖」的人設，那你的讚美就變成了諷刺。到底該怎麼辦呢？

我來介紹兩個打聚光燈的技巧。

技巧一：發現差異

把聚光打到極致的例子，來自作家亦舒。她評價演員林青霞的一句話穿越三十年成為經典：「一個女孩子美成這樣子，而她卻完全不自知。」亦舒不僅讚美了林青霞好看，更重要的是，她讚美了林青霞身上差異化的特質——「美而不自知」。其中隱含了一個價值判斷：和其他美人不一樣，林青霞不是恃美而驕的。

這就是打聚光燈的第一個技巧：讚美要觀察差異，發現對方跟別人不一樣的地方；把聚光燈打在那個位置，讚美才是有效的。更重要的是，這個差異，不是對方與你之間的差異，也不是對方與泛泛的普通人之間的差異，而必須是對方跟他自己所在群體之間的差異。

回想一下，我們上學時是不是遇到過這樣的場景？學霸考了個 90 分，在那裡難過。這時候學渣跑過來讚美：「哎呀，你已經考得很好了，你看我才考了 60 分。」話一出來，即便學霸嘴上不說什麼，心裡一定不屑的想：「我能跟你比嗎？」

跟誰比較差異很重要。上文提到亦舒誇林青霞「美而不自知」，這是讚美她和其他頂級大美女之間的差異。可以說，這道聚光把她最美的一個角度呈現在了世人面前。

日常生活中的讚美也是同樣的道理。如果你結識了一家大集團的CEO，想讚美他水準特別高，低水準的誇獎通常是毫無區分度的「張總您水準真高」，而我們通過上面的學習，知道了要把聚光燈位置找準。可以這麼說：「張總，您看您這樣的高階主管，居然還這麼重視第一線工作，每個月還要專門抽時間來工廠看看。」

只有把光打在對方和他所在群體有差異的地方，才算是誇在點上了。相反，沒有將對方和其所在群體對應起來讚美，就很容易鬧笑話。還是上面的例子。如果張總只是一個小主管，深入第一線就是他的本職工作。你這麼說不是讚美，反倒成了嘲諷。

我們反覆強調打聚光燈要找準差異，所以很容易聯想到讚美的禁忌，就是追著對方和別人的相同點大肆誇獎一通。比如，對初次見面的女生說「我有一個朋友跟你長得特別像」，這種試圖在女生之間建立起連繫的讚美方式，至少會得罪其中一個人，更有可能一下子得罪兩個人。

技巧二：照亮行為，而不是照亮稟賦

來看另一個技巧。比如，你誇一個同事：「您真聰明。」大家都會覺得這樣說不合適。但如果你誇他的行為：「這個案子競爭這麼激烈，你居然把它拿下了，一定是付出了非常多的心血。」對方聽了就會覺得很舒服，覺得你很懂他，還覺得你「看見」了他的努力。

如果你看過心理諮詢師陳海賢的作品《了不起的我》，[2]會知道「**成長型思維**」和「**僵固型思維**」這對概念。具備成長型思維的人認為人的能力是不斷成長的，人們可以通過努力來獲得能力的成長；而僵固型思維的人則認為能力取決於天賦，天賦是固定的，有就是有，沒有就是沒有。

過去這個概念更多用在教育孩子上。表揚孩子聰明，孩子就不願意再接受更難的挑戰了，因為他要努力維護自己聰明的形象。但如果表揚孩子努力：「你今天真認真，這個題這麼難，但你能堅持死磕半小時，[3]真了不起。」孩子就沒有了證明自己的包袱。未來遇到更難的題，他也願意投入時間做更多嘗試。這就是成長型思維。

在成年人身上也是同樣的道理。如果你誇同事「聰明」、「某項天賦高」，其實相當於在說，你解決這個問題是應該的。讚美行為則不一樣，行為是每個人自己後天的努力，而且是在觀察之後才會發現的，更符合「被看見」的需求。

不過，在觀察和照亮行為時，你要提前判斷一下，對方是不是希望自己的所作所為被看到。比如，讀書的時候我們身邊都會有這樣的人，明明前一天晚上熬夜練習大量題目，但不希望別人知道。他會說：「昨天那部電影好無聊啊，看得我八點就睡了。」這個時候，我們就別跑上去說：「你好刻苦，我昨天在你們樓下看到你的房間一直亮著燈。」這是存心跟學霸過不去。

到這裡，我們知道了讚美實際上是以聚光燈照亮差異點，照亮好的行為。但很多時候，我們不是不知道讚美的價

---

2 原注：如果你對陳海賢老師的自我發展心理學體系感興趣，我建議你讀一讀這本書。如果你學有餘力，我建議你再看看海賢老師推薦的《被討厭的勇氣》和他的死黨采銅老師的《精進》。這一組閱讀，會幫助家有孩子的你成為更好的家長。

3 編注：「死嗑」是北京話，有堅持到底、不達目的不罷休的意思。

值，而是不好意思「使用」讚美，擔心被人認為是巧言令色。尤其是當眾讚美主管，更怕別人覺得自己是在拍馬屁。

確實有這種可能性。但我要提醒你，這種情況下你要做的不是不去讚美，而是找到合適的讚美方式。

因此，我們還要接著講「讚美公式」的後半部分，也就是實施讚美的動作要領。總結一下就是 9 個字：輕輕的、深深的、常常的。

動作二：輕輕的（讚美）

來看「輕輕的讚美」，意思是讚美的表達一定要簡潔，不給別人造成負擔。

舉一個職場的例子你就明白了。向同事表達讚美，最佳時機就是在擦肩而過的一瞬間帶上一句：「張老師，您昨天的發言我收穫特別大。」對方回你一句：「謝謝，有用就好。」到這裡，讚美和接受讚美就迅速閉環了。你不能把人堵在路中間，給人一頓點評，不僅對方覺得尷尬，經過的人也會認為你很討厭。

當然，如果你希望自己的讚美能讓別人留下深刻印象，還可以找出我們在「破冰」一節介紹的技巧，事後用電子郵件或者微信來表達讚美。或者在參加完對方的活動後，發個朋友圈誇一誇，對方看到之後一定很高興，也不會感覺是什麼負擔。

但需要特別強調的是，對異性的讚美一定要輕。假設一個男性主管誇女同事說：「這條裙子很好看，顯得你身材真好。」雖然可能是出於善意，但還是容易引起不必要的誤會。異性之間的讚美要足夠輕，甚至降低到「無性別」的程度。比如你可以說：「你今天狀態不錯，很精神。」這就是不體現性別特質的表達。

動作三：深深的（讚美）

再來看「深深的」讚美。它不是說讚美的言辭要多深邃，而是要表達對方對於我們的影響之深——我由衷的讚美你，因為你的優秀深深的影響了我。

劉擎老師是華東師範大學教授，也是得到App上西方現代思想課程的主理人。很多「得到」同學都很喜歡他，包括我們同事在內。劉老師來我們公司時，很多同事都會圍上去讚美他：「劉老師，我特別喜歡您的課，您講得真的太好了。」

這是「深深的讚美」嗎？按照我們前面的介紹，不是。假設你遇見劉老師，你打算怎麼讚美他？

我先說說我的版本：「劉老師，您的這門課對我幫助特別大，每次我和那些重要人物打交道，我都會送他們一門您的課。他們收到這份禮物都非常高興，還會跟我交流學習心得，表示收穫很大。感謝您的課程，幫我完成了很多艱難的社交任務。」

這不僅僅是讚美劉老師水準高，而且是誇他幫到了我的社交生活，他的優點深深的嵌入了我的生活中。如果你是劉老師，你更喜歡哪種方式的讚美呢？

這一點在向上溝通中特別有用。你很可能不好意思讚美主管，但是理性上你又知道，主管也是人，也渴望「被看見」。那麼，你完全可以對主管說：「上次您跟我談話時指出的那幾個問題，最近兩個月我挨個解決了一遍，結果在工作上產生了……的效果。」你看，這裡沒有褒義詞，只是一個正常的回饋。但是，你的主管會覺得他對你很有影響力，你認同了他的價值。

當然，「深深的讚美」其實可以做到非常簡潔。我聽過有一個人對羅胖說了這麼一段話：「羅老師，有一次 60 秒語音，[4] 您可能自己都忘了，但是對我影響很大。聽您講完，我就把我們家裡的沙發和電視都搬走了。現在我的客廳就是一個書房，我和孩子一人一張書桌，幸福感很高。」這種讚美是在告訴對方，你的一句話影響了我的生活方式，對方當然會因此而感到高興。

動作四：常常的（讚美）

最後來看「常常的讚美」，顧名思義，就是要經常表達讚美。

我們其實可以有意識的要求自己：做為職業「燈光師」，聚光燈一旦打開，就別停下來。無論場合是大還是小，是一對一還是一對多，我們在哪裡，正面回饋就在哪裡。

但你可能會問：「如果不怎麼喜歡對方，我還非要誇他嗎？」這個心情我特別理解，但我們需要認識到這一點：讚美別人，不是為了別人，而是為了我們自己。當我們不斷向外界打出聚光燈時，不僅我們身邊的人會高興，我們自己的生存環境也變得更好了。所以，「利他就是利己」。

比如，我去看了一齣話劇。很遺憾，這齣戲我不是很喜歡，但我可以「真話不全說」，仍舊給出一個正面回饋：「鼓樓西劇場真是一個神奇的劇場，不論什麼戲我都想來這裡。」我沒有說違心話，但還是做出了一個正面回饋。那

4　原注：「羅輯思維」微信公眾號每天上午發布的60秒語音節目，由羅胖分享自己的見聞與新知。截至2021年5月20日，「羅胖60秒」已更新3067期。

麼，介紹我來看這齣戲的人，是不是會高興一點點？

再比如，我請客人一起用餐，結果飯菜一般，服務也乏善可陳。我能給一個正面回饋嗎？當然可以——「今天有機會跟您一起吃頓飯，真是好。我真是感覺到那句話，吃什麼完全不重要，重要的是跟誰吃。」我還是在沒說違心話的前提下，完成了一次讚美。我的客人是不是也因此高興了一點點？

讚美這項溝通能力，訓練的從來不是讚美本身，而是你的**人際容納度**。養成為別人打聚光燈的習慣，我們就可以發現任何一個人身上的優點。漸漸的，你個人的喜好便不會再干擾你的協作網絡，你周圍的人也會因此更喜歡和你合作。

所以，在這一節最後，我想發起一個號召，希望你從幾件小事開始訓練自己的人際容納度。

首先，對於所有服務你的人，比如快遞員、便利店收銀員、餐館服務員等，在接受他們的服務之後讚美他們一句。其次，在每月選擇一天做為自己的「讚美實踐日」，在這24小時內，向我們見到的所有人傳遞一個讚美。完成一個，「正」字畫一筆。一天下來，我們看看會發生什麼。

更上一級：如何回應讚美

解決了如何讚美別人的問題，我們還有一個難題：怎樣可以更好的回應別人的讚美。

我們中國人從小被要求謙虛、謹慎，遇到讚美就特別不好意思。別人誇你：「你今天真好看。」你說：「沒有沒有，早上都沒洗頭。」對方隨口說：「你真精神，瘦了啊。」你說：「哪有，最近胖了好幾公斤。」你說尷尬不尷尬，你說對方煩不煩你。

我們其實不必用這種「虛偽」的自謙來否定別人的讚美，而是可以大大方方的回應：「謝謝，你真好。」在此基礎上，更高明的接受讚美的方式，其實是保留一個開放性的結尾，讓對話可以無限繼續下去。

比如，主管表揚你：「資料處理得不錯。」你可以回覆說：「謝謝長官，我還有很多做得不到位的地方，您要有時間的話，再指導指導我。」或者：「我最近就想突破資料這關，您告訴我，我們單位我還應該跟誰請教請教？」

除了回應主管的讚美，表達自己想要進一步努力的態度，你還保留了開放性結尾，讓溝通可以順利推進下去。這就是一種接受讚美的高明方式。

下一節討論的是激勵一個人的方法。你會看到，如何在讚美的基礎上，讓一個人朝著你引導的方向，產生正向的變化。

花姊幫你畫重點

一、我們在溝通場景中可以有意識的使用「讚美公式」：讚美＝打聚光燈＋輕輕的＋深深的＋常常的。

二、牢記「打聚光燈」這個意象，成為周圍人的燈光師、小太陽，照亮別人，提高自己的人際容納度。

激勵

怎樣成為鼓舞人心的高手

請你帶著這些問題閱讀：

- 如果你想激勵一個員工繼續努力工作，會怎麼跟他說？
- 你覺得讚美和激勵的區別是什麼？
- 在你的工作和生活中，印象最深刻的一次激勵是怎樣發生的？對方說了什麼？

鼓勵自己最好的方式，

就是鼓勵別人。

——馬克．吐溫

我認為，激勵是一種比讚美還要強大的溝通工具。

如果說讚美是促進關係與互動，讓對方高興，那麼激勵則可以促使對方發生改變，沿著你引領的方向前進。它是溝通中的「魔法」，可以不動聲色的塑造對方。所以，很多人認為，激勵是領導力的核心。

在這一節，我們所說的是狹義的「激勵」—— 正激勵（與之相反的負激勵「怎樣批評」將在後文介紹[5]），就是對別人發起承認、表揚、鼓勵、信任等具有正面意義的行為。

其實，每個人或多或少都有感覺，我們生活在一個嚴重缺乏正激勵的環境裡。即使已經付出了足夠多的努力，每天依舊會聽到諸如「為什麼還沒做完」、「你這麼做不對」、「那個數據怎麼又算錯了」的責備。

我有一位研發手機遊戲的朋友曾感慨：「遊戲行業必須成為為人創造幸福感的行業。你看，一個人在真實生活中，要獲得一個正向的激勵有多難。你在部門裡好好工作，半年、一年才評一次獎金，這還得是個好部門。更多的時候，就是日復一日的重複工作，還要被老闆各種挑剔。為什麼那麼多人喜歡玩遊戲？就是因為遊戲會不斷給人正回饋。只要你做對了，就給你激勵。」

遊戲還是應該少玩一點。不過他的這番話讓我意識到，正激勵是我們每個人都需要，卻在緊張的工作、生活節奏裡被忽略的東西。很多時候，哪怕簡單說一句「幹得漂亮，不錯」，對失落者來說可能就是一劑強心針。

但是，「幹得漂亮，不錯」在我這裡可不算最好的激勵方法，因為它同時存在兩個問題：

第一，能激勵的對象很有限。這種表揚通常只能是上對下。你做為下級，能表揚你的上級「幹得漂亮」、「表現不錯」嗎？顯然不行。但想一想，我們的上級或者平輩需要被激勵嗎？當然需要，因為他們的努力同樣值得被看見。

第二，這種表揚的效果很有限。被表揚了，當下很開心，但很難對他長期的行為產生影響。

什麼樣的激勵方法可以作用於任何人，還能對一個人的行為產生長遠的影響呢？帶著這兩個問題，我們把激勵做一

5　原注：詳見本書第四部。

次迭代升級。先來掌握激勵的公式：

激勵＝及時讚美＋行為建模＋回饋閉環

用三句大白話來「翻譯」公式裡的三個要素：及時讚美、行為建模和回饋閉環，分別是：「你做得真好」、「請問你是怎麼做到的」和「你總結得真好，我跟你說說對我的啟發」。

及時讚美和回饋閉環是人們激勵時通常會使用的方法，我就不花筆墨介紹了。這裡我們將討論的重點放在「行為建模」這一環節上。

保持行為建模的習慣

所謂建模，就是從一堆紛繁複雜的資訊裡，抽象提煉出一個簡單的模型，然後用這個模型來解釋複雜的情況，方便理解與記憶。

我舉個例子，你背得出八大菜系嗎？一般人知道川魯湘粵，剩下的都有哪些，似乎不太容易記住。

為此，美食家傅駿建了一個模型，讓人聽一次就能記住。這個模型特別簡潔，就是用沿江和沿海這兩條線索解釋菜系分布。

建模的依據為什麼是沿江、沿海呢？傅師傅表示，菜系之所以被稱為菜系，是因為它們每個季節都能辦出不同的、有時令特色的完整席面。只有物產豐富的沿江、沿海地區才能滿足這一條件。沿長江由東向西的是安徽徽菜、湖南湘菜、四川川菜，沿海岸線從南至北的是廣東粵菜、福建閩菜、浙江浙菜、江蘇蘇菜、山東魯菜。八大菜系從彼此之間看似毫無關聯，到可以被我們快速牢記，只是經過了建模這個化繁為簡的步驟。

那麼，在建模前加上「行為」二字，指的是什麼呢？這是指一個人從他每天偶發的、零散的行為中找出那些最值得保持的部分，用簡單的邏輯整理一下，把這些行為變成一種方法論，讓這些值得保持的行為能夠不斷被複製、被優化。這就是行為建模。

在日常工作和生活中，人們很少會有意識的反思方法論，無論做對還是做錯，自己也不知道是為什麼。所以我經常哀嘆：大部分人一直在渾渾噩噩的生活，經歷可能很多，經驗卻很少，因為他們從不總結。[6]

---

6 編注：這裡「總結」是指把這個階段的工作、學習或思想中的各種經驗或情況分析研究，做出有指導性的結論。

但如果我們這樣追問我們的激勵對象：「**你是怎麼做到的呢，我們來總結總結？**」其實是在幫助對方對自己的行為做出反思，把行為背後的方法「逼問」出來。

很多時候，一句簡單的「你是怎麼做到的」就可以把人們從無思（thoughtlessness）的狀態裡拽出來，用模型化的思考方式總結日常行為。

在激勵的溝通場景中，這個句式很好用，但並不能刻板的複製。接下來我們通過幾個練習，來看激勵句式會發生哪些意想不到的變形：

練習1：對下級的激勵

> 假設你是銷售部門主管，發現有一個新來的下屬簽約速度特別快，那首先可以表揚他：「剛來就把業務摸透了，很不錯。」
>
> 按照我們激勵的句式，你可以加上一句：「我看到和其他人相比，你負責的客戶簽約速度特別快。你一定是有自己的工作方法。我很好奇，你能不能總結一下，詳細說明呢？」

這聽起來像是很謙虛的請教，但現在我們已經知道了，這是對他的激勵，能幫助他把好的行為總結出來「定型」。

而且，這個表達目標明確——關心他的方法論，而不是一個任意、武斷的讚美。當然，它不光可以用於上級對下級、下級對上級，甚至同級之間也可以使用。

對方原先可能沒有想過這件事，經由你的提醒，就會停下來思考自己到底做對了什麼。這個「快速簽單」的方法被「逼問」出來以後，不光他一個人可以不斷複製，你還可以介紹給公司（特別是規模龐大的公司）裡的其他人，讓「簽約快」這個行為在組織內部無數次的發生。

把對方正確的行為放大，顯然是一種特別好的激勵方式。但在那之後，千萬不要忘了激勵句式的最後一個動作：回饋閉環。

你想，對方認認真真建模了，甚至給你寫了郵件，但到你這裡卻石沉大海，那麼人家就知道你只是隨口問問，並不打算抓落實。而「回饋閉環」這個動作，就是在總結「對方的總結」，告訴對方你是怎麼看待這個行為模型的，它對你有什麼影響——用你自己的實際行動把對方的建模「夯實」。

當然，除了夯實，你還可以在這個環節把對方的建模拔高一層。還是上面的例子，你可以這樣跟下屬說：「我看了你關於簽約的總結，覺得你特別擅長優化流程，對流程很敏感。以後你開展其他工作的時候，這種優勢也值得保持。」或者：「你做這個工作，確實有一套自己的心法。你再評估一下未來怎樣做才能簽約更多客戶。」

這些回饋都是在給對方鋪設臺階，讓對方意識到：「主管要讓我承擔更重要的責任了，我要繼續好好努力；未來做其他工作時，也要發揮自己優化流程方面的能力。」沒錯，你可以用自己的方式或者視野，把對方的行為建模上升到一個新高度。這也是你施展領導力的過程。

最後需要強調，回饋閉環有一個大前提，就是對方的行為模型經由我們認真觀察，的確是有價值的。在對方的成果尚不值得激勵時，先別隨便激勵。很多時候，「職場溺愛」並不利於個人發展。

練習2：對同級的激勵

> 假設你是人力資源部門的經理，有一個同級的女同事是銷售部的總監，形象很好。如果你想激勵對方，該怎麼說呢？說「你今天真好看，看了就讓人高興」嗎？

這只是讚美，對方回覆一句「謝謝」，溝通就此打住了。如果想激勵，也要做「行為建模」這個動作，同級之間也不例外。你可以這樣說：「你今天真好看，這個形象特別符合我們公司對女員工形象的標準要求。下週例會，我能不能邀請你擔任我們的內部講師，講一講個人形象管理的問題？我陪你一起備課。」

需要特別注意的是，你在邀請之前要結合對方的溝通習慣先行判斷一下。如果她本身表達很好，或者是我們前面說的老虎、孔雀型人，那你就邀請她當眾做個分享。但如果她很內向，或者是貓頭鷹、無尾熊型人，那你可以轉變一下方式，讓她用文字的方式展示給大家。

還是我們前面說的，沒有人不願意被看見。只要你用了對方擅長的方式，對方肯定會備受激勵，高高興興的準備分享。

當然，對方的講座上，你一定要在場。人家是應你之邀來分享的，你的出席本身就是一個很好的回饋。你還可以在對方分享完之後替她做一個總結，完成回饋閉環：「王總監剛才講得特別好，我自己都收穫很大。按理說，我們可以找專業的形象講師來講。之所以邀請王總監，是想讓大家學習一下，如何在業績這麼領先的情況下，形象還保持得這麼好。這才是我們學習的榜樣。」

這個總結不僅對她本人有用，對所有聽眾也有幫助——這相當於把激勵推向一個高潮——接下來，如果公司小姑娘們的精神面貌煥然一新，你說對方的成就感會不會很強呢？

練習3：對上級的激勵

假設你的主管來第一線視察，表現得對業務非常了解，你怎麼說效果最好？

通常我們會這樣讚美主管：「您太厲害了。一般到您這個級別的長官，對第一線的業務細節已經不熟悉了，沒想到您還這麼瞭若指掌。」其實，你只要稍微修改一下措辭，就可以把它變成對上級的激勵：「長官，我挺好奇的，您平時這麼忙，為什麼還能了解到這麼多第一線的細節呢？您是有什麼特別的工作方式嗎？」

這還是在給對方的行為建模，只不過表述的方式從之前對下級的「你回去總結總結」轉變成了「我想跟您請教一下」。

這個時候主管可能會回覆：「其實挺簡單，你每天去看100條客服的紀錄，就知道用戶在關心什麼，什麼問題讓用戶不方便。久而久之，你就有這個手感了。」

對你來講，這是即便在正式的員工培訓裡都未必能學到的方法，卻在「向上溝通」時學到了。對主管來講，自己對細節的關注被下屬看見了，深感欣慰。

了解到主管的行為模型以後，別忘了完成回饋閉環。兩週之後，你可以拿著自己看過的客服紀錄找主管回饋：「自從上次您教了我這一招，我認真跟了一段時間，發現確實很值得挖掘。因為我學過一點數據統計，還幫客服的同事做了一個分析，總結了一些共同性問題。您要是有空的話，再指點指點我。」

這麼一來，主管是不是對你高看一眼？更重要的是，你幫主管又升級了一次建模，引導他把「向你傳授經驗」這件事固化下來。如果你跟主管之間有了這層默契，那你是不是相當於給自己找了個職場導師呢？

當然，向上激勵有個前提：你得是一個真的值得別人尊重的下屬。說到底，在殘酷的職場上，每個人都要靠戰鬥成績說話。如果你業績落後，協同能力也不強，那麼還是先把基本工作做好，再去主管面前「刷存在感」。

我們剛才講的都是職場中的激勵，希望你不會誤以為激勵只在職場中奏效。只要對方做出了你希望他保持的行為，都可以去激勵。

比如，送孩子去上幼稚園，你可以把經常跟老師說的一句恭維話「孩子特別期待開學，因為開學能上您的課」轉化成激勵人心的表達：「孩子特別期待開學上您的課。小孩子這麼愛上學，真的挺少見的。我特別好奇，你們在學校是怎麼做的？」

老師會不會有意識的總結自己的方法論？會不會因為一套可複製的行為模型而愈做愈好？最終受益的，其實是你們家孩子——他擁有了一位更好的老師。如果你還能回饋閉環，就會形成一個不斷放大的正循環。

這就是激勵的奇妙作用。

在日常生活中，正激勵產生的巨大的長期效應有一個最典型的例子，就是「海底撈」。說到這家公司，我們每個人的第一反應都是它的服務。那麼海底撈是不是從營業第一天開始，每家分店的每位店員都是如此呢？

不是。其實是少數店員、少數分店重視了一點服務細節——你覺得西瓜好吃，送你一個打包帶走；小孩睡著了，想辦法幫你鋪張小床，讓孩子睡得舒服點。於是慢慢的「江湖」上就有了這個傳說。它在被顧客和媒體記住以後開始廣泛傳播，最後的結果是什麼？是海底撈的服務「不得不好」。

後來有了《海底撈你學不會》這本書，書名本來是個誇張的說法，但是無意間完成了一個「行為建模」。當所有人都在說「海底撈的服務你學不會」時，海底撈就必須讓別人學不會。別人送西瓜，我就得送零食；別人都送零食的時候，我就得上美甲服務……這樣一路下來，儘管有很多人說，海底撈的味道也就那樣，但它已經超越火鍋這個品類，成為某一類餐廳的代名詞。

來自顧客的激勵一個個積攢下來，最終的結果是什麼？是今天已經幾千億港元市值的海底撈，一個巨大的商業奇蹟。

從 1994 年海底撈創立，迄今將近 30 年，不知經歷過多少代服務員，這個行為建模留下的約束始終都在。

不要吝惜你的激勵。向你身邊的人持續發出正回饋，去激勵他，給他建模，看看未來會發生什麼有意思的變化。

更上一級：激勵升級法

還記得我們在「積極回應」一節[7]介紹的「換場合」大法嗎？這個方法在激勵的場景裡特別好用——通過不斷「升級」場合的正式程度，我們溝通的力量會愈來愈強。

具體而言，從「你做得很好，有什麼成功的經驗，找個時間給我總結一下吧」，升級為「你做得不錯，好好整理一下經驗，下週我約上董事長的時間，你跟他彙報一次」，再升級為「跟董事長彙報完之後，我們召集一次全體同事的會議，你跟所有同事分享一下經驗」。

如果用這麼一輪方法來激勵一名員工，他肯定會成為非常優秀的個體。

---

7 原注：詳見本書第一部。

這種升級的激勵方法不是我發明的，早前海爾集團就掌握了這個小竅門。我去海爾參觀時發現，海爾的生產車間[8]裡一直在使用一種非常特殊的激勵方法：如果有生產一線的員工做了什麼小發明、小創造，他們就會用個人的名字來命名，並寫在員工手冊和培訓資料裡。

比如「曉玲扳手」，顧名思義，是一個叫曉玲的人發明的扳手。如果有個「脫不花質檢法」，那我就很驕傲了，因為這是我發明的。這個激勵的方法，海爾幾萬人都覺得特別有用，因為它不僅升級了場合，還會穿越時間。

---

8 編注：「車間」是指基本生產單位，類似臺灣的生產線。

花姊幫你畫重點

一、和讚美相比，激勵適用的範圍更廣，產生的影響更深遠。

二、激勵是領導力的表現，如果你希望對方保持什麼行為，就可以引導他去給自己的行為建模，透過反思和總結，形成一套好的方法論。

三、激勵的句式可以分三個半句來說，「歌詞大意」分別是：第一句，你做得真好；第二句，請問你是怎麼做到的；第三句，你總結得真好，我跟你說說對我的啟發。

說服

怎樣讓別人願意支持你

請你帶著這些問題閱讀：

· 如果想要說服對方，你會從哪幾個方面去找方案？
· 你印象中最成功的一次說服，是在怎樣的場景中發生的？
· 你有一個方案，但對方心裡有成見，你會怎麼說服他？

對任何人都不抱希望，

但是對任何人都永不絕望。

——明海

說服在日常工作中是一個特別常見的場景。無論是爭取預算、推行方案、調整指標，還是銷售產品，我們都需要說服身邊的人——老闆、下屬、同僚、客戶，等等。我們時而苦口婆心，時而語重心長，時而又「死纏爛打」。顯然，說服並不是一件容易的事，需要我們投入專門的時間學習，「對任何人都永不絕望」。

不過在此之前，我們先來排除一個心理干擾。說服很容易被理解為巧言令色——對方原本不想幹，但你花言巧語迷惑了他，他頭腦一熱就答應了。請注意，這不是說服，而是忽悠。我們要特別警惕這一點，因為這不僅不誠實，而且即便你當場忽悠成功了，對方回去冷靜一想，也會中途反悔。從此他會特別提防你，你的損失反而更大。

那什麼是說服呢？我希望你記住這句話，並把它當作目標：**成功的說服是不說服**。

說服一個人，不是拿著一個方案摁著對方，讓他無論如何也要接受，而是讓他覺得我們倆是一夥的，我的目標就是他的目標。我提議的這件事，本來就是他想做的，只是我需要獲得他的同意或者請他和我一起做而已。對方不僅在情緒上同意這件事，理性思考過後也同意，回去愈想愈同意。這個過程才是成功的說服。

我們接下來看看如何一步步接近這個目標。先來看它的分解動作要領：

說服＝說話有分量＋鑿穿心理防線

什麼意思呢？讓對方願意聽我們說話，願意聽我們把話說完，是說服的第一步。我們必須成為一個說話有分量的人，至少要讓對方願意把注意力「交出來」。

如果僅僅因為我是老闆，位高權重，所以我說話有分量，這肯定不算有說服力。只有當我和對方地位相當，甚至我處於下風時，我的話語仍然有分量，仍然有影響力，這才是真正有說服力。

動作一：說話有分量

怎麼才能讓自己說話有分量？我認為答案可以用三個字概括：強準備——用足夠充分的準備所帶來的心理優勢和資訊優勢去「碾壓」對方。

比如，大家都覺得向上溝通、說服自己的主管特別難。因為他的地位更高、眼界更廣，掌握的資訊也更多，我們的很多想法在他們眼裡都是無足輕重的。而當我們「不得不」去說服他們時，充分的準備就顯得格外重要—— 主管確實大局在握，但這恰恰意味著，他為顧全大局，無法深入了解細節。那麼，你就可以抓住這個空隙，把具體事務摸透，給他呈現一個無法拒絕的方案。

讓我們透過一個向上溝通場景來做鞏固練習：

假設你想說服老闆增加活動預算，可以做哪些方面的準備呢？

A. 研究公司的年度計畫。

B. 蒐集一些最佳實務。

C. 制定預算使用方案，承諾關鍵成果。

你應該已經意識到，這其實是一道多選題。無論哪個選項，只要把準備工作做到位，都會成為說服的巨大推動力。

回到具體的選項。先來看 A 選項：在你說服老闆之前，你要做的第一件事是研究公司的年度計畫，也就是公司制定的那些大目標。上文提到，說服不是向對方推銷他不要的東西，而是要把「你的目標」變成「對方的目標」。在向上溝通的場景中也是同理，只不過你的目標小，對方的目標大，那麼你可以把自己的目標變成對方目標的一個「子集」。

比如，溝通的開頭可以這麼設計：「長官，我認真學習了您在年會上的演講，覺得某某目標特別重要，為了實現這一目標，我做了一些方案，想請您看看。」這麼說，就是把你的小目標裝進老闆的大目標裡。除非你的方案特別不合理，否則老闆的反應肯定是「好，幹吧，一塊兒去實現大目標」。

當你對公司年度計畫做足功課，具備了翻譯雙方目標的能力時，說服也就變成一件水到渠成的事情了。

順便提醒你，如果你要說服的不是老闆，而是一位基層管理者，比如財務預算經理，你的準備工作要相應的做出改變——不是針對什麼大目標、大計畫，而是針對具體的辦事流程。

不同的人關心的問題、看問題的角度不一樣。比如，你的老闆關心的是目標與戰略，而基層管理者關心的可能只是自己的「一畝三分地」。為了說服他，你要琢磨清楚流程，鄭重其事的訂個會議室，充分展現你對他本人以及辦事流程的尊重。你愈鄭重其事，對方就愈能感受到他的權威被尊重了，就愈容易支持你。

再來看 B 選項，蒐集最佳實務，這也是事先要做的功課。最佳實務（Best Practice）是商學院經常使用的術語，指的是在某件事情上，那些最成功、最典型、最具可複製性的案例。

你要說服別人，就要提供最佳實務給他，證明這件事不是你自己瞎想的，而是做了大量研究。

那麼，怎麼找到和目標相關的最佳實務呢？通常有以下幾種管道：

第一種，找找別人針對這個目標是怎麼做的，以及怎麼做成的。比如，你想說服你的老闆在公司推行OKR，可以多跟他分享谷歌、字節跳動、華為這些厲害的公司是怎麼做的。它們都在用OKR，而且效果挺好。這樣你的說服力就能增加不少。

第二種，發現第一線的「炮火」，簡單來說就是用戶產生的行為和趨勢，還沒在公司內部引起足夠的重視。這類資訊對愈高層的主管愈有說服力——在他們不夠了解第一線的情況下，你突然向他們提供了和第一線相關的資訊，他們肯定會瞪大眼睛認真聽你說，你說話的分量自然就提高了。

第三種，做一個「最小可行產品」（minimum viable product, MVP）。這是網際網絡公司研發新產品時使用的名詞，指的是那些恰好可以傳達核心設計理念的產品。當你希望推行一個創新方案時，你可以拿著MVP和主管商量：「我已經投入時間和資源把模型做出來了。」這樣你的說服力就相應的增強了。

但從另一方面講，用最佳實務說服的過程中暗藏陷阱：你不能因為手握很多資料，而把原本的說服變成一個人在

「秀肌肉」。**要克服資訊偏差帶來的優越感**——愈是手握雄辯的資料，說服的方式愈是要就事論事——讓對方覺得你只是做了一些基礎工作，不會影響他的權威。

再來看C選項，我們還可以提前制定行動方案，並且承諾關鍵成果。讓老闆支持你去做某個具體動作，要比說服老闆直接發一筆預算給你來得容易。比如，你可以這麼跟老闆說：「根據我們以往的經驗，要達到您想要的效果，只做線上的工作是不太夠的，必須加上線下的工作。所以，我們想請主創團隊跑十座城市，再拍三部影片，投放到這些管道，您看可不可以呢？」

你沒有直接跟主管要錢，而是跟他強調為達到效果需要做哪些動作。動作背後當然需要資金支持，但有了這些具體動作，老闆決策起來就會容易得多，你的說服力同樣也變強了。完成以上這三個動作之後，你在老闆心目中即便不是一言九鼎，至少也是個值得重視的溝通對象了。

動作二：鑿穿心理防線

前文提到，說服不是在一瞬間完成的。當一條陌生的訊息發到人面前時，人的本能反應都是防禦和拒絕。若想說服別人，就要先讓對方熟悉這個訊息，鑿穿他的心理防線。

具體怎麼做呢？我認為主要是兩個動作：吹風和慢熬。

吹風的意思是，在正式說服以前，透過各種非正式的方式向對方發射信號。說服不是什麼「圖窮匕首見」——平時憋著不說，開會的時候拿出一個翻天覆地的大計畫，嚇人一跟頭。愈是大事，愈要事前慢慢吹風。比如：

> 你要提請總經理辦公室通過一個方案。但這個方案涉及研發部老張的核心利益，他可能會有不同意見。請問你應該怎麼辦？
>
> A. 強化會議的鄭重感，在這種正式的氛圍下，賭老張會顧全大局，通過提案。
>
> B. 提前和老張打招呼，摸清楚他的想法再到會議上討論。

結合吹風這個動作的要領，我們知道，老張如果反對你的提案，絕不會因為這個會議的正式程度就改變立場。他只會更加正式的反對你，而這種反對是無法挽回的。所以，你一定要在會前吹風。不僅對他一個人吹風，還要對所有可能對他有影響的人吹風。把中間派爭取成贊成派，把贊成派變成配合派。吹風工作做得愈充分，最後時刻的說服力就愈強。

請注意，吹風的技巧，不是讓老張同意你的方案，而是讓老張充分發表意見，把他的意見融入你的方案。到了開會的時候，你要提及對方的貢獻：「這件事是我們市場部負責的，但是研發部給出了特別重要的建議。」

你都這樣說了，老張顯然不會輕易反對你，因為這麼做就是在反對他自己。

如果你覺得自己不善言辭，那要怎麼吹風呢？你可以提前把方案發給對方，讓對方看一眼，再面對面溝通。覺得當面說不明白的事情，你都可以放到文字裡。而且在成文的過程中，你也可以強迫自己做更加深入的準備。

吹風是在事前積累力量，鑿穿對方的心理防線。但如果對方還是沒有被說服呢？

我先告訴你對方沒有被說服的一個信號，就是找藉口。如果他的回覆是「行行行。方案放這裡，我馬上開一個會，回來聊」、「我沒什麼意見，但是要徵求王總的意見才行」之類的話，就意味著他沒有被你說服，只是不想當面拒絕你而已。

很多人會以為，對方沒說不行就是行了，這是大錯特錯。在說服這件事上，對方沒說行，就是不行。

那麼，在對方給出肯定答覆之前，我們怎麼把溝通的無限遊戲繼續下去呢？——今天不成，我明天繼續去說服他；當場沒有說服對方，我繼續優化，把方案做得更好，直到我的方案被接受。這裡面的竅門，叫做慢熬。

但請注意，「熬」不是一直強調「我要，我就要這樣」，這樣不僅不會說服對方，還會被拉進黑名單裡。關於「熬」，正確的做法是挖掘——不給他回避的機會，立即請教：「這個方案，您覺得我應該怎麼改善？我這樣調一下行嗎？我把這個先決條件解決了行嗎？」

只要不斷挖掘，就能挖掘出對方不同意的真正原因是什麼，那他遲早會被「熬」同意。

用新方案代替舊方案

介紹完說服的要領以後，你可能發現了，剛才這些場景有一個共同點，就是對方心裡沒有成見，你只要說服對方接受你的新方案就可以了。還有一種情況是，你希望對方接受某個觀點或者某個方案，但對方心裡有成見，那他就會特別牴觸你的方案，甚至堅決反對。這個時候，應該怎麼說服他呢？

請先記住這個觀點：每一個抵抗的情緒背後都有尚未滿足的需要。它來自《非暴力溝通》的作者馬歇爾·盧森堡（Marshall Rosenberg）。

比如，我們每個人家裡可能都有一位愛囤東西的老人，非要買快過期的食品。明明家裡也不困難，還是要頂著八級大風去領免費的一斤雞蛋，怎麼都說服不了。

這個時候，我們先要知道問題的本質是什麼。老人之所以抱著那個方案不肯撒手，是因為它體現了他的價值——頂著冬天的八級大風去領免費雞蛋是在幫家裡省錢。所以，如果我們要說服他，千萬不要告訴他這一斤雞蛋不值得領，這麼說就是徹底否定了他的價值，他肯定受不了。我們要做的，是給他提供一個更好的替代方案，幫他實現自我價值。

我們家也有這樣一位老人，就是我外公。之前我們怎麼攔都攔不住，後來我媽媽想了一個主意，成功說服了他。她跟我外公說：「您看脫不花每天這麼忙，根本沒時間了解國內外形勢。但她們做的又是教育事業，哪能不了解國家大事呢？您看您要不幫她一個忙，把每天《人民日報》、《經濟日報》上有價值的部分剪下來，讓她快速了解最近的政策，好不好？」

這麼一說還了得？我外公馬上認認真真的開始讀書看報，每天哪裡也不去，就在家幫我做剪報。他不再領那一斤雞蛋了，因為他已經不需要靠它來證明自己的價值。我媽媽用一個新方案替代了他賴以建立存在感的舊方案。

很多時候，對方表現得態度強硬、難以說服，其實不是因為固執，也不是因為有利益衝突，而是對方在捍衛某種價值——可能是權威，可能是秩序，也可能是自己的感受。比如，我們前面介紹的貓頭鷹型人，你要是沒按流程來，方案他看都不想看。他捍衛的是什麼？是秩序。再比如孔雀型人，你的方案本身他並不關心，但你講方案的時候居然沒提到他，那他就要跳出來抗議，他捍衛的是感受。

這個時候的說服，其實不再是一個溝通挑戰了，而是一場心理戰：我們需要預判每個人所捍衛的東西到底是什麼。

我的一個朋友，在一家管理顧問公司工作，在幫一家企業做管理顧問時，就某個業務的流程優化做了一整套方案。他是這方面的專家，而且是這家企業的高層一致決定請來的，方案做得也挺好，但就是有一位姓王的副總激烈反對，而且態度極其強硬。

我的這位朋友就很苦惱，挨個排除對方到底在捍衛什麼。是權威嗎？王副總是這個改革小組的負責人，我朋友非常尊重他。是利益嗎？這個方案裡他的利益並沒有損失，原來分管的部門權力還變大了。直到有一天，在某次交流的過程中，這位副總對於某些話表現出過激反應，我朋友才突然意識到，他捍衛的是他做為「老臣子」跟老闆的關係。他無法接受居然有一個外人在流程優化這個問題上，跟老闆談得比自己深。

我們置身事外的看，這位副總捍衛的價值特別可笑。我這個朋友只是個外人，老闆花幾百萬請他，就是來解決這個問題的，當然要花時間跟他討論，而且也正因為他是外人，老闆表現得很客氣。

而這位副總是老闆的老部下，彼此之間的溝通相對簡單粗暴一些，他就有點不舒服，覺得自己長期以來一直對這個問題負責，老闆溝通時為什麼不這樣？於是就陷入了自己的情緒裡。

癥結找到了，我這個朋友是怎麼說服這位副總的呢？他說：「我沒辦法說服他，因為他捍衛的是他和老闆之間共同奮鬥多年的兄弟關係。但我可以用一個方式來讓他支持這個方案。」

他找到老闆說：「這個方案如果想要推行好，長期來看，還得是王總他自己透澈理解這個方案，對您的戰略思想充分了解，因為我們顧問公司遲早都會走的。雖然您和王總已經合作很長時間了，但為了我們的方案能真正落到實處，您看看要不要抽個時間，您哥倆別在辦公室，找個地方單獨好好聊聊？」

老闆都是高手，一點就透，當天就請這位副總喝了頓大酒。第二天再開會，副總對方案就沒有任何意見了，因為他已經確認了自己和老闆之間的關係。

說到這裡，你就能參透一句老話的含義了：「閻王好見，小鬼難纏。」如果小鬼的價值被忽略了，那他當然會表現得難纏。相反，要是閻王見不見由小鬼說了算，小鬼的價值就得到了充分的體現，那他就不難纏了。

你尊重他的價值，他就成全你的方案。

更上一級：視覺化

我們再來看一個說服力的終極武器：視覺化。

比如，你想推動電商庫存管理的改革，讓主管認識到庫存積壓的問題，第一種說服方式是給他看一張 Excel 表，密密麻麻的各種數位，還有一種方式是直接拍一張倉庫的照片，畫面裡滿是摞成 10 公尺高的庫存書。後者的這種視覺衝擊力，就比乾巴巴的數字有說服力得多。

我從「得到高研院」的同學陳光健身上，學到了「視覺化」的一個妙招。當時，陳光健想挖一位高階主管，總是挖不來。最後，他想到一個辦法，就是把自己的辦公室騰出來（這間辦公室正對著黃浦江，視野開闊，非常漂亮），然後把那位高階主管請到公司裡，一路參觀介紹，參觀的最後一站就是那間辦公室。

對方問他：「這地方寸土寸金，怎麼還空了一間？」他說：「這原來是我的辦公室。從今天起，就是你的辦公室了。來，鑰匙給你。你什麼時候來，什麼時候就能用這間辦公室了。」

這位高階主管就這樣被挖來了。

陳光健打動對方的原因，首先當然是合約和薪資給到位了。但這些條件，都不如這間辦公室帶來的衝擊大。因為它是當下可以被看見、被感知的。這就把對方捲入了一個具體的討論中——當站在這個風景極佳的辦公室裡，想像在裡面工作的感覺時，他就很難拒絕老闆的邀請了。

你看，說服的條件沒變，只是增加了一個視覺化的工具，說服的力度是不是就強了很多呢？

花姊幫你畫重點

一、透過強準備，讓自己在說服的溝通場景中不再人微言輕。

二、透過吹風、慢熬，逐漸鑿穿對方的心理防線。

三、如果對方心裡有成見，怎麼也說服不了，我們就要想想，一定有什麼他捍衛的價值投射到了原來的方案裡。那麼我們就要把那套價值融入我們的新方案，透過這種方式說服他。

11

輔導

怎樣教會別人更好的做事

請你帶著這些問題閱讀：

- 假如你是一個主管，有一項業務操作已經教過下屬兩三次了，但他還是會犯錯誤，這時，你會怎麼跟他說？
- 假如你帶的團隊來了個新人，你交給他的任務，快到交付時間了，進度才過半，這時，你會怎麼做？
- 假如你要重新輔導這位下屬，打算怎麼跟他講？

溝通是管理的濃縮。

——山姆・沃爾頓

來，說實話，上一次你覺得自己在溝通中失去了風度，表現得抓狂，是什麼時候？

我先說：每次試著教別人做事的時候。而且經常以這句話告終：「算了算了，你讓開，我自己來吧。」

教別人做事，即輔導，是溝通中的一種特殊類型。它包含很多層意思，比如培訓帶人、傳授手藝、糾正動作，等等。但我們對輔導通常有這樣的誤解：「輔導人不划算，有這工夫，我自己早就做完了。」或者：「教會徒弟餓死師父，把別人教會了，我自己怎麼辦？」所以，職場中的輔導很多純粹是靠覺悟在支撐。

但我想請你從另一個視角思考：上級是怎麼看待輔導的？上級當然希望你能把自己的能力傳承下去，讓組織發展壯大啊。很多時候，上級給你布置輔導人的任務，不僅在考察你的能力，還在考察人品——既然只有你做得好，別人接不走，你又誰也瞧不上，不樂意輔導，好吧，那你就一直在這個職位做下去吧。要是上級有了這種印象，你今後可怎麼升職呢？

所以，請允許我提醒你，如果你未來想擔任更重要的職位，除了本身的業績，還要加強自己的輔導能力。可以說，輔導就是晉升的前道工序。學會在輔導中的溝通方法非常重要，它將成為你職業生涯的一個「決勝點」。

準則：教行動方法，不教價值觀

怎麼展開輔導工作呢？

只要你開始帶團隊，哪怕手下只有一個人，你都可能遇到這樣的困惑：

「我明明是在教你做事，為你好啊，為什麼你還不高興呢？」

「我明明是在教你溝通，為你好啊，為什麼你還躲著我呢？」

「我明明是在教你這個效率更高的方法，為你好啊，為什麼教了幾次都學不會呢？」

「為你好」卻總是「出力不討好」？請注意，之所以會有這樣的困擾，是因為你違背了職場輔導的一大準則：輔導人的時候，不要教價值觀，只能教行動方法。

做輔導時，我們經常不由自主的開始教對方應該怎麼對待工作、應該有怎樣的人生觀，甚至還會帶上最招人討厭的那句話：「我年輕的時候……」這都算是在教價值觀。即便這樣輔導是出於好心，我們還是忽略了兩個問題。

第一，我們並不知道對方的真實想法——我們在那裡大談特談人生經驗、「年輕時候的我」，結果對方壓根兒就不認可，或者連今天的我都瞧不上——這種輔導又有什麼用呢？還記得那個經典的提問嗎：「每當我想做為過來人講兩句的時候，就得想想，人家讓我過來了嗎？」

第二，這樣的輔導也是無法度量的。說了老半天，對方也點頭如搗蒜，但我們還是無法確定到底教會對方沒有。下次遇到這個問題，他還是老樣子，我們是不是會既憤怒又失望？像這樣的溝通，幾個回合以後，雙方關係自然會惡化。

我們說別教價值觀，並不是因為它無關緊要；恰恰是因為它太重要了，所以輔導才不能停留在理念層面，必須落實成行動方法。這樣才能做到「真教真會真變化」。

比如，做為老闆，你經常教導員工「要以用戶為中心」。假設一個用戶非常著急的要求退貨並且賠償，接待他的員工按說當場就該賠償。但員工有這個權力嗎？如果賠了，回來財務能核銷嗎？如果不能核銷或者核銷週期漫長，月薪 6,000 元的員工在一筆金額超過 3,000 元的賠償面前，又要怎麼以用戶為中心呢？

顯然，價值觀輔導的作用是不夠的，必須配上行動方案——很多餐廳負責人會在輔導時說明，每個服務員都有給顧客免單的決定權。這樣的輔導，在傳達「用戶體驗為上」

價值觀的同時，也解決了「員工應該怎麼做，可以做到什麼程度」的問題。

再比如，每所學校都會告誡教師要「重視學生上課體驗」，但這對於一名剛剛從大學畢業的新老師來說近乎無效。因為，無論新老師多麼認同這個觀念，他都沒有能力和經驗把觀念轉變成自己實打實的教學成果。而我在一所著名的中學，北京十一學校，見到了對這個問題的輔導方案。他們就沒有停留在價值觀層面，而是進一步落在行動方法上。比如，僅僅是老師怎麼寫黑板板書這一件事，十一學校就總結了數條行動方法：

- 檢查板書字級大小。確定坐在最後一排的學生能看清楚。
- 利用（黑板）上半部。只有確定後排的學生不會被前排的同學擋住時，才使用下半部。
- 列出上課計畫。將要討論的問題寫在黑板上，這樣，當你對這些問題做出回答時，學生仍然能夠看到問題。
- 在黑板上寫字，背對著學生時，不要再講課。
- 盡量課前在黑板上寫好板書的內容，以使學生對將要上課的內容大綱有個大致了解。
- 將學生的話寫在黑板上。

- 讓學生有機會在黑板上寫字。
- 慎用板擦。在擦去學生所說或所寫的觀點之前，進一步強調這些觀點的價值。

你看，這是不是比對老師說教「重視學生上課體驗」要可行得多？這些方法不僅能夠落地，還能透明化的檢查，更重要的是，輔導一次就能管用。所以我們才說，教行動方法，不教價值觀，是輔導的基本準則。

了解輔導的基本準則後，我們再來看具體的操作要領。根據公式，它需要完成以下幾個動作：

輔導＝植入目標＋發現盲點＋實戰演習

動作一：植入目標

植入目標是給對方一個正向的拉力，這是啟動輔導的前提。我們來看下面兩句話：

你不對，我來教你。

你可以更好，我來教你。

說後面這句話時，對方更容易聽進去接下來的輔導，對吧？如果我們一開始就是針鋒相對的態度，不管是不是出於好心，給對方最直接的感受就是「沒事找事，亂挑刺兒」。但如果我們事先給對方植入一個目標，告訴他往這個方向走會更好，並且對方也認為自己配得上這個「更好」，想變得更好，那他會覺得我們是在幫助他成長，也會更加願意接受輔導。

這是植入目標的價值。「植入」的方式有很多，可以跟他談職業規劃，談對他的期待，也可以談公司的大盤子[9]……總之，要給對方他想要的東西。我要特別提醒的是，植入目標不能想當然的「為他好」，一定要思考：這個目標到底是我覺得對方想要，還是對方真正想要。

很多家長在輔導孩子時總說：「你要好好學習，好好學習就能考上好大學，上好大學就能有好工作。」這是不是目標？當然是，但這是不是孩子的目標？不好意思，還真不一定是。有太多生活經驗告訴我們，很多孩子從小就覺得自己是在為父母讀書，是在完成父母交給自己的任務，而不是自己打心底裡有動力。是不是對方的目標，不要「我覺得」，

9 編注：「盤子」是指公司的規模、利潤、員工人數等指標，「大盤子」就是指公司比較好的前景。

得要「他覺得」才行；最起碼是我們共同的目標，這樣才能開啟輔導。

舉個例子。組長、組員鬧矛盾了，你做為部門主管，想教組長怎麼帶隊伍，當然可以說：「你這麼批評人不對，正確做法應該是這樣。」但你還可以看看接下來這種說法：「你現在帶 5 個人的團隊，這麼做挺好。但是將來帶 30 人，甚至 300 人的團隊，肯定得換個方法。你要是想進步，想帶大團隊，我來教你一下，批評人也是有講究的。」

像這樣事先給組長設計一個他無法拒絕的目標（帶領更大的隊伍），你之後的輔導就可以更加順利的推進了。

動作二：發現盲點

動機問題解決了，第二個動作是發現盲點——輔導要起效果，我們不能只知道他不行，還要知道他到底哪裡不行——具體哪裡不行，就是對方的能力盲點。

你肯定聽過一句話：「如果你有什麼不懂的，隨時來問我。」很友好，對嗎？不好意思，這其實是發現盲點的「反面教材」。看起來很開放，也很友善，但事後對方往往就杳無音訊了。這是因為，那些最需要輔導的人其實並不知道自己哪裡不懂、哪裡理解錯了。所以，要麼不會來，要麼闖了禍才來。泛泛的拋出一句話，坐等對方找過來輔導，顯然不符合實際情況。我們需要主動出擊。

這是不是意味著我們要對對方的盲點先做出主觀判斷呢？也不是。對於同一個失誤，致使其產生的原因可能完全不同。比如，同樣是績效評價表交得晚，有人可能是不重視，覺得這件事不重要；有人則是指揮不動團隊，無法幫下屬打分數。同樣是忘記給客戶發郵件，有人是沒意識到這是他的責任，有人則是業務能力不強，還有人僅僅是不知道如何利用更好的職場寫作技巧與客戶溝通……我們自己拍腦袋想答案，顯然是行不通的。

主觀判斷行不通的話，我們又要怎樣定位失誤的原因，發現盲點呢？

答案是一則口訣：「我做你看，你做我看」[10]。舉一個非常直觀的例子。團隊來了新員工，你「哐哐」給他說了5小時。但從對方的角度想想：他初來乍到，尚未形成一套自己的認知框架，根本無法吸收你高強度的輸出。

這個時候，正確的做法應該從「我做你看」開始。先來

10　原注：傳統培訓課上，教練採用的口訣一般是「我說你聽，我做你看，你說我聽，你做我看」。由於我們大多數人不是專職教練，哪怕傾囊相授，對方可能還是無法一下子吸收。故這裡與傳統的口訣有所區別，從「我做你看」入手，在「你做我看」時發現盲點。

做一個簡單的溝通：「歡迎你，來，我告訴你上手的第一件事是什麼。」手把手帶他走一遍流程，讓他旁觀你做事的過程。

然後放手讓他去做。在對方自己做的過程中，觀察他在哪裡卡住了，這通常就是他的盲點，在此處針對性的予以輔導，效果才會好。

換句話說，我們應該透過觀察、探尋的方式，在對方的行動中發現盲點所在。

而我要在這個步驟裡提醒你，當你在職場上發現對方暴露出的問題時，應該先默認他是不懂、不會，而不是他的意願和態度出了問題。比如：

> 他不是對客戶不負責，而是沒有人跟他講過怎麼完成服務的閉環；
> 他不是故意拖延，而是沒有人跟他講過怎麼做時間管理；
> 他不是沒用心準備，而是沒掌握寫提案的方法；
> ……

這是對他人最善意的「揣測」。當你帶著這種善意出發，你就不需要分心去搞心理戰術，去揣摩對方是不是故意在陷害我，對我有什麼陰謀。你可以完全將注意力聚焦在他的能力盲點上，對他給予相應的輔導。

動作三：實戰演習

接下來，要進入輔導的第三個動作。事實上，輔導過程中經常會出現「你覺得自己講清楚了，對方也覺得你講清楚了，但回去一做，全白說了」的情況。因為，觀念懂了和真會上手是兩碼事。

講一則「得到溝通訓練營」裡同學的真實故事。這位同學當年從軍校剛畢業時從事飛機維護工作，花了大半個月時間接受培訓，將各種流程和規則背得滾瓜爛熟。有一天主管說要考察他的技能，這位同學就按照背好的規程，繞著飛機自信滿滿的介紹了一遍。

結束以後主管笑著說：「飛機都檢查完了？」說罷帶著他繞飛機重新走了一圈。過程中，這位同學發現了鬆開的螺絲釘、幾個拔出來的電插頭，還有不應該出現在設備艙裡的雜物……他這才意識到，背得再熟也沒用。跟著主管實際走一遍，飛機維護的能力才真正長在了自己身上。

對這位同學來說，這次輔導的印象可能要比他接受大半個月的培訓來得深刻。

而對於主管，或者對其他有輔導任務的人來說——他們需要在實戰演習環節一遍又一遍的陪對方做一件自己早就會了的事，其實很容易產生厭煩情緒，進而想大包大攬的替對方把活幹了。這個時候要特別區分清楚：輔導是你的責任，但活兒可是對方自己的。不能因為你已經輔導多遍，就想著替對方把事情擺平了。所以，在實戰演習環節，我建議你打開一個「結界」[11]，在結界裡專心完成輔導工作。

這個結界可以是時間層面的，跟對方說：「來，今天工作完成之後，我們專門花點時間做個復盤。」[12]它也可以是空間層面的，比如這麼說：「來，我們現在到會議室裡面，把這個問題單獨討論一下。」

如果你實在忙得無法打開時間或空間的「結界」，你至少可以在輔導開始前鋪墊一句話：「來，你現在把手頭的事放下，我們不差這 5 分鐘，我來跟你說說怎麼把你現在做事的方式優化一下。」單憑這樣一個聲明，你就成功製造了隔斷，把輔導從日常工作中抽了出來。

我們知道，做事是以交付為目標。不管誰做、以什麼方式做，只要交付就算完成了。但輔導是以成長為目標，必須讓被輔導的人獲得能力上的成長。而我們在實戰演習環節經常會犯的錯誤，就是把做事和輔導混在一起，只想著交付結果，忘了輔導的初衷。所以，能不能學到東西其實全靠對方的悟性——悟到了就是悟到了，沒悟到，這件事就過去了。

在實戰演習環節打開「結界」，其實是在喚起對方的注意，讓對方感受到你關注的是他的成長，而不是只想讓他把工作做好。那麼，不光我們自己的輔導會因為沒有外界干擾而達到更好的效果，對方也會因為體察到你的善意，矯正錯誤，獲得成長。

從植入目標、發現盲點一路走到這裡，我們的輔導工作其實已經很完善了。但還有額外的一步，是特別頂尖的輔導者才會走的。它簡稱為AAR（after action review，行動後檢討），是美國陸軍完成一項任務後的復盤方法。

過去我們的復盤方式大都是總結缺點和優點，保持優點、改正缺點。問題在於，我們面對的場景和挑戰有很大差異，這次不該做不代表下次不該做，復盤的價值因此非常有限。

但AAR沒有局限於分析哪裡好、哪裡不好，它更關注我們當時的思考過程。AAR的操作，關注的不是事情本身，而是要讓下屬面對上級問出這個問題：當什麼什麼發生的時

---

11 原注：我特別喜歡「結界」這個詞。在魔法世界裡，魔法師可以用魔法營造出一個小的空間，跟外界暫時隔絕開來。這個小空間更純粹、更安全，我們可以置身其中，沉浸式的解決問題。不僅是溝通，只要你想沉浸式的解決某個問題，都可以給自己製造一個「結界」。

12 編注：「復盤」是圍棋術語，指下完棋後，回頭檢視之前的每一步，掌握這次失敗或成功的關鍵，為下一盤棋的獲勝做準備。在此有回顧、檢討的意思。

候，你是怎麼想的。這就像是電影行業特別常見的培訓方法——拉片子，老師帶領學生一分鐘一分鐘、一幀一幀的看某個鏡頭為什麼這麼處理，為什麼某一處要求演員這麼表演，這些過程你當時是怎麼思考的……學生就能明白，一部好電影裡頭的門道居然這麼深。

更關鍵的是，拉片子沒有總結一些僵化的規則，比如到了幾分鐘就必須進入高潮，或者什麼場景下演員就必須哭等，它教的其實是思考方式。這對被輔導者來說，會使他受益一生。

更上一級：選對人與淘汰人

在輔導這個場景裡，我再送你兩句話：

選對人，比輔導人更重要；
淘汰人，也比輔導人更重要。

人和人之間的價值觀有很大差異。但價值觀很多時候不是輔導出來的，而是篩選出來的。比如，你招聘到一個已經30歲，甚至40歲的新員工，認為自己可以用公司的一套價值觀輕輕鬆鬆將他「改造」，那麼你也太天真了。

與其大費苦心的做輔導，不如在此之前，即在面試時，透過設計一些問題，把有相同價值觀的人篩選出來。

舉個例子，有家初創公司的價值觀裡有一條叫「all in」，也就是推崇拚搏精神。他們在面試一些關鍵職位的時候，會有意把時間安排在晚上 11 點。這就是在向候選人傳遞信號：如果對方認為生活品質高於工作，過了下班時間，老闆最好連消息也別發過來，那他可能連面試都不會來參加了。

我們不評價這個方法的對錯，但它在篩選價值觀上至少是有效的。

當然，面試只能看個大概，很多人是一起工作了一段時間後才發現觀念不匹配。這個時候，你做為一個帶隊伍的人，就要想想上述第二句話，淘汰人，也比輔導人重要。

很多主管覺得不好意思，不忍心淘汰人。但是我要提醒你，這對那些勝任者來說是不公平的。因為他們有很高的機率每天都在「被拖後腿」，四處救火，還要負責善後。所以，如果不會淘汰人，這不是善良，而是一個管理者能力的缺陷。

花姊幫你畫重點

一、輔導是教對方具體的行動方法，而不是價值觀。

二、輔導分為植入目標、發現盲點和實戰演習三步。完成這些動作以後，你就可以順利完成輔導工作，營造一個好的溝通關係。

三、如果你還想進一步成為更好的輔導者，可以用「行動後檢討」的方式，幫助對方復盤思考過程。

安慰

怎樣得體的表達你的善意

請你帶著這些問題閱讀：

· 當別人失意時，什麼樣的溝通特別能起到安慰的效果？
· 在安慰時有哪些雷區？你認為安慰的邊界在哪裡？
· 假如你是被安慰的對象，被「過度安慰」了，你會怎麼回應？

> 一個人必須時刻知道該說什麼，一個人必須知道什麼時候說，一個人必須知道對誰說，一個人必須知道怎麼說。
>
> ——彼得·德魯克

以前我很怕聽到別人的壞消息，因為這會讓我感到非常緊張。面對傷心欲絕或者垂頭喪氣的對方，我感到一切話語都是那麼蒼白無力，不知道怎麼說才是得體的、有用的。這種情形下，我們有時候顯得鐵石心腸，但更多時候則用力過猛。

安慰的場景很特殊。我們接下來介紹的，主要是各種社會關係、職業關係裡的安慰，不包括與你最親密的家人間的安慰。[13]雖然大多數人都不願意向外人暴露自己的軟弱，我們還是有可能與它相遇；遇到時，如果不能很好的應對，就會損害雙方的關係，而如果你是一個善於安慰的人，你就會在這種關鍵時刻發揮溫柔的力量，收穫人心。

比如，你的同事競聘失敗，你怎麼安慰他？和你同期入職的同事因為公司調整被裁員了，你怎麼安慰他？你的同事或者朋友遇到一些生活上的問題，像婚姻變故、親人去世、財產損失，你怎麼安慰他？……

當這些情況在你身邊毫無預兆的出現時，要怎麼辦呢？

同情心≠同理心

說出具體方法之前，我想先請你思考一個問題：安慰需要調用一個人的什麼能力？

很多人覺得，安慰需要的當然是同情心。看到一個人遭逢變故時，同情心會促使我們去跟他說「太可憐了」、「節哀順變」、「會好起來的」。但問題是，這不是安慰，這是圍觀啊。這些話體現的其實是一種居高臨下的心態——你出事了，而我沒事，所以我來表達一下態度。

這也是為什麼有時候明明在安慰別人，卻得到這樣的回覆：「我不要你可憐我。」聽起來很無情，但問題不在對方，而在我們，是我們的溝通方法不對。事實上，安慰需要的不是「可憐可憐你」的同情心，而是另外一種能力：同理心——就是能準確的傳達「我理解你」、「我和你感同身

13 原注：家人是絕對的共同體，需要「你我一體」的陪伴和共同面對，而不僅僅是安慰溝通。如果需要，建議你去看看陳海賢老師在得到App開設的《家庭關係》和《親密關係》課程。

受」、「我接納你此刻所有情緒」等訊息。

有一個例子可以說明同情心和同理心的區別。

已故的黛安娜王妃被很多英國人稱為「人民的王妃」，因為她總是以一種充滿同理心的方式與公眾建立連繫。黛安娜曾觀看過芭蕾舞童星艾利的演出，並稱讚她舞姿優美。但很不幸，艾利在12歲時罹患骨癌，需要截肢。這意味著她再也不能跳舞了。

手術前，很多人都來探望艾利。有的說：「別難過，上帝肯定會特別眷顧你的，你說不定還有機會站起來。」還有的說：「你是個堅強的孩子，一定要挺住，我們都為你祈禱。」艾利一言不發，默默向所有人點頭致謝。

而當黛安娜來到醫院探望艾利時，她先是把艾利摟在懷裡，緊接著告訴她：「好孩子，我知道你一定很傷心。沒關係，你痛痛快快的哭吧，哭夠了再說。」

女孩一下子淚如泉湧。自從她躺在病床上，什麼樣的安慰都聽過，但是沒有人能真正理解她、接納她，除了黛安娜。可以說，這份同理心讓黛安娜的安慰發揮出了區別於他人的巨大能量。

我們說溝通不是表達能力的問題，而是心理建設的問題。這一點在安慰這個場景中尤為突出。安慰的前提是能**感受他人之感受**。當然，在具體的方法層面，我們還可以結合下述公式，在行動過程中把安慰分為兩個關鍵動作來把握：

安慰＝輕度介入＋提供支持

動作一：輕度介入

通常在各種溝通場景當中，我都會建議你選擇更主動的策略——積極、熱情、進取，甚至表現出一定的進攻性。但安慰不一樣。安慰應該是一種相對被動的溝通，需要節制並且溫和的傳遞力量。

想像這樣一個場景：你要參加一場招標會。你們全公司都特別重視這個專案，傾巢出動，並且由老闆親自講標。結果一開標，你們公司落選了，所有人一個月的努力付諸東流。這在你看來是一個大失敗，你特別想衝上前去安慰老闆。

這麼想肯定沒錯。但是你要先考慮一個問題：老闆真的需要安慰嗎？落標這種場景，對你來說可能是天塌下來的大事，在他看來可能根本不算什麼。哪怕老闆真的很沮喪，只要他沒有表達出來，你就不能說穿——很多老闆在下屬面前維持著雷厲風行的形象，你的安慰破壞了老闆的「人設」，就會讓他感到不適。況且，眼下老闆還在失敗的情緒裡，如果你無法疏導他的情緒，就相當於拿自己往槍口上撞，怎麼看都是風險大過收益。

很多時候，我們會覺得安慰人很難、很尷尬，其實是因為我們把握不好自己與溝通對象之間那種微妙的邊界感。這就是為什麼在安慰這個場景中，輕度介入是最安全的——它保證了我們在不冒犯別人的前提下，可以根據需要層層加碼。反過來，如果我們一上來就用力過猛的話，則有可能把雙方的溝通搞僵。因此，每次滿懷善意的發起安慰前，我們自己都要先評估一下：雙方的關係有那麼近嗎？他出事了，輪得著我來安慰嗎？

那麼，這個「輕度介入」的輕度，究竟是多輕呢？我給你一個參考標準：只要對方沒有表露出他的需求，就不要主動提供安慰。

但反過來，假設你的上司被大主管罵了，心情很糟糕，跟你發牢騷——「我寫公文這麼多年了，伺候的主管好幾任，從來沒人說我寫得不好，怎麼就他各種不滿意」——話都說到這裡了，你沒有任何表示，於情於理也不合適。這時候該怎麼辦呢？

你其實只需要說一句話：「長官，您看需要我做什麼，您隨時安排。」沒錯，輕度介入的安慰，只需要向對方表達兩層意思：「我會陪著你」、「我願意為你分擔」。

這樣看來，職場中的輕度介入還是比較好把握的。但如果雙方關係要比同事更親近一點呢？比如，好閨密或者好哥們家裡鬧矛盾，做為朋友的你應該怎樣安慰對方？是不是仗恃你們關係非同一般，追著朋友問：「你們家怎麼了？跟我說說，別怕，有我呢。」

即便是在安慰朋友的場景中，輕度介入也是非常有必要的。有句古話叫「疏不間親」，對方是兩口子，床頭吵架床尾和。你們關係再好，能好得過相伴一生的伴侶嗎？兩口子一和好，隨口一句，「連那個誰誰誰都說，你有這毛病有那毛病，讓我早點跟你離」，你不就被記恨上了嗎？

在安慰朋友時，輕度介入意味著不要把自己變成問題的「第三者」，不要自告奮勇去當調解員。如果你的朋友需要，好好陪陪他，帶他去吃點好吃的或者發洩發洩，就足夠了。即使你們關係特別好，安慰時也不宜用力過猛，可以一點點根據對方的需求推進。

那麼，在了解輕度介入的原則後，我們來練習一下：

假如同部門的同事生病住院了，你該怎麼辦？

A. 趕緊去病房探望，表達我的關心。

B. 什麼都不表示，因為我跟他不熟。

C. 問問他，需要什麼幫助。

A選項，去病房探望表達關心。你們的關係只是辦公室同事，而非私人朋友，直接衝到病房裡探望並不是一個好主意。人生病住院時通常是蓬頭垢面的，並不希望被人看到。

除非是部門要集體過去探望，而且和當事人提前打好了招呼，否則，你的出現可能會讓對方感到尷尬。

在這方面，我自己就犯過一個「沒把握好尺度」的錯誤。很多年前，我有一個很重要的客戶，是位中年男性成功企業家。某天我聽說他生病做手術了，急忙想著要去表示安慰，問了一連串的問題：「怎麼了？確診了嗎？身體是什麼情況？需要我幫忙找醫生嗎？」

我看起來是不是挺熱心的？結果，對方被我追問得沒辦法了，幽幽的說了一句：「我做了個痔瘡手術。」我跟這個客戶後來再也沒辦法好好說話了，大家尷尬了好多年。這也是我反覆強調「輕度介入」最為得體、最為安全的原因所在。

B選項，我什麼都不做，顯然也是不行的，會顯得你特別沒人情味──都是一個部門的同事，生病住院這麼大的事兒都沒有任何表示，別說當事人了，其他同事看在眼裡，也會覺得你特別涼薄。

其實，你只需要像正確答案C選項那樣，問對方一個問題：「我能幫你做點什麼？」這就是一種相對輕度的介入。既表達了關切，沒有置身事外，又沒有入侵到對方的生活裡。對方如果真的需要你，會主動說出他的需求。比如：「醫院沒什麼事，你別來了。我家那隻貓，你能不能幫我養幾天？」或者：「這期間，快遞到公司的文件，你能不能幫我收一下？」

互動就可以非常自然的展開了。

這裡還有一個小技巧：你問的最好是一個開放式的問題，而不是「我認識一個醫生，要不要幫你找一下」這種看起來好像更能幫到對方的問題。這是因為，同事關係不足以準確判斷對方真正的需求。你樂意分享的資源，對方可能不需要。當同事對你熱心的提議說「不」時，雙方很容易覺得內心不舒服。而如果你提的是開放式問題，就完全可以規避這種情況。

當然你也許會擔心：「萬一對方得寸進尺，提一個我沒辦法答應的需求怎麼辦？」那麼你只要在提問的同時，把你能接受的選項方向放進去就可以了。比如：「我在某某方面有點便利，你看看我能不能為你做點什麼？」或者：「這兩天工作對接上，看看有什麼是我能幫你做的？」

把這層意思表達到，就是一次輕度介入、給對方慰藉的溝通。

動作二：提供支持

輕度介入之後，為了進一步推進關係，你還要做一個關鍵動作：提供支持，讓對方感受到「行勝於言」的力量。

有時候，支持可以是資源意義上的。比如，下屬家裡有事，公司規定只能請假 5 天；你動用一點小權力，多給他放兩天假。這種支持比你說什麼更能安慰對方。當然，支持還有另外兩種，一是情緒支持，二是經驗支持。接下來，我們透過練習，看看應該如何發起情緒和經驗上的支持：

> 有位同事家裡遭遇了一個重大的變故，回老家處理完，上班時情緒還是很低落，這時候你該怎麼安慰他？
>
> A.「別哭了，再哭嗓子就啞了。」
>
> B.「你能不能跟我說說你爸是個什麼樣的人？這段時間你怎麼過來的？」
>
> C.「最近你不在公司，想知道公司發生了什麼大事嗎？」

首先排除 A 選項。在對方沉浸於悲傷時否認他情緒的正當性，顯然是沒有同理心的表現。你需要做的是發揮同理心，為他的傷痛找到一個釋放的出口。以 B 選項的表達方式為例：「你能不能跟我說說你爸是個什麼樣的人」，就是在邀請對方走出當下的情緒，進入一段回憶。再以 C 選項的表達方式為例：「最近你不在公司，想知道公司發生了什麼大事嗎？」同樣是在把對方的注意力吸引至其他事情上。而在對方「往前」或「向後」張望的時候，他當下低落的心情自然會得到舒緩。這就是情緒支持能夠發揮的作用。

需要強調的是，這一關鍵動作是建立在「輕度介入」的基礎上。採取行動前有必要問對方一句「你想聊聊嗎」——你想聊我就陪你，你不想我不煩你——這才是節制、溫和的安慰。至於經驗意義上的支持，我們也可以透過練習來理解：

同事被老闆臭罵了一頓，應該怎麼安慰他？

A.「你現在可不能把不高興掛臉上。老闆看了會罵人的。」

B.「上次我也被老闆訓了，當時情緒比較激動，沮喪了好幾天。現在回頭看，其實挺傻的。大家都是為了把事做得更好。」

A 選項看起來是一個忠告，但它首先會讓同事覺得：「我都這麼受欺負了，你居然還來教育我，是不知道我受了多大委屈嗎？」其次，這句話要是傳到主管的耳朵裡，肯定會把主管也得罪了。

B 選項實際上在表達：我也遇到過同類問題，當時我這麼想，現在則是這麼想的……這其實就是經驗意義上的支持。在對方遭遇損失、情緒又非常失落的情況下，不是告訴對方怎麼做才是對的，而是把自己的同類經驗攤開來，供對方參考。

至於對方有沒有聽進去，其實沒那麼重要。因為安慰本身是在表達「我關心你」的態度，在鞏固你我之間的互動關係，並不需要承擔「替你解決問題」的重大責任。

結合上述兩個關鍵動作，我們可以得到安慰的「格式化」表述。這裡我會再給你一個「標準化範本」，未來在職場上遇到任何人需要安慰的時候，你都可以按照這個範本給他發一條微信：

開頭先寫三個字，「剛聽說」。什麼意思？對方遭遇的畢竟是一件不好的事情，你別當第一個往上衝的，要輕度介入，保持雙方應有的邊界感。

然後寫，「（剛聽說）你遇到這個情況，我也不知道該幫你做點什麼。我有這樣這樣幾個便利，只要你需要，隨時找我。別跟我客氣，我隨時都在。」既維持了輕度介入，也表達了你願意將幫助付諸行動。

這就是一個能讓對方感受到你的陪伴與善意的安慰。

更上一級：怎麼接收別人的安慰

當然，我們自己也可能成為別人安慰的對象，有時候其實挺尷尬的。比如，一個被公司解雇的人，最希望的是什麼？是誰也不知道這件事，最好讓大家誤會自己是被人高薪挖走的。可是這時候偏偏有人跑上來熱情的安慰自己，怎麼辦？

你看，接受安慰也是一個需要解決的溝通難題。如果接不住，一方面自己心理壓力很大，一方面又覺得對方很煩。

要把對方的善意穩穩接住，有以下三個原則：

第一，自己能扛的，自己扛住。不要變成一個動不動向別人尋求安慰的人（至少在職場上不要這麼做）。如果要傾訴，最好還是找家人或者朋友；同事沒有義務承擔我們的情緒，除非你們已經發展成好朋友了。

無論同事怎麼安慰你，那都是別人的修養。實際上，誰都願意跟強者合作。所以，在辦公室受了委屈到處說這樣的事，我們最好不要去做。

當然，如果對方主動問你，緘口不語似乎也不好。這個時候，你可以用一個小方法：「謝謝你的關心，不過我的負能量不應該讓你承擔，我給手機設個鬧鈴，這個問題我就說 3 分鐘。」給自己一個外部約束，在不讓自己變成祥林嫂[14]的同時，也讓對方覺得，「這個人在遭遇大挫折的時候還這麼

---

14 編注：祥林嫂是魯迅短篇小說《祝福》中的角色，特色是愛嘮叨，逢人便講自己的悲慘遭遇，起初人們還願意聽她講，漸漸的就感到厭煩了。把人比喻成「祥林嫂」，帶有一些貶意。

替我著想」——在極端情況下表現出對他人的同理心，就是溝通高手的表現。

第二，對於別人的安慰表示感謝。如果對方的安慰很得體，你也希望跟他保持良好的關係，那麼當對方安慰你的時候，你也別客氣，有什麼需要就大大方方的告訴人家，把別人的善意穩穩接住。

第三，對於那些不得體的安慰，趕緊用一個封閉式的句式，「謝謝，謝謝你的關心」，畫上句號。別跟人嗆起來，還是要善意的理解，對方是想安慰你的，只不過表達方式不恰當罷了。如果對方的確向你提供了幫助，在平復心情以後，你要再鄭重的向對方表示一次感謝。

花姊幫你畫重點

一、關於安慰的溝通，要洞察情緒，但不要情緒化。安慰者要能超脫情緒，來表達自己的開放性和建設性。

二、輕度介入：當判斷對方需要安慰時你才提供安慰。提供支持不是干預進去，告訴對方「應該」怎麼做，而是提供情緒或者經驗上的支持供對方選擇。

三、當自己成為被安慰的對象時，也要帶著同理心去面對別人到位或者不到位的表達，及時關閉問題，不要讓自己成為職場上的「祥林嫂」。

第四部

這樣溝通，你能讓人按照你的期待去做

英國女政治家、前首相柴契爾夫人（Margaret Thatcher）剛開始參與公共事務時，身邊的人不斷提醒她：你應該這樣，你應該那樣，否則選民不喜歡你。對此，這位鐵娘子的回答是：「我不需要被人喜歡，我只需要被人尊重。」

我們學習溝通的方法，不是為了取悅別人，而是為了贏得尊重、影響他人，最終解決問題。所以，請放棄一種「安全」的期待——溝通並不總是和和氣氣的，經常會有劍拔弩張的時刻。但

這並不見得是壞事。根據組織行為學家的研究，在一個團隊中，衝突水準和團隊業績呈現出倒U型關係。也就是說，只要控制在合理的範圍之內，衝突反而會促進溝通，提高團隊表現水準。相反，完全沒有衝突的組織要麼是一潭死水，要麼就是言不由衷的維持「虛假和諧」。這和我們的生活經驗也是吻合的：關係好的家庭，夫妻間並不是不吵架，而是該吵架吵架，吵完能把話說開，快速修復。

因此，真正的溝通高手，並不是透過某些技巧來維持一團和氣，而是主動出擊，發起建設性的衝突，讓人們可以在更開放、更坦率的環境中推進對彼此的了解，最終建立高質量的共識。

這一部分，我們將在四個衝突性場景中學習溝通方法：批評、提意見、績效面談和主持會議。你可能會問：主持不是表現嗎，怎麼也是衝突？這一點，我們會在後文展開。先從學會批評開始。

批評

怎樣讓你的難聽話也能得到正回饋

請你帶著這些問題閱讀：

- 批評一個人和責備一個人有沒有區別？
- 在批評過程中，你覺得應該有哪些注意事項？
- 如果你被批評了，你會怎麼回應？

每一個人都需要有人和他開誠布公的談心。

一個人儘管可以十分英勇，但他也可能十分孤獨。

——海明威

很多人把批評理解為責備，認為只要發一頓脾氣，向對方施壓，就算批評到位了。這種「被誤解」的批評不但影響個人威信，而且根本無法發揮批評的效果。

批評可不是告訴對方他怎麼錯了，而是告訴他怎麼才能對。批評不是要讓他「服」，而是要讓他好。我們其實可以透過談心的形式，把「對的事」和「讓他好的事」開誠布公的告訴他。

舉一個具體的例子：在手機上使用 App 時，我們都會透過下拉手勢，完成對頁面的刷新。事實上，批評發揮的就是刷新的作用——刷新訊息，刷新認知，把錯誤的行為覆蓋掉，讓新的局面得以呈現。這才是我們批評一個人時真正想要實現的目標。

如果將這個目標做個拆解，就是把以下 5 個動作要領閉環：

批評＝控制環境＋定義問題＋刷新動作＋設定回饋點＋

完成重啟

動作一：控制環境

首先，環境本身也在傳遞溝通的訊息。控制環境，指的是我們既要控制批評的場合，又要控制批評的時間。

先來看場合上的控制。「揚善於公庭，而規過於私室。」它要求我們能一對一的時候就不要當著他人的面批評，能小範圍的時候就不要在大範圍批評。

眾目睽睽之下的批評會讓對方感到憤怒和委屈。這些負面情緒翻湧上來時，對方就沒有多餘心力理解怎樣才能做對了，通常還會變得自暴自棄：「我就這樣，你能怎麼樣？」特別是心思縝密的貓頭鷹型人，負面評價會對他造成巨大的影響，要花很長時間才能修復，那麼接下去的工作就難以展開了。

任何好的溝通都是在雙方心力資源相對充沛的情況下完成的。一個人接受負面評價，尤其是在大範圍內接受負面評價，往往要消耗更多心力資源來修復那種被「羞辱」的感受，以致於沒有心理能量再去完成「刷新」。

當然，有的主管者會使用一種特殊的策略：故意在公開場合進行批評。請注意，這通常是在「表演」憤怒。這種溝通的目的已經不是批評本身，而是施加壓力。

這麼做之前要先想想：你是不是有那麼大的權威？對方有沒有那麼尊重你？現場其他人是不是都認同你的做法？……但凡有一個人跳出來說：「我不同意你這個觀點。」你的批評就失效了，還留下「這個長官脾氣真大」的名聲。所以，這樣操作的風險極高。一個學習了溝通方法的人，應該盡可能避免這樣做。

再來看時間上的控制。它是指批評最好發生在對方做錯後的第一時間，而不能攢起來翻舊帳。

我們當場批評，通常是不夾帶情緒的就事論事。若為了表面和諧，一直憋到忍不住了再翻舊帳，批評往往會演變成對人的評價，對方最直觀的感受就是「原來這麼久以來，你是這樣看待我的」。可以想見，這種批評效果不會太好。

事實上，無論是時間還是場合上的控制，都是為了透過控制環境來給對方營造安全感，讓他在一個鬆弛的環境中攤開自我。而在此基礎上，我們需要學習第二個動作要領——定義問題。

動作二：定義問題

定義問題，就是批評前一定要調查事實經過。這是為了擁有比對方本人更多的資訊優勢。如此，我們的批評才是有依據的。

要特別注意的是，即便我們自覺已經完成詳盡調查了，批評之前還是要跟對方確認一下，事情到底是不是我們了解到的樣子。因為，哪怕只是一些細微出入，都可能使整件事的面貌發生變化。為避免誤會，應該準備一份核查問題清單，我把話術寫在這裡：

第一個問題是，「今天把你叫過來是有件事想和你溝通，我對你某個行為不滿意，想和你談談。」直截了當的發問，一方面是不讓對方產生誤會，另一方面則是管理預期，在對方已知這是一個批評場景的情況下，他的承受能力會相對強一些。

第二個問題是，「發生了什麼事？」要有耐心，讓對方從他的角度把這件事再陳述一遍。或許我們原以為是態度問題，結果是資訊不對稱的問題，他遺漏關鍵資訊了。又或許是同事之間配合度不夠的問題。

第三個問題是，「你怎麼看這件事？」這個問題很重要，它邀請對方先做一次自我剖析。需要強調的是，如果他自己已經意識到了問題所在，就可以直接使用我們在「怎樣輔導」一節[1]介紹的方法，輔導他解決問題。其中不涉及任何批評，所以會是一場愉快的溝通。

第四個問題是，「在發生這件事的過程中，你都試了哪些辦法？」對方自我分析後，如果你覺得他的某些看法不對，就可以拋出這個問題，主要目的是探測對方有沒有主動解決這個問題的願望。

到這裡，我們已經把事情的前因後果大致了解清楚了。但還可以補充一個問題，就是問對方「還有嗎」——你還有什麼想補充的嗎？還有什麼我應該知道，但是我不知道的？你還想給我提點什麼問題嗎？「還有嗎」是一個神奇的提問，如此簡潔又如此開放。每次我多問別人一句「還有嗎」時，都會收穫一大堆意料之外的陌生資訊，幫助我更好的理解事實真相。

我們做出的任何批評，都應該建立在準確的假設和前提之上。下面我們透過一則練習，來看看如何透過提問，精準的定義問題：

> 假設你部門有個產品經理小楊，你觀察到他在回覆業務人員的疑問時態度不好，雙方甚至在辦公室發生了激烈的爭吵，嚴重影響了兩個部門的合作，而且對周圍同事甚至客戶造成了不好的影響。那麼，你在批評小楊時應該怎麼說呢？
>
> A.「小楊，我覺得同事之間還是要團結互助的，你

1　原注：詳見本書第三部。

不能把自己變成一個別人無法合作的人哪。」

B.「你來了這麼長時間我都沒跟你談談，今天和你聊聊。」

C.「我對你回答業務人員疑問時的行為不滿意，今天想給你一個回饋。」

正確答案是C。按照上文強調的，批評要開門見山，不能讓對方揣測你的意圖。如果小楊感覺自己平常工作表現不錯，聽到像B選項這樣委婉的表述後，他可能會把主管發起的溝通誤以為是升職加薪的先兆。而當他意識到這是一次批評後，內心肯定會經歷雲霄飛車般的落差，就很難以平常心對待接下來的批評了。

「不帶評論的觀察是人類智力的最高形式。」A選項雖然非常直接的指出了問題，但它沒有經過任何前期調研，直接給小楊扣上一頂「無法合作」的帽子，小楊肯定不服氣，也不會接受你的批評。

繼續看練習：

那麼，緊接著你應該對小楊說什麼呢？

A.「我觀察到你給業務人員的回覆有點簡單粗暴。我們以後回答問題的時候，還是要心平氣和。」

B.「上次我看到你給業務人員回答問題時有點情

緒，當時是發生什麼事了嗎？」

正確答案是 B，就像我們在上文介紹的，要用開放式提問來探索對方知道的資訊。比如，小楊可能告訴你，他其實已經做了非常詳細的操作清單，結果業務人員還是只想當「伸手黨」，所以他在溝通時才會有情緒。那小楊的問題就不是不尊重同事了，而是他不知道怎樣更好的跟其他部門的同事合作。

沒錯，原先我們不了解的情況，都會在這些開放式提問中暴露出來。這樣我們才能準確定義問題，進而完成動作的刷新。

動作三：刷新動作

所謂刷新動作，是指了解到對方的問題後，把批評轉譯為一個具體行動，告訴對方怎樣才能做對。

還是以上面的練習為例。小楊在跨部門合作時遇到了問題，我們需要告訴他，怎樣才能讓業務人員表現得不那麼像個「伸手黨」。比如可以這樣說：

小楊，這其實是一個管理協作介面的問題。我的建議是這樣：你回去之後可以把操作清單再完善一

> 下，把過去被反覆問到的問題補充進去。他們既然反覆問，肯定是有看不懂的地方。
>
> 當然我也知道你的委屈，他們甚至沒有看過你辛辛苦苦整理的資料，但是檔案我們都做了，就得有效，所以，你是不是可以主動發起一次培訓，給業務部集中講一下操作清單，在現場逼著他們所有人都看了？
>
> 既然是一個密切合作的過程，那你是不是可以跟業務部的負責人共同商議一下，制定一個整個業務部和你們產品部在操作過程中協作的 SOP[2]？

溝通態度不佳並不是一個無解的問題。刷新動作以後，小楊會清楚的知道接下來要做什麼。

動作四：設定回饋點

批評到這裡就結束了嗎？並不是。對方雖然接受了你的批評，但他回去之後到底行不行，你並不知道。所以，為了讓你的這次溝通能夠在他的行為裡閉環，一定要設定回饋點。

我們繼續透過練習來看：

完成對問題的定義、刷新動作後，小楊已經知道該怎麼做了，那你接下來應該說些什麼呢？

A. 拍拍他的肩膀說：「趕緊回到工作崗位，好好做。」

B. 「剛才我們梳理的動作可能需要兩週來落實。兩週後我們再碰一下面，看看具體實施中你還可能存在哪些困難。」

B 選項就是在設定回饋點，明確了雙方要在兩週以後讓工作一致，不僅小楊對問題的重視程度會顯著提高，你也能觀測到批評是否真正被落實了——如果兩週之後小楊改正了，你就可以用「激勵」一節[3]介紹的技巧，幫助他把行為建模，這次批評就導向了一個非常好的結果。但如果兩週以後他沒有改正，那麼就進入輔導環節，看看上次批評時沒有找準的盲點究竟在哪裡，溝通也可以持續下去。

---

2 原注：標準作業程序，Standard Operation Procedure的簡稱。用統一格式來描述某一事件的標準操作步驟，用於日常工作的規範和指導。

3 原注：詳見本書第三部。

動作五：完成重啟

一個有建設性、有回饋點的批評其實已經基本合格了。最後「完成重啟」的步驟，不是必選項，而是加分項。擅長做這一步的人，往往能在職場中快速建立起領導權威。

不管你在批評時是不是帶著脾氣，從對方的角度來說，他的感受一定都是沮喪的。「完成重啟」，意味著你需要管理對方離開那一瞬間的情緒。

怎麼做呢？有一個竅門：批評的最後一句話一定要讓對方說。不能只有你一個人說痛快了，對方可能完全沒聽懂，帶著一堆責備離開了。其實可以這麼問他：「這是現在的情況，你說說你的想法吧。」

對方在複述的時候可能會丟掉一些訊息，你就可以把其中重要的部分重申一遍，保證對方離開時，他聽到的、聽懂的和你想要的是一致的。

這樣做還能避免一些誤會。對方挨完一頓批，可能會悲觀的設想：「主管是不是要開除我？」但其實你根本沒有這個意思。所以到了結尾，應該通過「重啟」，讓他有安全感和掌控感。

再鞏固一下，回到剛才的練習：

在整個溝通結束前，你還可以跟對方說什麼？

A. 勉勵他：「你做得還是不錯的，接下來繼續加油啊！」

B. 問他一個問題：「來，你說說，接下來，你的目標是什麼？」

顯然，A 選項會掩蓋批評的嚴肅性，不能這麼說。你可以根據自己的溝通習慣，表達類似 B 選項的說法。批評一定不能停在你的話語上，而要停在對方的總結或者目標上。這樣對方就可以帶著自己的目標、總結，而不是你對他的批評往前走了。

這才是真正意義上的重啟。

更上一級：如何接受批評

前面我們介紹了如何批評一個人，現在把情況倒轉一下：如果你被主管批評了，應該怎麼辦呢？

絕大多數主管發起的批評，可能就是劈頭蓋臉一頓臭罵。你的心情非常沮喪，但這個時候，你其實可以做以下幾件事：

第一件事，不要在公開場合暴露自己的情緒。這會讓主管覺得這個下屬扛不住事，情緒不穩定，以後可就不敢對你委以重任了。

有一種說法認為，適當的暴露一下軟弱能獲得同情，但我不建議這麼做。即便有些善良的同事看到你情緒崩潰會伸出援手，但是請注意，與此同時他內心是在可憐你，而你在很長一段時間內都會被打上「情緒不穩定」的標籤。

第二件事，不要在批評過程中急於解釋。還是要讓對方說個痛快，否則這場批評就會變得沒完沒了，還顯得你不接受批評。

記得前文介紹過的做筆記的技巧嗎？主管批評時，你就可以做筆記，哪怕假裝做筆記也行。只要你保持這個動作，主管的情緒就會在批評過程中一點點消解。這個時候你才能抓住機會，向他發起建設性的溝通。

第三件事，千萬不要想怎麼安撫主管的情緒，別說「您別生氣」。你得想怎麼解決這個問題：「長官，我明白了，我有這麼幾個辦法來補救這個問題，您看行不行？」趕緊把他的注意力轉移到解決具體問題上去。

第四件事，別等主管給你設定回饋點，主動和他約定回饋點。你可以這麼說：「長官，您看這樣好不好？我完全明白了，我立即就開始修改。您給我一個星期的時間，一個星期後我來跟您彙報一下我的心得和感受，您再指導我一下。」

回饋點設定完成後，主管馬上接到以下兩個信號：首先，這人聽懂了、接受了。其次，這人情緒比較穩定，回饋比較積極。這樣，他對你的印象就會好轉。

更重要的是，設置回饋點意味著一週之後你可以再去找他，那你就主動給自己營造了一次和主管進行深度談話的機會。

在職場中，這樣的機會並不是特別多。如果你是個有心人，就可以運用上述方法，把批評轉為一次主動溝通，為自己爭取更多的職場機會。

正如紀伯倫（Gibran）所說：「一場爭論可能是兩個心靈之間的捷徑。」

花姊幫你畫重點

一、批評不是要讓對方認識到錯誤，而是要讓他做出正確的行為。

二、批評可以分解為 5 個動作，分別是控制環境、定義問題、刷新動作、設定回饋點、完成重啟。

三、記住「下拉、刷新」這個意象，批評就是要把錯誤的行為覆蓋掉，讓新的局面呈現出來——你可以在職場或者家庭裡推行一個小創新——把「刷新」做為溝通的一個暗號。當你要批評人時，可以說：「來，我們刷新一下。」反過來，如果你覺得自己犯了錯，也可以主動跑到對方那裡說：「長官，不好意思，我又犯錯了，請您幫我刷新一下。」

提意見

怎樣改變自己說了不算的事

請你帶著這些問題閱讀：

- 你在提意見之前，一般會做哪些準備工作？
- 思考一下，怎樣的意見該提，怎樣的意見不該提？
- 一個好意見的檢驗標準有哪些？

展示領導力最好的方法之一
就是讓別人知道你的存在。

——珍妮弗·康維勒

我能批評一個人，意味著我對他負有管理責任，也有相應的權力。比如上級對下級、老師對學生。但如果我們對他沒有管理權，也擔負不了管理責任呢？比如，下屬對主管、乙方對甲方、同事對同級？在這種關係中展開建設性衝突，其實就不是發起批評了，而是提意見。

先發展關係，再解決問題

首先我們要認識到，「提意見」三個字，一出口就已經輸了。不管是誰，只要聽到對方說的那句「我現在想給你提個意見」，就會立刻調出自己潛意識裡的防禦對抗心理。因為這句話背後透露出來的含義是「你這樣做不對」。

所以，我建議你從現在開始改一改自己的語言習慣，用「提建議」這三個字來代替「提意見」。

與「提意見」最大的區別在於，「提建議」暗示你在發現問題的同時，還帶來了一個解決方案。你沒有抓著對方的小辮子，說他哪裡做錯了，而是在想辦法讓他變得更好——這就提前管理了對方的感受，解除了雙方潛在的對抗局面。

所以，即便我們做出的實際動作是提意見，表達時也要想辦法把它處理為提建議。這不僅是措辭的調整，更是目標的調整——把解決眼前某個問題的目標，調整為發展雙方「共同體關係」，做到「先發展關係，再解決問題」。站在盟友的立場上，提出有益於對方，也有益於我們自己的建議，對方更有可能接受，我們的溝通也更有價值。

在了解這一前提後，我們透過一個公式來看提意見的分解動作：

提意見＝事前徵求同意＋定義雙方關係＋提供具體建議

步驟一：事前徵求同意

我們在「輔導」一節[4]中提到，好多人喜歡以「過來人」的身分向晚輩傳授經驗。這肯定是出於好心，但未必能發揮輔導效果。還是那句話：「你覺得自己是過來人，但是人家

4　原注：詳見本書第三部。

讓你過來了嗎？」同理，提意見之前，我們也要事前取得同意，等對方同意你「過去」了，再「過去」。

當然，徵求同意不是說「有句話我不知當講不當講」。都說到這個分上了，大多數人也不好意思不讓你講。這不是徵求同意，而是在發免責聲明。

真正、真誠的徵求同意，意味著你要做兩件事。

一是你要知悉溝通中的事實、情緒和目標，把「草稿」先打好。

溝通中的事實是指：要了解具體情況到底是怎樣的。你覺得對方某件事做得不到位，但這可能是因為你沒有掌握所有情況。那麼，事前打草稿（哪怕是腹稿）的習慣會倒逼你先調查一番，了解事情的來龍去脈以後再發言。

溝通中的情緒是指：要明確你在提建議過程中希望表達怎樣的感情，以及表達到什麼程度——是對情緒做個「降級」，讓自己的意見顯得更加客觀、理性？還是故意表現出憤怒和受傷，讓對方感受到壓力？這些都是可以提前做準備的。

溝通中的目標是指：要想清楚為什麼提這個意見，希望達成怎樣的效果。比如，我們向主管提意見，是為了反映同事身上的毛病，指出主管本人的問題，還是為自己爭取更大的做事空間？對方的回饋不一定如你所願，我們在提問前要抓住核心目標和主要矛盾，在此基礎上考慮和對方做哪些交換，做出哪些讓步。提意見一定要抓大放小，一次解決一件事。要是什麼都想要，對方就會覺得你不是提意見，而是在挑毛病。

在完成事實、情緒、目標三方面的準備後，你就可以做徵求同意的第二步了：「我對這件事有個建議，你想聽一下嗎？」

大多數人都會在口頭上表現得「從善如流」，你也許無法判斷對方是否真的願意聽你的意見。這裡我給你一個判斷依據——**不要聽他怎麼說，而要看他怎麼做**。倘若對方真的有這個需要，他肯定會找機會與你面對面溝通。如果他閃爍其詞：「太好了，但我現在沒時間，你能不能寫個微信給我？」或者升級溝通場合：「好啊，你把誰誰誰叫上，我們一起談。」都說明對方不是很想繼續聽你的意見。

當你接收到上述信號時，就此打住——在提意見這個場景裡，我們沒有義務，也沒辦法強制要求對方服從我們的意志。適時關閉溝通介面，其實是一種保護自己、保護關係的方式。

而在對方願意聽取你建議的情況下，過程中也有幾個注意事項：提意見和批評一樣，要控制時間和場合，最好在對方心力資源充沛的情況下提。別等人家快下班了、要出門接孩子時把人攔住，或者在人家加班到半夜、快結束工作時上去提意見。同樣，最好不要當眾提，當著眾人的面，很容易激起雙方輸贏對抗的心態。

動作二：定義雙方關係

在合適的時間、場合，也在對方願意聽的情況下提意見，開場語應該是怎樣的呢？

先說一種最壞的形式：「這件事其實和我沒什麼關係」。這是為了表現出自己似乎很超脫。問題是，當然有關係！沒關係，為什麼要說？我反覆講，提意見要先發展關係，再解決問題——所以，我們就是要證明自己是做為共同體的一份子來發言的，也充分考慮了共同體的利益，並不是隨便指指點點。

所以一開場，我們恰恰應該先定義雙方的關係，告訴對方，我們是一夥的。

比如，你提意見的對象是上級，可以這麼說：「成為您團隊的成員，我受益特別多。您在某些事情上對我的指導，是從 0 到 1 級別的。」

比如，你提意見的對象是跨部門同事，你們原本井水不犯河水，在提意見前就需要重新定義雙方的關係，可以這麼說：「我們一起在公司共事這麼長時間，我特別認同你，覺得你是一個我特別喜歡的戰友。」

再比如，你提意見的對象是其他部門的年輕同事，你想指出他身上的毛病，可以這麼說：「我看到你，就像看到了剛進我們部門的我自己。」

三種不同的表達方式，其實都在強調一個事實：「我們是一夥的。」那麼你就可以在提意見前很快確認雙方共同體的關係。

從另一個角度來看，在無法證明雙方是共同體關係的情況下，我們就不該跟對方提意見。原因很簡單，對方和我們都沒有什麼關係，憑什麼要聽我們的呢？我們可以在接下來的練習裡來看，哪些是可以提意見的場景，哪些則是應該把嘴管住的場景：

一、同事聚餐，去一家廳吃飯，發現服務品質特別差，這個時候，你要不要把餐廳老闆叫過來提意見？

二、你聽說同事 A 特別受不了同事 B 的某個習慣，但你和兩人關係都很好，你想委婉的提醒一下 B 同事，要不要提？

三、開放辦公環境下，同事每次打電話都開擴音，影響了周圍人辦公，這個時候，要不要提醒他？

四、你有一個關係特別好的朋友，但他的工作經常做得亂七八糟，你要不要跟他說說怎麼改進？

第一個場景，不要提。你能做的最正確的決定就是趕緊結帳，及時止損，記住下次不來了。但肯定有人會覺得自己利益受到侵害了，非要把經理叫過來，一開始就事論事，再往後就會演變成爭吵，甚至衝突。平心而論，我們為什麼要冒著被傷害的風險，去提這個與自己長期利益無關的意見呢？完全沒必要。

第二個場景，聽到同事對同事的吐槽，為了讓他們倆更好，要不要給其中一位同事提醒呢？堅決不要，這會好心辦壞事。如果我們真的覺得被吐槽的那位同事值得變得更好，就應該把這個意見做為自己的建議來溝通。

第三個場景，同事在辦公室打電話開擴音，影響大家辦公。這個意見可以提，但要講究方式，因為它對對方並沒有顯而易見的好處。所以，要把它處理成對雙方都有好處的建議。你可以建議他打電話戴耳機，這樣其他人發出的響動就不會影響他的通話環境，大家在辦公室裡互不干擾。

第四個場景，不要這麼做。這道題的表述最有混淆性。很多人認為，我們是好朋友，又不是外人，為什麼不提？事實上，你們倆只是生活上的好朋友，而你提的意見關乎他的工作。在工作這件事上，你們並不是共同體，你就沒有資格指手畫腳。所以，一定要忍住。如果對方主動問你，你可以用幫助的方式，而不要用提意見的姿態來指導他。

總的來說，我們在提意見時的自我認知必須是一名利益攸關者——我跟這件事有關係，所以我提的意見才值得被認真傾聽。

動作三：提供具體建議

緊接著是第三個動作，提供具體建議。

你可能聽過這樣一件事。華為的一名新員工針對公司的經營戰略問題，寫了一封「萬言書」，遞給任正非。結果任正非批覆：「此人如果有精神病，建議送醫院治療，如果沒病，建議辭退。」

站在新員工的立場上，這個批覆簡直太不合情理了：「我明明是為了公司好，有意見為什麼不能提？」但是，我們對照「提意見公式」來看，就會發現問題所在。

首先，這個員工才來上班兩個月，甚至還沒成為一名正式員工。而任正非做為華為的創始人，把切身利益、身家性命都押在公司戰略上，我們有什麼依據判斷，這個員工在公司戰略的問題上會想得比任正非更明白？

其次，這個員工在成為公司的「利益攸關者」之前，提意見的方式其實是評判性的，是在居高臨下的教訓人。因為他沒有「躬身入局」，自然不會有具體的行動建議。

我們之所以強調「建議要具體」，是因為只有具體的建議才是可以執行的。如果對方聽罷覺得有道理，就可以立即展開行動。比如，一個新員工針對某個具體的開會方式、某項具體的管理舉措向公司提建議，只要足夠具體，哪怕這件事很小，也能贏得他人的重視和尊重。但反過來，沒有帶上具體方案就提意見，對方最直接的感受就是你在刷存在感。

除了寫「萬言書」的例子，我們在日常工作中也會遇到這樣的場景。有的人上來「哐哐」一頓提意見；這個問題值得改善，那個問題影響用戶體驗……主管說：「好，意見很到位，那你負責落實一下吧。」這個時候，要是提意見的人閃爍其詞，覺得自己解決不了，或者雖然有辦法，但認為這是一口大鍋，不想背，那這個意見的品質通常不會高。因為提出意見的人不是真正認為這件事必須要做，只是想顯示一下自己高明，刷個存在感。本著這樣的心態，他就很難把問題想到點子上。被提意見的人當然就會因此對他形成不好的印象。

還有一種情況是，我們提供了具體建議，也願意把自己「放進」方案裡把事情做好，但對方還是不接受我們的意見，這是為什麼？

曾經有位同學跟我提過一個困惑：他剛進入一所高校當老師，開學第一個月，學校領導團隊組織教師座談會，讓大家提意見。他就以「怎樣提高教師能力」為主題，提出了自己的建議，也給出了解決方案，但學校主管並沒有對這個問題做出回應，這讓他非常困惑。

我們可以換位思考一下，從主管的角度看，這個具體意見意味著什麼。

對主管來說，他接收到了兩個資訊：第一，這個意見的潛臺詞是「其他老師能力不行，有待提高」，相當於一個新老師站在了原來所有人的對立面，還要求主管表態站隊，雖然這並不是這位新老師的本意。第二，即使這位新老師提出的建議是對的，但是他初來乍到，對學校很多方面的工作不甚了解，提出的問題可能並不是當務之急。

很多新人初入一個環境，會為了自我表現而瘋狂提建議。但到這裡我們會看到：提出具體的建議、展現方案力之前，我們需要證明自己是共同體的一份子。不是有句話那麼說嗎？「母校就是自己能罵，但別人不能罵的地方。」只有是共同體的一份子，你才可以提意見吐槽，如果不是，不好意思，這個共同體的所有人都會站出來反對你。

提意見如何常態化

我相信，任何一個團隊的領導者都會希望自己隊伍形成坦誠提意見的氛圍。但從上述討論看，提意見的難度很大，成員提意見時容易產生心理負擔。那麼，為保持團隊的開放性，可以怎麼做呢？

事實上，你可以在團隊裡定期組織活動，推行一種格式化的表達方式，在一個封閉的場景裡，讓大家只聊三件事：

你希望我開始做什麼事情。

你希望我不要再做什麼事情。

你建議我在什麼地方、哪些事情上投入更多。

大家可以透過一個制度化的方式定期交流想法。對團隊成員來說，在這個場合提意見就不會有什麼心理壓力了。

如果你沒有帶團隊，但幸運的在一個開誠布公的團隊裡工作，那你一定要珍惜這個團隊，因為不是所有的組織都可以這樣開放、有活力。

更上一級：如何接收意見

當然，我們還可以轉換角色，來看如何接收別人提的意見。

首先，要知道對方在給你提意見前調動了很多心力資源，所以，你要表現出對他情緒的接納，去理解、感謝他。

其次，一定要給對方回饋。對方的意見你理解了沒有？準備照著做嗎？不準備完全照著做的話，你應該運用「肯定反射」指出自己準備做哪部分。當你特別認真的接收並落實對方的意見時，你們就在無形中結成了共同體。

最後，在接收訊息時要主動「留痕」，即透過郵件或者交談紀要，把對方提的意見記錄下來，事後發送給對方。這個過程不僅體現了你對對方意見的重視，也是在跟對方確認，看他是不是你理解的意思。

但你可能還會遇到一種情況，就是別人提的意見特別不可靠，你並不想落實。怎麼辦？

除非這個人是我們的直屬主管或者某個利益相關者，否則絕大多數提意見的人其實並不關心我們最後落實的結果，所以，一般人隨口提個意見的話，我們只要展現出好態度就夠了。

但如果對方就是我們的主管，還在盯落實結果，那我們就要坦誠告訴對方，我為什麼沒有那樣做。在和他們溝通時，千萬不要用證明對方意見錯誤的方式來為自己辯駁，這樣就傷害了對方提意見的感情。我們應該論證的，不是對方提錯了，而是時機還不成熟，我們實際是可以把事情做好的，那麼對方提意見的目的就達到了。

花姊幫你畫重點

一、提意見關鍵是把握好自己的心態：把提意見轉化成提建議；先發展關係，再解決問題。

二、提意見的動作要領是：事前徵求同意，把雙方的共同體關係定義好，再給出具體建議。

三、可以透過定期組織制度化、格式化的提意見活動，把提意見變成營造團隊信任感、提高團隊績效的助推器。

15

績效面談

怎樣事半功倍的發揮你的領導力

請你帶著這些問題閱讀：

- 你認為績效面談最重要的目標是什麼？
- 在發起績效面談時，應該注意哪些細節？
- 在績效面談的過程中，要和下屬就上一階段的業績表現達成共識嗎？

企業沒有創造出一個有意義的工作場所，
代表著「管理的恥辱」。

——約翰．麥基

如果你是一名帶團隊的管理者，這一節內容對你非常重要。因為你能否創造工作場所的意義感，很大程度上要依靠績效面談這個場景。如果你還沒有帶團隊，那麼這一節可以幫助你換位思考你的主管都是怎麼「盤算」你的。

在我看來，如果一個人深陷於日常瑣事，變成「工具人」，就很難感受到工作的意義。因為他的所有注意力都已被細節和過程占據。而績效面談可以把人暫時性的「拔出來」，讓他站在全域立場上重新定位、調整，再出發。

關於績效面談，不同公司的叫法可能不一樣，但內容大同小異，就是團隊領導者在一定階段內向下屬回饋工作成果。由於績效面談往往被安排在公司調薪或者發放獎金前，很多人認為這是對下屬過去一階段工作的評價。

這個認知顯然是錯誤的。和員工溝通績效，是為了讓他明年的表現優於今年，讓團隊未來能有更好的業績成果。績效面談真正要實現的目標不是蓋棺論定，而是開啟未來。

可以說，它是組織與組織成員之間一次「透明化」的互動。不僅組織（包括直接上級）對員工的評價是透明的，組織的戰略目標對相應職位上的員工也應該是透明的。

我們接下來介紹的關於績效面談的方法，本質上都是為了增強組織和組織成員之間的透明度，消除二者的盲點。先記住這個公式，它由兩個動作要領組成：

績效面談＝營造正式感＋換框架

動作一：營造正式感

在績效面談的場景裡，你做為團隊領導人，代表的不是個人，而是整個組織。所以，這會是一場特別正式和嚴肅的談話，你也要盡可能的去營造正式感。

但你可能會問，不就是評個績效打個分嗎？員工關心的是獎金，為什麼要那麼正式的走個過場呢？甚至你會覺得，和下屬天天都在一起工作，過程裡該說的都說了，為什麼還要浪費那麼多時間來做這件事呢？

我建議你換個角度來思考績效面談的意義：做為帶團隊的人，你的發展晉升其實取決於團隊的整體績效水準，那麼績效面談就是你對團隊的績效水準、工作方式進行干預的重要時刻。這個短短的面談和打分數、調薪資、發獎金緊密連繫在一起，在此情此景中，員工的注意力是高度集中的，特別容易聽進你的話，談完之後也會特別積極主動的去落實你的要求。

這麼高品質的溝通時刻，本質上是組織透過績效機制來給我們賦能。可以說，績效面談的正式程度再怎麼強調也不為過。

具體而言，我們可以從以下三個方面來營造績效面談的正式感。

第一，時間意義上的正式感。提前預約，親自預約（而不是委派祕書通知）。你表現得愈重視，下屬也會愈重視這次面談。

當然，還有一些容易忽視的細節。首先，不要指定時間，最好提前空出幾個時段供下屬選擇。其次，提前和下屬溝通，讓他在談話之前專門準備幾個問題，由你在談話時為他解答。比如，可以這樣說：「你接下來對自己的發展有什麼需求，或者你現在有什麼自己解決不了的問題，可以提前準備一下，我們到時候好好聊聊。」

從下屬的角度講，讓他選擇面談的時段、提前準備問題，一方面是為了給他應有的尊重，讓他對這次面談有一些掌控感；另一方面也是為了鼓動起他的準備度，引導他提前思考相關問題，避免出現腦袋空空就來面談的情況。

而從你自己的角度講，在指定時間集中進行績效面談是非常耗費心力資源的。如果安排得很臨時或者節奏特別快，可能談兩、三個人你就已經非常疲憊了，那接下來的面談效果就不會好。所以，提前規劃時間，也是為了保護你自己的心力資源。

第二，空間意義上的正式感。一般來說，績效面談沒有邊吃邊談的，也沒有在辦公座位上直接談的，我通常建議在一個獨立的、不受干擾的封閉空間進行面談。

而且，特別注意不要選在你的辦公室。對下屬來說，績效面談壓力本身已經很大了，還要「客場作戰」。更關鍵的是，他會在眾目睽睽之下進出你的辦公室——如果你們在交流過程中產生衝突，等他怒氣沖沖或者哭哭啼啼的從辦公室離開後，外面的人怎麼看他？下一個人又會怎麼想？

前一個人的狀態會對下一個人造成極大的干擾。

所以，找一個不會受其他因素干擾的第三空間尤為重要。你當然可以在這個空間內做一些設計，比如，用投影機把業績成果以視覺化的形式展示出來。再比如，把大家的工作成果列印出來放在手邊，需要時進行展示。

甚至兩個人落坐的位置也是可以有設計的。很多人習慣面對面坐，但這其實是談判桌上的坐法，對抗感很強。還有人會安排兩個人肩並肩坐，這樣又過於親密，不符合績效面談正式感的要求。我建議，你們落坐後，雙方的視線能成一個 90 度夾角。這樣既可以做到視線交互無障礙，同時又保持著安全距離。這也是你在績效面談中應該展示出來的態度。

第三，話語意義上的正式感。你的話語本身也要做一個設計。績效面談直接關聯著下屬的職級、獎金和薪資，日後有可能被翻出來做為「呈堂證供」。所以，你對員工的績效評價要非常準確，不能有模棱兩可的地方。

比如，我們經常會在績效面談裡聽到，「你做得挺好，我對你挺滿意。」這個「挺好」是多好，「滿意」是個什麼狀態？沒犯過錯誤嗎？沒什麼值得改進的地方嗎？

大部分公司都有嚴格的績效管理制度，可能是 KPI，也可能是 OKR，或者是自己設計的績效考核機制。總之，你可以嚴格按照公司制定的一套標準給對方回饋。

當然，也有的公司可能沒有特別完善的績效考核制度。為了提高對話的有效性，你可以這麼說：「小楊，這個季度，假如我們說滿分是100分的話，你給你自己的工作打幾分？」

這個問法看重的不是分數。不管是員工自評，還是組織形成的一個大致評分，分數都是你們接下來討論的一個「鷹架」。你可以利用它，把對一個人模糊的評價拉到關於一個具體問題的討論層面上去。比如這樣說：「小楊，上半年公司給你的績效是 3.75 分（滿分 5 分），這意味著你的工作在公司屬於中上水準。我跟你說說這 3.75 分是怎麼來的，被扣掉的分數又是怎麼扣的。」

有了這個鷹架，你就不再是泛泛的評價人，而是溝通具體事項了。因為事實是可衡量、可核查的，所以對方在你提出一些負面回饋時就不會覺得你在否定他這個人，你們所做的只是事實層面的討論。

當然，就事論事的溝通「扣分扣在哪裡」時，要釐清一對概念：工作紀律與績效評價。不能遲到，遲到 5 次扣 2 分，這是工作紀律；對某個職位要為公司創造的業務成果進行評價，才是績效評價。績效面談是一場針對績效結果的談話，那些在工作現場就應該及時指出的工作紀律問題，不宜出現在員工績效的討論上。

而在你指出績效得分是怎麼得來的、又是怎麼扣掉的以後，接下來的這句話至關重要：「我們看看，後續可以從哪些方面，把扣掉的分數掙回來。」沒錯，你對員工接下來的要求也要非常準確，讓對方能夠針對性的行動。

比如，你的某位員工在「員工輔導」這一類目上扣了 2 分，你可以這樣精確的提出要求：「你們團隊現在一共 5 個人，有的進公司 3 年了，有的 1 年，但這 5 個人基本上都處於同一個水準，這就是你的輔導工作沒做好。3 年的當然應該比 1 年的更成熟、更有價值貢獻度。我希望明年你要細化對下屬的輔導：對於進公司 3 年的員工，你要做哪些輔導工作，要讓他們達到什麼標準；剛進來的員工，要在幾個月之內，讓他們可以獨立開展工作。這是我對你的要求。」

這樣來設計要求，下屬就會非常清楚的認識到該朝哪個方向努力，怎麼做，做到什麼程度。這比泛泛的一句「你輔導工作做得不好，明年要重視輔導工作」要更正式，當然也更有效。

動作二：換框架

到這裡，我們完成了績效面談時間、空間和話語意義上的設計，營造出一個鄭重、嚴肅的溝通氛圍之後，接下來就需要「換框架」了。

換框架，簡單說就是給員工看看大局。這個大局框架有可能是公司明年的某個新戰略目標，也有可能是你們這個部門在整個公司中的新定位，當然還有可能是你自己提出的一種新的工作方式。但無論如何，它們都有一個共通性，就是讓下屬從日常的瑣碎事務裡跳脫出來，在更大的框架之下看待自己的工作。

我經常聽很多帶團隊的朋友跟我抱怨：「這一屆年輕人真不好帶啊，動不動就離職。」但當我們挨個追問年輕人離職的原因時，會發現他們並不是隨便做出離職決定的。事實上，他們大都認為自己的工作不重要，有我沒我都一樣。也就是我們在前文說的：沒有體驗到意義感。

但是你想，如果他們的工作沒有任何價值可言，那麼公司根本不會設置他們所在的那些職位。這種錯位的認知究竟是怎麼造成的呢？

我想說，員工之所以有這種想法，有很高的機率是因為主管沒有讓他看過大局。

這就像我們看戰爭片一樣，一場大戰激烈，整個戰場一片焦土。但對於身處某個區域的戰士來說，他要用生命捍衛的，竟只是身後幾公尺高的小土丘。無意義感就會油然而生——為什麼要花這麼大代價來守這座小土丘？這時，如果上級告訴他：「我們之所以要守住這個地方，是因為這是戰略要地；失去了這個戰略要地，整場戰役就會失敗。」戰士們守護土丘的心情就完全不一樣了。

這印證了過去我們常聽到的那句話：知道為什麼而戰的士兵是不可戰勝的。

我們還可以想像一個爬山的場景：組織員工攀爬一座高山，你站在山頂鼓勵他爬上來，告訴他無限風光在險峰。但對站在山腳下的員工來說，他看不到風光，只能看到路途中的危險與磨難。如果你不把風光到底是什麼告訴他，那你的鼓勵對他來說，就是「公司在為難我」。他只能感受到愈做愈累，愈做愈難。

做為領導者，你要定期幫員工擴大視野，讓他們可以在一個新框架之下了解全局。

舉個例子。你的一個下屬在上個季度犯了一個錯，在某件事上沒有給其他同事足夠的支持，那麼在績效面談裡，你就可以幫他分析，他之所以會犯這個錯，是因為對公司最近進行的組織改革理解不到位。那麼，你就要和他同步一下改革的真正目標。

如果你說明白了這一點，這個下屬馬上就會明白，未來自己的工作該怎麼貼近改革措施，並盡快落實到行動當中。

這就是換框架、談大局的價值——尤其對於那些只會埋頭拉車，永遠不知道公司在幹麼的「老黃牛」，你更應該經常給他講講大局，讓他走進公司戰略的框架當中，未來他做事時才會有清晰的目標感。

那麼，「換框架」具體的操作方法是怎樣的呢？你可以問他三個問題：

你知道明年公司最重要的目標是什麼嗎？

你知道公司的目標對我們部門意味著什麼嗎？

你知道這對你意味著什麼嗎？

我們分開來看。第一個問題意味著公司可能會產生一些新的職位、新的專案，這對下屬來說都是新的機會。第二個問題意味著公司（部門）對你的能力可能會有新的需求。第三個問題則意味著你必須做出取捨。比如，要不要跳出舒適區，花更多時間培養新能力；或者要不要換一個新職位等。

員工在得出這三個問題的答案後，立刻就能看到自己在這家公司更多的可能性。所以，在績效面談時，換個框架，把公司的大目標展示給員工看，是一件特別有必要的事。

當然，除了公司的大目標，你也可以給下屬換一個其他框架，只要能引導對方把視野放大，更好的開啟未來就可以。比如，對於進取心沒有那麼強的同事，你就給他一個「標竿對象」，讓他在標竿對象的框架裡看問題。

我曾經有一個非常優秀的下屬，心態特別陽光。明明已經成為一條重要業務線的負責人了，但他仍然沒有要較勁的意思。做為主管，我特別著急，因為一個完全佛系的人很容易停滯不前，這是非常可惜的。

這個時候，我就主動給他製造了一個較勁的對象。注意，不是人與人之間的較勁，而是能力上的較勁。具體來說，我的這個下屬能力上有一個弱點：他的精細化能力較弱。我就給他看了同級別另外一位同事做的預算表：「你看，你們年齡差不多，又是同一階段的業務負責人，但你看人家做預算做到什麼程度，你的預算是什麼情況。」

接下來的這句話格外重要：「這不是做表格清不清楚的問題，這說明人家邏輯清楚，那他就能帶更大的團隊。為什麼？隨著管理的團隊擴大，你不可能永遠靠你的個人示範和魅力去領導團隊。最後一定是靠規則去這麼做。所以，你以為這只是帳算得清楚嗎？規則意識足夠強，那他就會逐漸標記出自己團隊的規則，未來就能領導更大的團隊。」

更換下屬看待問題的框架，不是「你看，那誰都已經帶團隊了，你要抓緊啊」，也不是「你看，人家業績多少，你們組多少」，而是讓他在能力發展層面，有意識的與更優秀的人看齊。在對方的能力框架之下，了解自己有哪些能力是可以補齊的。

這裡要特別注意的是，一旦下屬有了標竿對象，無論是個人層面還是能力層面的比較，都會讓他產生不公平感。這是你應該出手引導的時候，也是給員工「換框架」的好機會——你可以帶著他從你的視角出發去看問題——告訴他，那個人的機會都是怎麼來的，他的什麼特質對這個組織是有價值的。

對於員工來說，他沒有你做為主管看問題的視角，遇到這種情況時就會覺得「對方是不是有什麼關係啊」或者「主管是不是瞎啊」。這種想法憋在團隊裡，肯定都是隱患。而績效面談就是你創造透明化環境的最好機會，也是你管理和下屬關係的最好機會。

最後的結尾，留給對方說

績效面談在完成「營造正式感」和「換框架」這兩個關鍵動作之後進入了尾聲。但在這裡其實還有一個小技巧，就是在做完整場績效面談後，你要把最後的說話機會留給對方，讓他說說自己的想法和計畫。

把談話的最後一句留給對方，第一是讓對方有掌控感，這在前文已經介紹過了。第二是你要結合他的想法來判斷，這場績效面談，對方究竟聽懂沒有？他對自己的定位和接下去的計畫是什麼？這也是員工對組織透明化的過程。

你會發現，不同的人，回饋會有差異。比如在給下屬「換框架」讓他們知悉公司接下來的目標以後，一些人渾身充滿了幹勁，想展露一番手腳，那麼我們績效面談的目標就算達成了。

但還有一些人卻沒什麼幹勁，只想做好自己的工作，並不想承擔更多的責任——這樣也沒問題。畢竟，一家公司不可能每個人都是衝鋒隊員，打輔助的醫護人員也是很有必要存在的。但是，做為醫護人員的員工需要意識到，這是我自己做出的選擇。那麼，授勛的時候沒有我，我不能覺得不公平。這個想法，他要對組織透明，也要對自己透明。

比如在最後結束的時候，引導他說完最後的想法之後，你可以說：「好的，現在我知道了，你想在自己原有的職位好好做，不想做這些創新嘗試。這當然是可以的，公司也需要這樣的穩定性。但我想再提醒你一次，你是認真做出這樣的選擇嗎？」

這一步確認，就是讓員工拷問自己的內心，把自己的決策對自己透明。而在績效面談的過程中，管理者應該把每一種選擇的好處和代價攤在下屬面前。如果每一個選擇都是他自己做的，那他就不會對組織有怨氣。

走完這一步後，你會發現，績效面談看似是公司要求的一個儀式性流程，實際是你帶隊伍、碼團隊和捋思想的絕佳機會，[5]也是很多優秀管理者會認真準備的一個溝通場景。

更上一級：如何接受績效面談

前面介紹了怎樣跟下屬做績效面談，這一部分我們再來看，做為下屬，你應該怎樣接受主管對你發起的績效面談。它可以分成三種情況：

第一種情況，你發現你的主管不認真，跟你走過場的談。事實上，如果對方對待績效面談的態度非常隨便，就說明他不是一個值得追隨的主管。那你可能要在公司裡觀察，有沒有比他更願意帶人的主管，如果有機會就爭取調單位。

第二種情況，你發現你的主管做績效面談的水準不太高。這和第一種情況中主管的態度有問題是兩碼事。主管水準的高低，不是我們能判斷出來的。有時候，我們覺得主管水準不高，可能是因為我們沒有看到全局。而如果主管確實沒有準備充分，在這種情況下，你就可以「反客為主」，發起一個主動的探索，比如請他給你打個分數。

第三種情況，你發現你的主管以非常規範的格式跟你做績效面談。如果真是如此，那說明你們雙方都很重視這件事，面談有很高的機率會有好的結果。這個時候真正具有考驗性的，其實是雙方的準備度——誰的準備度高，誰就能掌握談話的主控權。

但你在過程中一定要清楚績效面談的目標是什麼。不管誰是發起人，面談的目標都是圍繞「透明化」設定的。所以，要讓代表組織的主管清楚的知悉你的想法。當然，你也可以從主管的角度去理解自己在整場「戰鬥」中的位置是什麼。

還是那句話，知道為什麼而戰的士兵是不可戰勝的。

批評、提意見、績效面談，都是透過比較主動和強勢的方式來對他人的行為加以塑造。我們馬上要進入的是一個看似毫無權力因素、實則靠隱性影響力發揮作用的場景：主持一場會議。

5　編注：「碼」有擺放的意思，「碼團隊」是指安排團隊裡面每個人要擔任什麼角色，放在什麼位置才能發揮最大的成效。「捋思想」則是釐清想法的意思，「捋」就是梳理的意思。

花姊幫你畫重點

一、績效面談不是蓋棺論定，而是開啟未來。你要代表組織，盡可能的增強與下屬之間的透明度，擴大對未來發展的共識。

二、做績效面談要從時間、空間和談話內容上去營造正式感。在設計談話的時候，實際的績效分數只是個「鷹架」，重要的是，你要給下屬精確的回饋和要求。

三、績效面談是帶團隊的關鍵時刻。因為這和大家的切身利益相關，所以你要在這種大家注意力都高度集中的時刻，給他們換上更完備的認知框架。

主持會議

怎樣降低你的存在感，提高你的控場力

請你帶著這些問題閱讀：

- 如果會議上大家經常離題怎麼辦？
- 如果會議上沒有人願意發言怎麼辦？
- 會議上討論的共識，怎麼保證它落地？

要有生活目標，一輩子的目標，一段時期的目標，
一個階段的目標，一年的目標，一個月的目標，
一個星期的目標，一天的目標，一個小時的目標，
一分鐘的目標。

——托爾斯泰

問你一個問題：在一個會議場合中，主持人是主角嗎？

先說我的觀點：主持人看似在臺前，但實際扮演的是「幕後」角色。所以，主持人不僅不應該是主角，而且存在感應該愈低愈好。

當然，相對於比較儀式性的年會、工作報告會，我們這裡介紹的主持會議方法，更適用於日常正式或半正式的工作會議——不同成員被召集在一起，就討論的議題達成共識。

無論規模大小，這類工作會議都要單獨設立一個主持人，目的是將其與會議決策者區分開來。如果你身兼決策者和主持人二職，就相當於既要當裁判，又要當運動員。所有人都等著你說話，你自己也會不由自主的多說幾句，那麼這場會議肯定會變成一言堂。

設立專職主持人，其實是為了在一個更可控的情況下推進會議。你可能會問，就是開個簡單的部門例會，也要這麼

做嗎？沒錯，團隊再小也應該把主持人的位置騰出來，讓成員輪流當主持人。這不僅僅是對團隊成員的鍛鍊，也會規避團隊領導人「自導自演」的情況，並且讓決策者最終的判斷更有分量。

會議主持人＝牧羊人

回到會議主持人的角色。之所以在這一部分介紹這項很容易被理解為「自我展現」的溝通工作，其實是為了說明我們對這個角色的定位。沒錯，想要成為一名合格的會議主持人，應該要求自己像牧羊人一樣，把握會議方向，控制會議進程。

聯想一下牧羊人的特點，你就明白了。首先，他們目標堅定，就是要把所有羊往羊圈裡趕。其次，他們有強烈的責任心，在羊群走散時負責把牠們找回來。

會議議程和羊群一樣，也是會「亂跑」的。與會人員發散的注意力讓討論無法落在一處，更不用說達成共識了。雖然發散可能會帶來一些創新，但扮演牧羊人角色的主持人仍然應該引導大家收攏，讓討論邊界變得清晰。

我們會發現，那些不是以收攏，而是以展現自我為目標的主持人，會遭遇這樣的問題——浪費別人的時間來表現自己，不僅不會給自己加分，還會讓所有人都反感。所以，在主持會議的場景中，孔雀型人要克制住自我表現的欲望[6]，堅定的「把羊群送往羊圈」，將會議討論引導至一個邊界清晰的範疇。

那麼，帶著牧羊人的自覺，我們結合公式，來看看主持會議的動作要領：

主持會議＝行為設計[7]＋全程控場

動作一：行為設計

主持好一場會議，前提是清楚會議的目標是什麼。一場為了讓所有人落實某項特定事宜而召集的會議，和一場沒有既定的想法、只是為了集思廣益而召集的會議，目標不一樣，主持人和與會者的溝通方式自然也不一樣。這個時候，主持人可以透過行為設計，使用一些非語言的方式向與會者施加影響，完成會議組織工作。

以下列舉了 4 種方法，供你參考。

方法一：設計場地

安排會議的召開地點，本身就是主持人和與會人員的一種溝通方式。比如，把會議安排在工作現場，和專門預定一間會議室，或者把與會者帶到度假村開會，三者傳遞的資訊顯然是不同的。

辦公座位上召集的站會，在開會前就向大家傳遞了一個強烈的溝通信號：這件事必須當場定下來，而且開會時間不會太長，只談具體的事。至於組織全員到度假村，在一個休閒娛樂的場合開會，其實是在暗示大家可以敞開聊，會議主要是為了促進大家的情感和交流，得出討論成果則是次要的。

可以想見，開會場地的選擇其實傳達了非常豐富的溝通訊息。這是你應該結合會議目標首先把握的。

方法二：設計時間

同理，對於開會時間的設計也蘊含深意。

比如，公司平常 9 點上班，你告訴大家：「這個會，辛苦大家，上午 8 點之前一定要到。」潛臺詞其實就是會上討

---

6 原注：對於採用其他溝通模式的會議主持人，我認為無尾熊型人要強化自己提要求的能力，貓頭鷹型人要戰勝自己對「程序正確」的迷戀，老虎型人要防止以自我為中心。

7 原注：一個專門學科，甚於對人們思維習慣的研究，透過設計一些外在的方式來影響行為和決策。參見〔美〕奇普．希思、〔美〕丹．希思：《行為設計學：掌控關鍵決策》，寶靜雅譯，中信出版社2018年版。

論的事項刻不容緩。但是如果你說：「我們把會議安排到下班後，大家現在都跟家裡打個招呼，可能會很晚。」意即我們需要充分討論，「耗到」大家達成共識為止。

所以，下次你發會議通知的時候，也可以透過設計會議時間，預先向與會者傳達信號。

方法三：設計環境

設計會議環境同樣是有效的溝通手段。

我們可能都有這樣的經歷：進入一間會議室後，發現座位的安排方式跟以往不同，大家要從圍坐一圈變成分小組落坐。那我們立刻會意識到，這是一個要進行討論的會議，甚至可能要按組別來競爭。

當然，設計環境不僅體現在位置安排上。有的會議主持人還會把握會場中的其他一些要素。舉個例子，通常在網際網絡公司，會議室裡擺放的是瓶裝水或一次性紙杯。但當與會的一方是一家國有企業時，心思縝密的主持人就會把瓶裝水換成青花瓷的杯子，透過兩排擺放整齊的瓷杯向與會雙方傳達鄭重感、儀式感。

同理，主持人提前在會議桌上準備好筆和紙，就意味著這個會議要討論、要做記錄；主持人預先把會議資料送至與會者手中，就意味著大家要提前做功課，不能沒有準備就發言；主持人把沙漏、計時器擺放在會場的醒目位置，就意味著會議討論要有時間觀念；而主持人將兩張很大的罰款 QR Code 貼在會議室的醒目位置時，就意味著會議規則很重要，違反規則就有可能被罰款……

當這些本不應該出現在會議室的小道具出現時，無須主持人強調，會議的氛圍也會相應的發生改變。

除了會議室環境，主持人本身的服裝、狀態也是「環境設計」的一部分。一個平日衣著隨意的人在做主持人的那天換上一身筆挺的西裝，與會者就能從中解讀出他的態度。更關鍵的是，主持人的態度也會進一步影響所有與會者的態度。

你看，身為會議的主持人，是不是「功夫在詩外」？什麼都沒說呢，一個有經驗的主持人就可以傳遞出很多溝通訊息了。

方法四：設計規則

規則的設計，簡言之是在會前「立規矩」。當年，聯想的創始人柳傳志先生在聯想公司定了一個規矩：「開會不能遲到，遲到就要罰站一分鐘。」從那以後，不管是誰遲到，統統要在門口罰站一分鐘，柳傳志先生自己遲到也甘願受罰。直到有一次，一位德高望重的老長官遲到了，請注意，是柳傳志先生曾經多年的長官——他是如何應對的呢？

如果柳傳志先生說：「遲到該罰，但我做為晚輩，我替您罰站。」是個不錯的溝通策略，但效果其實沒那麼好。畢竟，真正破壞規則的人沒有受到懲罰。

柳先生是這樣對老長官說的：「根據我們的規則，您也得罰站。不過，您在這兒站一分鐘，下班回家之後，我到您家去給您罰站一分鐘。」老長官真的就站了一分鐘。後來柳先生說：「我坐在那兒，坐出一身的汗。」

這個看似「不近人情」的做法發揮了給會議主持人賦能的作用。透過這個舉動，所有人都會意識到，不遲到是會議召集的一個剛性要求，誰都不能「豁免」。

需要特別注意的是，首先，規則要在會前制定。不能等到會議半途愈討論愈混亂的時候，再去「拍腦袋」立規矩，這樣很容易讓主持人和與會者變成對立面。其次，規則要根據不同的目標和會議形式去設計。不能所有的會議都緊張得像拉警報一樣，沒人受得了。

那麼，規則設計的分寸感要怎麼把握呢？

常見的會議規則跟下述三件事有關：

第一是手機和電子設備的使用規則設計。這是為了管理與會者的注意力。

第二是發言時間的規則設計。這是為了嚴防離題和超時。

第三是會議資料管理的規則設計，這是我認為最重要的一個設計。比如，在公司各部門的彙報會議上，某個部門交上來60頁簡報。但各部門都只有15分鐘的陳述時間，根本無法講完這麼多頁，那這份資料顯然會帶來會議超時的問題。所以，與會人應該提交怎樣的資料，也是規則設計的重要組成部分。

就我所知，現在很多優秀的公司都為此設計了一項規則：會議不允許使用特地製作的 PPT 簡報，一律使用文件，而且不能超過 6 頁。使用文件首先是防止各部門為自我表現，在 PPT 設計上面下無用的功夫。其次，文件的資訊呈現形式和 PPT 不一樣，邏輯簡明清晰，提供的資訊更加樸素完整。更重要的是，文件無須講解就能閱讀。有的大公司搞「會議革命」，就會要求主持人在開會前 15 分鐘讓與會者保持沉默、先讀文件，再開始討論。這就節省了宣讀、講解的時間。

很多優秀的公司正是透過這套資料管理的規則來提高會議效率的。但反過來，如果你召集的是一個成果展示會，那就要組織PPT，甚至影片材料的製作，因為它們顯然更切合會議的目標。也就是說，我們應該明確「會前設計」的原則，根據會議目標、會議形式，當然還有組織自身的習慣來設計規則。

動作二：全程控場

主持會議的第二個動作要領是全程控場。它也可以像行為設計一樣，透過 4 種不同的方法來掌握。

方法一：會前積極奔走

會議主持人要做的溝通，80% 都發生在會前（比如場地、時間、環境和規則的設計），而不是開會的時候。可以說，會議主持人的一項特權，就是可以在會前發起想做的溝通。比如，你平時和主管溝通的機會不多，但是當你要幫他籌備一個會議時，就可以向他多請教：「這個會您希望怎麼開？我做為會議主持人，您給我提提要求。有什麼需要我特別注意的嗎？根據您的時間安排，您希望會議多長時間以內結束？」

非常重要的一點是，你要提前與會議上最終做決策的那位主管達成共識：「您有多長的發言時間？您看您的發言安排在什麼時候？您是先說還是後說？」如果不提前做溝通，主管可能會在會議半途起身說：「你們繼續開，我還有事，先走了。」那所有人都會接收到「主管不重視這場會議」的信號，你的主持工作也就難以為繼了。

可以想見，會前積極奔走，與主管商量商量上述事項，是非常有必要的。除此之外，你還可以提前制定會議議程，和主要的與會者做一輪溝通。這其實是「蒐集」大家情緒和意見的過程。如果有些人的情緒比較特殊，那你就可以提前給做為會議決策方的主管打個預防針：「市場部的王總情緒有點激動，我先告訴您一聲。」這樣也有利於大家在會議上溝通。

還有的會議主持人會事先跟幾個同事打好招呼：「我們這個會，長官特別希望多討論，你到時候可得幫我。宣布討論的時候，你可得率先發言，不能把我晾著啊。」只要安排好一、兩個「內線」，他們一帶頭，會議的討論氛圍是可以得到保證的。

方法二：開場自我賦能

第二個控場的辦法是準備好開場白，在會議一開始就向所有與會者傳遞一個強烈而清晰的信號：「我是主持人，由我掌控會議程序，你們都要遵守我制定的會議規則。」進而發揮自我賦能的作用。

不過需要注意的是，會議主持人的開場白有別於一般意義上的演講。如果你像發表演講一樣不時的拋出金句，恨不得還要抒發感情，那麼與會者（都是合作夥伴）會感到尷尬，也會覺得你的表現過於刻意，太刷存在感了。

關於如何設計開場白，著名投資人、經緯中國創始人張穎的方法非常值得借鑑。我先敘述一下和張穎認識的經過。當時，他帶著幾位同事來我們公司開會。這樣的會議通常是由主人主持，但是張穎落坐以後看了錶一眼，緊接著說：「大家都挺忙的，創業者都不容易，互相理解。這樣，我們定下來，今天就談一個小時，一個小時結束我們就走，不耽誤你們時間好不好？」

張穎用這樣幾句話明確了會議的時間、節奏和討論範疇，一下子從客人變成控場主持人，這就是開場白的典範。開場白應該單刀直入的宣示會議目標，像這樣表述：「各位同事，今天特別榮幸能夠為大家擔任這場會議的主持人。我們先來定一下目標。」會議目標可以是與時間相關的，比如張穎提出的「今天就談一個小時」；也可以是與議題相關的，比如「我們要討論這幾件事」；當然也可以是與討論方式相關的，比如「我希望這個會議人人都能發言」。這些設計都可以發揮給自己賦能的作用。

方法三：會中敢於干預

如果我們設計好開場白，並且提前積極奔走，會議通常就可以順利推進下去。然而，我們常常會在開會半途遇到一些突發情況。比如，在一場需要集思廣益的會上，除了事先找的內應，大家都不吭聲；再比如，大家的討論過於發散，偏離原定的會議目標，等等。

這就需要我們利用控場的第三種方式——「會中敢於干預」，來解決上述問題。這也是主持人非常重要的職責。具體來看上述兩種情況的解決方案。

當你發現要冷場時，可以馬上說：「我們分個組，大家把意見在小組裡先統一一下。」而當你預感小組討論也難以推進時，可以說：「來，我們祕書組準備了一下，給每組發一張大白紙，大家把意見做一個視覺化的呈現。」透過有效的干預手段，讓大家進入另一種發言結構，從而化解無人發言的問題。

而當討論過於發散，變成「離題大會」時，你可以使用這些技巧。首先，提醒時間。像這樣說：「大家聊得這麼愉快，但是我不得不提醒大家一下，我們這個會可只剩20分鐘了，得抓緊時間。」用時間來製造緊迫感。

其次，叫暫停。這也是主持人的特權。「先停一下，回過頭來看一下會議目標，我們剛才的討論是不是還鎖定在這個目標上？我們收攏一下。」等大家冷靜下來，重新思考問題。

再次，吹犯規。發散往往是因為有人不按照規矩發言。比如，一個人老是打斷另外一個人的發言，話題就容易被帶偏。如果會前已經「立規矩」，規定「任何人發言不打斷」的話，主持人在會上就要敢於指出對方犯規了。這樣既能保證會議效率，也能保護我們規則的效力。

關於吹犯規這件事，總會有人問我：「其實大家都挺好，就是上級總是犯規，怎麼辦？」的確，拖堂的、離題的、主持人還按不住的，通常都是老闆，很難搞。但我的建議是，難搞也要搞。無外乎從兩方面同時著力：一是會前溝通時，幫主管做足準備。很多主管在會議上東拉西扯，其實是因為他們沒想好，所以會「失焦」。二是加強規則管理的信號。比如，在設計發言時間時，早早的把計時器立在桌面上，時間一到鈴聲大作，再不自覺的人也會及時調整自己的節奏。

方法四：結束出口成章

將「偏離正軌」的討論引向正途後，我們再來看會議控場的最後一種方式，結束時要「出口成章」。

會議行至尾聲，通常有主管發言的環節。但千萬不要以為主管發完言，會議就結束了。主管提出的只是他的想法和要求，並沒有做任何「關閉會議」的動作。做為主持人的你，一定要在主管發言後總結整場會議。

我認為，好的會議總結本質上就是口述一份會議紀要，其中不會有態度或者感受層面的東西，只是就事論事而已。看起來很簡單，但在一名優秀的主持人口述完會議紀要以後，給大家最直觀的感受應該是：「主持人腦子太清楚了，剛才這麼一段亂討論，他居然不費吹灰之力的總結出來了。」

當然，「不費吹灰之力」是有技巧打底的。首先，主持人要高度管理自己的注意力，在每個討論環節結束時將形成的決議記在筆記本上，或是填寫進格式化的表格裡。當然，不同組織對於會議紀要的要求不同，只要把握核心要素，可以不完全按照格式記錄。會議紀要的核心要素包括：決議，也就是下一步的行動是什麼？每一項行動的責任人是誰？行動的起始時間和截止時間是什麼？記下這些要素後，就可以形成一份完整的會議紀要了。

其次，主持人要提及所有人的意見。一場會議討論的議題和每位與會者的工作息息相關，應該**把每個人的意見都納入進來**，讓大家意識到這場會議是所有人的事，要對各自的意見乃至後續行動負責。那麼，你可能已經意識到其中的風險了：如果在總結時把一個重要小組／個人提出的意見，或者前期做的工作遺漏了，那你不僅沒有完成收尾工作，還當場把人給得罪了。

最後，主持人可以巧妙的表達自己個人的想法。這些想法如果沒有在會議上經過充分討論，按說不應該出現在總結環節。但經驗豐富的主持人會在總結完、宣布散會、所有人站起來的瞬間加上這樣一個感嘆：「我現在不是主持人了，我談談我的感受。」這意味著他可以站在自己的立場（而不是主持人的立場）上，向尚未離場的與會者表達看法，而且，這個瞬間的溝通效果更好，互動更充分。

更上一級：會前如何寒暄

有一個非常細節的會議溝通場景值得我們繼續探索：開會前如何寒暄？也就是開會前，人們陸續走進房間，但會議尚未開始時，你做為主持人，可以發起怎樣的溝通呢？

這裡我們來看一張負面清單。它主要交代了那些不能聊的事項。

第一，絕不能聊待會兒開會的正式內容。在人還沒有來齊的情況下就談起會議的內容，敏感的人看在眼裡，會覺得這幾個人是在開小會。即使你沒這個意思，也會因此導致大家資訊不對稱，不利於接下來會議的開展。

第二，不能閒聊天。不要覺得這是寒暄，你就可以去聊大家的私生活——你們家孩子上了哪個幼稚園？你去看那場電影了嗎？你們家買了輛新車，這新車不錯……這種話題都不能在開會前寒暄的場景裡聊。這種「話家常」的寒暄會顯得你非常不專業。

事實上，在這個場景裡，最簡單的溝通方法是發起一個請教——稍微提前關心一下周遭落坐的與會者，問問他們最近在做的工作、發生的事。一輪請教下來，對方覺得很滿足，你也會感到很輕鬆。如果對方掏心掏肺的把他的方案說給你聽，你當然收穫很大；即使他跟你瞎客氣，你也不會吃虧，因為這本身就是一個寒暄。其實不僅在這個場景，幾乎在所有社交場合，像這樣用請教的方式來發起寒暄，都是一種低調但有效的社交方式。

發現了嗎？這一部分我們討論的批評、提意見、績效面談和主持會議，都是「管理型」的溝通場景，即主動發起溝通來塑造和引導對方的行為，以此實施自己的目標、舉措。奇異公司的傳奇 CEO 傑克・威爾契（Jack Welch）曾經說過，管理就是溝通、溝通再溝通。在我看來，把好的溝通方法貫徹到管理中，就是一個人領導力的最佳體現。

花姊幫你畫重點

一、記住「會議主持人就是牧羊人」的意象，鞭策所有的與會者在有限時間內達成會議目標。

二、可以用一些非語言的方式向與會者傳遞信號。方法包括：設計場地、設計時間、設計環境、設計規則。如果你善於舉一反三，你會發現，這些行為設計適用於職場的方方面面。

三、要對會議全程控場，方法包括：會前積極奔走，開場自我賦能，會中敢於干預，結束出口成章。

第五部

這樣溝通，你能變被動為主動

如果我們陷入一種比較被動、負面的人際關係中，此時有人說，「你應該好好溝通」，我們可能會下意識的把這句話理解為應該更溫和的溝通。但如果我們跳脫出來看，就會發現事實並非如此。人們真正期待的，是更理性、更坦率、更準確的溝通。

我們可以按照谷歌前CEO艾力克．施密特（Eric Schmidt）所說，把問題想像成俄羅斯娃娃：最外層的是那些「顯而易見的問題」但向裡拆解的時候，我們要面對的就是那些「艱難」的問題了。

本書進行到第五部，我們將著手解決的，就是溝通的一些「疑難雜症」。比如，深陷人際衝突之中時，應該怎樣調解？處於弱勢地位時，怎樣向別人求助可以實現自己的目標？在不願意向對方提供幫助時，要如何得體的拒絕一個人？

在這些場景中，我們常常覺得，「本來處境就這麼艱難了，還要耗費腦力去想怎麼好好溝通，壓力太大了」，從而把問題擱置起來。事實上，只有把腦力投入在「怎麼好好溝通」上，才能讓自己脫離艱難的處境。透過這部分的事例和練習，我們會發現：即便是在得罪了客戶、陷入人際衝突等非常被動的場景中，只要記住「溝通是一場無限遊戲」的原則，我們依然可以透過運用溝通的方法，變被動為主動。

道歉

怎樣把你的錯誤變成促進關係的機會

請你帶著這些問題閱讀：

- 試想一下，為什麼我們經常不願意道歉？
- 你有沒有遇到過「愈道歉對方愈生氣」的情況？是什麼原因導致的？
- 在道歉過程中有哪些需要注意的關鍵點？

在一個生氣的人面前，永遠不要用
「不過」、「可是」、「但是」之類的詞語。
——馬歇爾·盧森堡

我們在第五部將迎來那些考驗我們心性的艱難溝通，比如，如何坦率、坦然的跟對方說一聲「對不起」。

很多人表示，道歉發揮的作用似乎非常有限：「我都道歉了，對方並不接受，甚至更生氣了。」出現這種情況，很大程度上是因為我們道歉的方式出錯了。我們經常聽到的道歉是這樣的：

你千萬別生氣。
我錯了還不行嗎？
您大人有大量，千萬別往心裡去。

這類話說出口無異於「火上澆油」，因為它們都有一層潛臺詞。

「你千萬別生氣」的潛臺詞是：雖然我傷害了你，但是你不應該生氣，你生氣就是你錯了。

「我錯了還不行嗎」的潛臺詞是：我沒錯，但我為了安撫你，就當我錯了吧。

「您大人有大量，千萬別往心裡去」的潛臺詞是：我都說你別往心裡去了，如果你往心裡去了，那就是太小心眼了。

我們以為的道歉，很多時候引起的卻是相反的效果。正確的「道歉」是什麼樣的呢？我們一起來看看：

道歉＝關閉過去＋承諾未來

道歉的終極奧義不是承認「我錯了」，而是承認「你是對的」。重要的不是為過去的行為道歉，而是要向對方承諾未來將有所改變。

動作一：關閉過去

關閉過去，意味著要想修復雙方的關係，得把眼前的問題「翻篇」。這個動作主要遵循四個原則：

第一，道歉愈早，代價愈小。當我們意識到自己可能出錯了的時候，立即去道歉。對方的情緒在這個時候還沒發酵，我們可以相對容易的跟他修復關係。關於這一點，只要想想日常看社會新聞時的心態就好了：一家公司、一個明星做錯了事，公關團隊及時、專業的道歉，和等到社群媒體罵聲一片，才姍姍來遲的道歉，效果完全不一樣。

第二，把道歉和彌補損失分開。不能覺得「我都賠你了，你還鬧什麼」。道歉處理的是感受上的損失，賠償處理的則是事實意義上的損失，它們是兩件完全獨立的事。我們給對方造成重大損失時，該賠償肯定得賠償，但若是還想維護和對方的關係，道歉也不能落下，因為我們需要透過道歉來撫慰對方的情緒。

第三，誠懇的態度比做任何事都重要。為了讓對方感受到我們的誠意，一定要當面致歉；實在見不了面就打電話，不能只是簡單的發微信。發微信（或者寫郵件）只是單向說話，很多時候連溝通都無法開啟，又怎能獲得對方的諒解呢？所以，爭取面對面的機會，將對方「拽入」接受道歉的場景，是很有必要的。

當然，對方在很多情況下不會那麼輕易的答應見面，或者推辭說：「沒必要，不是什麼事兒，你別來了。」別把這句「沒必要」當真，你可以這樣回覆：「你看，我也不是專門為這事來的，剛好有事要向你報告。」這句話可以減輕對方的心理負擔，雙方見面時也就有了商量的餘地。

第四，接納對方的情緒，引導對方釋放情緒。

我們可以透過練習，來看應該如何肯定對方感受的合理性：

如果你把對方惹翻了，對方現在很憤怒，說了很多難聽的話，你會怎麼回覆呢？

A.「對不起，我錯了。您別生氣，您別著急。」

B.「我完全明白，您現在肯定特別著急。」

C.「要是我，我也會特別生氣。」

A 選項是我們在前文提到的負面案例。對方聽到這個回覆會認為：「什麼意思？我著急還不對了是吧？」為避免衝突升級，我們道歉時不能否定對方。相反，應該像 B 選項那樣去接納對方的情緒：「我完全明白，您現在肯定特別著急。」當然，如果你是一個溝通經驗豐富的人，還可以參考 C 選項的說法補充一句：「要是我，我也會特別生氣。」

需要注意的是，C 選項的說法看起來很有同理心，但它可能會讓對方覺得「你又不是我，你根本理解不了我的想法」，反而弄巧成拙，引爆了對方的情緒。所以，我們要根據溝通現場的實際情況判斷這樣做是否合適。

繼續來看練習：

假如你去道歉，但對方一言不發，接下去你打算怎麼辦？

A.「你別這樣，跟我說句話吧。」

B.「我完全明白，你現在肯定不想和我說話。」

C.「雖然我也不知道我應該做點什麼，但我完全理解，你現在不管怎麼想都不為過。」

現在我們知道了，接納對方情緒的合理性，肯定不能像A選項那樣給他添堵，應該參考B、C選項的說法告訴他：我完全理解你現在的心情。而當我們透過這樣的表述，幫助他把情緒宣洩出來以後，才算真正把問題關閉。

值得補充的一點是，一對一的道歉要好過當眾道歉。這也和「道歉要引導對方釋放情緒」的原則有關。對方的情緒在一對一的道歉場景中可以毫無限制的發洩出來。反之，在眾人面前，對方為顧及形象，則不會表達真正的情緒。而且他有可能會認為，你是在借助周邊輿論的壓力，逼他接受道歉，那他心裡可能會更窩火。

所以，牢記「關閉過去」的四大原則，不要讓對方一直沉浸在對你的壞印象中。做為一個有建設性的溝通者，我們要盡快把雙方的關係導向未來。

動作二：承諾未來

關閉過去之後，道歉的下一個動作，就是承諾未來。它讓雙方關係在沒有破裂的前提下，還能往前走一步。具體來說，有以下三種方法。

方法一：帶著方案來

我們既然已經知道，對方因為我們的原因蒙受了損失，那就需要在道歉時說明，接下來我準備怎麼辦，我的新方案是什麼。

我們透過一個反面例子來看。一個丈夫忘了和妻子的結婚紀念日。其實忘了不可怕，可怕的是，他在認錯時說：「你怎麼才能不生氣？」或者：「到底要我怎麼做，你倒是說呀？」這顯然是在給氣頭上的另一半火上澆油。對方會想：「這婚是我一個人結的是吧？你就不能談談自己的想法嗎？」

而當他帶著一個新方案，比如「我們一起去一個你一直想去的海島玩」去道歉時，給對方非常直觀的感受是，他彌補的心情非常迫切，連補救措施都想好了。這個態度顯然要比「你說怎麼樣就怎麼樣」好得多。

同理，職場溝通中，你在安撫完對方的情緒後可以這麼說：「王總，今天機會難得，我不是單純來道歉的，我跟您說我有事，我是真有事。這次我們團隊接受教訓了，反省了很多，未來我們準備做這麼幾件事，您聽聽。」只要你在新方案裡提出了具體行動，對方的興趣就會被喚起，他的注意力就會被吸引至未來，而不是停留在你犯的錯誤中。

但你可能會說：「我也不知道他到底想要什麼，也不知道能彌補他什麼。」這個時候其實還有一個辦法，就是「向對方請教」。

方法二：向對方請教

向對方請教的意思是，在你實在不知道怎麼辦時，可以直接用請教的方式詢問對方：「王總，您看之前確實是我們做得不周到，給您造成了損失。僅僅彌補損失肯定是不夠的，您看，能不能請您給我們指條路？讓我們心裡稍微過得去。對我們來說也是個學習，我們也追求個進步。」

請對方來指導我們應該怎麼做，然後基於對方的回饋，承諾一個未來的「改變」——這個方法極其好用。甚至，在我們本身已經準備好方案的情況下，也可以在溝通快結束時「向對方請教」，留下開放性結尾。

比如，像這樣說：「您看這事真是我做得不對，剛才我說的那幾點，回去之後肯定都是要落實、要調整的。但說句不該說的話，這幸虧是發生在您身上，要是發生在一個不講理的人身上，那我可怎麼辦？所以，我想請您從您的角度再給我提提建議，看以後怎麼做才能避免類似錯誤。」

在準備充足、恭維了對方，又向他請教的情形下，對方感覺受到了尊重，就有可能把話接過來提出幾條建議。一旦他這麼做了，那他肯定打算原諒我們的錯誤了。

如果他不接這茬，其實也不一定是還在生氣，有的時候可能就是沒有新的補充了。其實還可以把話題接著往下走，用「送上小禮物」的方法推進雙方的關係。

方法三：送上小禮物

如果我們道歉的對象是主管或者同事，買一杯飲料就足夠了。犯個錯誤就送根金條上去給主管，肯定會把他嚇壞的：「你想幹什麼？有什麼陰謀？」事實上，送小禮物不是為了給對方增加負擔，而是為了讓對方看到我們道歉的誠意、我們想要改變的決心。

舉個例子。如果我們道歉的對象是一個關係比較熟的同事，那就可以在道歉時給他帶杯茶，對他說：「真不好意思，讓你著急上火。今天不請你喝咖啡了，我給你買了一杯清火的茶，請你消消氣。」這樣不僅表現了道歉的誠意，也用一、兩句幽默的話，緩和了雙方之間尷尬的氣氛。

向內部同事道歉時確實可以隨便一點、幽默一點，但道歉的對象是外部客戶的話，我們就要結合平日裡對客戶的觀察，出手相對重一點、認真一點。

我認為，向外部客戶道歉時，相對安全的做法是送書。送書首先要送好書、新書，其次要在品類上挑個好兆頭，比如書名有非常積極的意涵，或者書的定位很高大上。

類似這樣適合做為禮物的書，其實可以預先搜羅一堆備著。我自己手邊就常備幾本禮品書，比如我同事李翔的《詳談》、劉擎老師的《劉擎西方現代思想講義》等。

當然，如果想不到好書，也可以送上一個「萬能禮物」——演出票或者電影票。把兩張票裝在一個精致的小信封裡送給對方，在遞信封時加上一句話：「您看，我讓您生了這麼長時間的氣，怎麼補償也補償不回來。我給您買了兩張喜劇電影的票，週末您帶著家人去開心一下。這部片子，能讓您把因為我的錯誤失去的那兩個小時的快樂給追回來。」

類似這樣的小禮物，你都可以送。當然，最好根據自己對客戶的了解，選擇一個最適合的。

可以看到，道歉的最後一步沒有用到語言，而是通過一個價值不高的小禮物，把雙方就事論事的狀態轉換為人與人的社交關係。如此，雙方都可以在一種溫和、喜悅的情緒中結束溝通。

不原諒怎麼辦

關閉過去、承諾未來以後，道歉按說應該結束了，但我們不得不承認一個現實：無論我們的道歉多麼誠意滿滿，對方可能還是無法原諒。

對此，我們需要意識到的一點是，道歉不僅僅是為了對方，也是為了讓我們自己安心。所以，不管對方是否接受道歉，我們都要把道歉對應的動作做完，這是我們對自己的一個交待。

明確這點之後，我們來看對方拒絕接受道歉時的第一個應對方法。

方法一：小事打個時間隔斷

打個時間隔斷，就是字面意義上的把時間段稍微拉開一點，再做一次溝通。隨著時間推移，人會逐漸淡忘壞消息，也會逐漸消化壞情緒。所以，可以等對方情緒平穩一些之後，再把我們前文介紹的道歉流程走一遍，透過實際行動告訴他：「我很在乎你的意見，我並沒有忘記道歉這件事。」

時間隔斷以一週為宜。拖得太久不但顯得我們沒有誠意，而且可能在對方已經徹底翻篇的情況下，讓他重新想起那種不愉快的情緒。更關鍵的是，這有可能影響雙方的核心利益——要是我們拖了一個季度才向主管反省錯誤，肯定會影響主管考核時對我們的評價。

我們之所以在「打個時間隔斷」前面加上了限定詞「小事」，是因為這個方法在捅了大婁子時並不適用。比如，我們把外部客戶得罪了，肯定不能拖上一週那麼久，必須立刻處理。這就勢必要提到對方拒絕接受道歉時的第二個應對方法。

方法二：大事第一時間請求支援

沒錯，如果對方堅持不原諒，我們也不能怕「暴露」。如果有我們承擔不了的責任，應該第一時間向上級請求支援。

舉個例子，我的下屬小楊頂撞了一位重要的合作夥伴。如果他找到我說：「花姊，你能不能出面給他道個歉？」我肯定會特別生氣：「你捅的婁子，憑什麼要我替你收拾爛攤子？」即使我同意這麼做，肯定也是罵罵咧咧的，對嗎？

跟上級請求支援時，正確的做法應該是先向上級道歉——小楊把公司重要的客戶得罪了，自然給上級製造了很大的麻煩，所以要先用前文介紹的流程向上級說明情況。比如這樣說：「花姊，王總那邊，我會跟他解釋。我已經寫好了一段文字，您看能不能用您的方式，從您的角度，幫我打個電話跟他解釋解釋？」

準備好行動方案以後再去請求支援，主管的接受程度肯定更高。除此之外，還可以先買個小禮物，跟主管打聲招呼：「花姊，明天我去跟王總當面道歉，我給他買了一份小禮物，能不能以您的名義送給他？」借用上級的力量增強道歉力度，又沒有實際給他添麻煩——這是主管樂於助力的。

客戶或者主管，每天面對的乙方或下屬常常各有各的錯誤。他們對待錯誤，顯然是有心理準備的。當我們充分認識到錯誤的嚴重性，誠懇致歉，並提出下一步的補償措施時，通常不會影響雙方的關係。畢竟，道歉只是一個承前啟後的節點，對方能否真正與我們和好如初，還要取決於我們未來長期的行動。

更上一級：如何接受道歉

當我們切換身分，從向別人道歉變成接受別人的道歉時，操作要領也要相應的改變。我們很多人其實是刀子嘴豆腐心，生氣歸生氣，如果對方鄭重其事的來道歉，反倒會手足無措。這裡可以參考三條建議。

第一，坦然接受對方的道歉。在對方道歉時認真傾聽、表示肯定，告訴他相關情況你已經了解。如果你準備原諒他的話，可以再說一句：「沒關係，這次的事就這樣了，我接受你的道歉。」無須做過多解釋。

第二，要阻止對方把問題升級。有的時候，對方的道歉裡可能藏有些小陰謀——「為了表示誠意，我讓我們董事長親自來給你道歉」，或者「我們要辦一個道歉大會，想請你們公司所有人都來聽一聽我們的誠意」。這可不是在表達誠意，而是在把問題升級。所以，一定要阻止對方，比如像這樣回覆：「好的，你們的決心我已經看到了。但是，在什麼層面產生的問題，我們就在什麼層面解決。你看這樣好不好？效率最高。」冷靜的把局面控制住。

第三，道歉如果涉及外部關係，該秉公處理的就秉公處理。比如，你在公司裡負責業務工作，如果你的一個供應商惹了大禍，可不是他向你個人道歉就可以解決的，因為還牽涉到公司層面的賠償問題。所以，要把道歉和賠償區別開來，告訴供應商：「道歉我收到了，但賠償的問題不歸我管，我會把這個工作移交給我們的法務同事，由這些專業的同事來跟你們對接。」

這樣做，一方面是防止對方認為你沒有接受他的道歉，還在利用賠償打擊報復；另一方面是防止你自身的情緒和對方需要賠償的事實攪在一起，將事態複雜化。

沒錯，道歉很難，接受別人的道歉也沒那麼容易。希望結束這一節的學習後，我們將不再懼怕這項艱難的溝通。

花姊幫你畫重點

一、道歉的終極奧義不是承認「我錯了」，而是承認「你是對的」。重要的不是為過去的行為道歉，而是要向對方承諾一個未來的改變。

二、道歉要分步驟進行：先完全接受對方的情緒，肯定他感受的合理性，把這件事給關閉掉；然後告訴對方你打算怎麼辦，將目光轉移到未來上。最後向對方請教、送上小禮物，把雙方的關係往前推進一步。

三、道歉過程中如果遇到實在解決不了的大事，要學會向上級請求支援。如果是小事，則可以等上一週，待對方平復心情後，再走一遍上述的道歉流程。

18

調解

怎樣持續優化你的社會網絡

請你帶著這些問題閱讀：

· 哪些衝突是我們應該調解的？哪些是我們不應該調解的？
· 在調解衝突時，怎樣讓對方從情緒中恢復過來？
· 衝突雙方要求我們評理時，我們應該怎麼辦？

> 不帶評論的觀察是人類智力的最高形式。
>
> ——克里希那穆提

很多人把這一節介紹的「調解衝突」看作一場非常困難的溝通。我們可能都有過這樣的經驗：原本是想解決雙方衝突的，一不小心卻成了「挑撥離間」，最後弄得「兩頭不是人」。躬身入局，結果「深陷漩渦」，這種事情在調解別人的衝突時一點都不罕見。

沒錯，我們發起這類溝通時，特別容易一頭扎進去，把對方的衝突當作我們自己的事。但真正有益於衝突解決的做法不是這樣的。如果你看過《被討厭的勇氣》這本書，就知道「個體心理學」創始人阿德勒（Alfred Adler）有一個非常重要的觀點叫做「課題分離」：

> 我們必須從「這是誰的課題」這一觀點出發，把自己的課題與別人的課題分離開來，不干涉他人的課題……僅此而已。[1]

阿德勒認為，一切人際關係的衝突都起因於對別人課題的妄加干涉，或者自己的課題被別人妄加干涉。舉個簡單的例子。很多家長希望自己的孩子學習好，總是坐在孩子旁邊盯著他學習。但是，孩子能不能全身心投入到學習上，從來不是家長的課題，而是孩子自己的課題。

你可能會問：「我做為家長，難道眼睜睜看著孩子不好好學習嗎？」肯定不是，課題分離並不是要放任孩子不管。家長當然可以幫助孩子，給他教育資源；也可以影響孩子，對他言傳身教。但要是家長強行干涉孩子的學習，甚至讓他為你而學，那孩子便會欺騙，甚至報復家長。

如果我們理解了課題分離的內涵，對別人的課題不妄加干涉，那麼就會發現，需要我們調解的衝突其實沒有那麼多。對於絕大多數找過來叫我們評理的人，我們都可以這樣回覆：「不好意思，我實在沒有資格，也沒有能力做這件事。」

當然，也有很多衝突確實是我們的課題。比如，對於一位男士來說，家中的婆媳衝突就是無可回避的課題。這樣的衝突應該怎麼處理呢？

---

1 原注：〔日〕岸見一郎、〔日〕古賀史健，《被討厭的勇氣：「自我啟發之父」阿德勒的哲學課》，渠海霞譯，機械工業出版社2015年版。

不是解扣，而是補網

先來看一種特別常見的處理方式：「解扣」。從字面意思上理解，就是在兩個人起衝突、心裡結成疙瘩時，我們做為第三方把這個疙瘩解開，讓他們可以和好如初。以剛才提到的婆媳衝突為例，「解扣」就是一面跟妻子說「你別跟我媽一般見識」，一面又跟母親說「你兒媳婦可孝順了，快別吵了」。調解效果自然可想而知。

在我的生活經驗裡，成年人若是起了衝突，想要通過「解扣」來恢復原狀基本是不可能的。這就好像摔碎了一個花瓶，勉強可以修修補補，但也就是糊弄遠處的人，從近處看，花瓶還是滿身裂紋。

這是不是意味著，調解衝突本身就是一項無法完成的任務呢？其實不是。我們可以用「補網」的思路去解決衝突。

想像一個以你為中心的社會網絡[2]，裡面可能有各式各樣的節點，節點之間也有關聯。「補網」的意思是，你做為網中心，只要加固好你自己和衝突雙方的關係，就能保證他們不從網絡上脫離。還是婆媳衝突的例子，「補網」的思路不是衝上去兩邊勸和，而是分別加固你與妻子、你與母親的關係。

現實中，只要你與她們的關係足夠好，婆媳關係就不會壞到哪裡去，因為她們雙方都要顧及做為中心節點的你的感受。至於她們能不能和好如初，回到上述關於課題分離的討論——這是母親和媳婦需要解決的課題，你就別摻和進去了。

讓我們從課題分離的視角，來看看出現回避不了的衝突時，補網的具體方法有哪些。根據下述公式，我們一個個介紹：

調解衝突＝處理情緒＋重建目標＋最小改善

動作一：處理情緒

矛盾之所以會產生，其實是因為眼下雙方都按捺不住自己的情緒。這個時候跟他們去講道理，肯定是行不通的。做為調解者，我們首先要處理矛盾雙方的情緒問題。情緒被消化乾淨後，致使矛盾產生的真實原因才會暴露出來。

猛獸一般的情緒要如何降服呢？我認為，首先要引導對方盡可能的傾訴，先讓對方說痛快了，甚至說累了，這是溝

2　原注：推薦你學習得到App上的《鄭路的社會網絡課》。鄭路教授認為，網絡構成了我們身邊的萬事萬物，社會網絡做為一種全新的視角和方法，有助於我們重新理解日常生活現象，改變我們看待世界的眼光。

通的起點。英特爾公司前 CEO 安迪・葛洛夫（Andy Grove）有句名言：「我們溝通得有多好，並非取決於我們對事情述說得有多好，而是取決於我們被了解得有多好。」深陷情緒風暴的當事人，特別需要這種「被了解」的感覺。

其次要接納對方的情緒，這是為了獲取對方的信任，讓他覺得你是站在他的立場上考慮這個問題的。

最後要做一個非常重要的動作，製造「認知失調」。簡言之，就是把對方的情緒徹底掀翻在地上，告訴他這個情緒沒有價值。當對方下意識裡以為的和事實產生偏差，即「認知失調」時，他會短暫的停頓片刻，嘗試釐清兩者的區別。這個片刻是一個黃金干預點，就是雙方溝通的切入點。

來看具體案例。假設你是一家公司的部門主管，你的兩個下屬小楊和小王起衝突了。小楊在公司公開表示：「以後我跟小王，有他沒我，有我沒他。」剛好你要組織團建，因為小王參加，小楊就特別堅決的表示不去。做為小楊和小王的上級，你要怎樣調解團隊裡的衝突呢？

這是帶團隊的主管經常會遇到的問題，我給你講講一位主管實際的處理方式。

這位主管把小楊叫進來問他：「聽說你今天情緒挺激動，心情不太好，遇到什麼事了？」小楊自然是滔滔不絕的說了一番小王有多靠不住，自己有多生氣。主管聽罷回覆說：「是這麼個事嗎？我聽說的好像不是這個情況。今天晚上團建，你說你堅決不去，我覺得你是不想跟我一塊兒吃飯吧？」

對小楊來說，這就是一個「認知失調」。他在停頓片刻後肯定會極力否認：「不是這麼回事。」而主管接下去說的話，小楊就會高度集中注意力傾聽。這就像電影中氣勢恢宏的大場面開始前，都會有一個平靜的空鏡頭來引起觀眾的注意力——正是主管給小楊植入一個新想法的好契機。

到這裡，處理情緒的幾個連續動作算是完成了。此外，我們要特別注意兩件事。

首先，為避免情緒升級，溝通過程中盡可能不要評價另外一個當事人。在小楊拒絕參加團建的例子裡，主管跟小楊談話，肯定不能附和他去評價小王。

比如，一種常見的說法是：「你說得很有道理，他這麼做，是有點不合理。」如果明天他們兩人和好了，或者小楊跟自己的好朋友一說，這話說不定會傳到小王耳朵裡。而且，這般附和，完全跟小楊站成了「統一戰線」，後續就很難製造「認知失調」了。

還有一種常見的說法是：「你誤會了，小王其實挺好的。」在場的小楊會認為主管是在否定自己，立刻反駁道：「我沒說他不好，我就是不能接受他的工作方式。」不僅如此，小楊還會覺得主管是站在對頭那邊的。在他聽來，主管後面說的所有話都帶上了立場，不再有任何可信度。

在我們處理情緒的過程中，另一方當事人的存在其實會對這場溝通產生特別嚴重的干擾。如果出現我們對另一方的評價，就極有可能引起對方的情緒，違背我們安撫情緒的初衷。這是需要特別注意的一點。

其次，製造「認知失調」不是全盤否定對方，而是指出對方認知裡的一個盲點。還是剛才的例子，主管說「你是不想跟我一塊兒吃飯吧」，指出的正是小楊考慮欠妥的地方——「腦子裡只有跟小王的衝突，忽略了一起去團建的，除了小王，還有我，還有別人。」

動作二：重建目標

趁著對方在「認知失調」後短暫的「空白期」，我們要在他的頭腦裡植入一個新東西。這是調解衝突時可以採用的第二個動作：重建目標。

人處於衝突中時，通常會把關係感受做為第一目標：「我要公道，要對方給我道歉。」這顯然是他尚未走出情緒的反應。我們要做的，就是幫他找到真正的目標。

在上文的例子中，小楊非要小王給他賠禮道歉。你做為主管，在調解過程中可以這樣說：「好，我們做個假設，假設現在小王已經給你賠禮道歉了，不就是 5 秒鐘的事嘛，現在，這 5 秒鐘過去了，你想要什麼？」

還在情緒中的小楊肯定沒想過這個問題，那你就可以繼續跟他溝通：「我覺得沒想過是不對的。我們跟別人的關係，我們自己的發展，我們自己的幸福生活，肯定不是寄託在那5秒鐘上面的，肯定要有下一個目標。來，你現在靜一靜，我們把目標排排序。」

這就是把小楊從「讓對方道歉」的固執想法中拽出來，重新建立目標的過程。當然，除了上述做法，我們還可以這樣問小楊：「除了收入，你來這家公司肯定還有一個目標，你還能想起這個目標是什麼嗎？」對方可能會給你一個答案。「那你覺得小王這個人是好是壞，跟你原來的目標有關係嗎？」有很高的機率沒什麼關係。「那按照你這個目標，你願意陷在處理複雜人際關係裡面嗎？」問到這裡，大多數人就會意識到，自己不願意，也不應該這麼做。

這一串提問的特殊之處在於，它們都是封閉性的提問，明顯的區別於溝通的開放性原則。原因很簡單，我們是為了把對方既定軌道上的既定目標逼問出來，這容不得一點兒發散。而在重新看到目標後，他就會立即認識到，眼前這件叫自己大動肝火的事情其實輕如鴻毛。

將軍趕路，不追小兔。這個環節我們要把所有的精力都聚焦在重建目標上，幫助對方盡快從衝突中脫身出來。

動作三：最小改善

至此，對方很可能已經慢慢恢復理智了。但請注意，這並不是「補網」的全部。我們還要再「打個結」，把衝突的網眼真正補住。

我們在上個環節通過一連串的提問，幫助對方重新明確了自己的目標。但是你可能已經發現了，這個目標往往遙遠深邃，在某種意義上堪稱終極目標，對一個人消化眼前的情緒其實並沒有多大的幫助。

還是上文的例子，做為主管的你，在幫助小楊找到目標後說了這樣一句話：「為了讓你 10 年後當上得到 App 的 CEO，請你現在不要計較與小王的衝突。」從小楊的角度看，他顯然沒辦法把這個長程的目標和自己眼前的行動連結在一起。

這時候，我們可以為對方設計一個最小化的改善動作，方便他立即投入行動。這樣就能把對方送回原來的軌道。

沒錯，我們設計最小化改善動作，是為了讓對方回歸正常的工作、生活狀態。所以，一定不能把對方的注意力再拉回矛盾衝突之中，比如這樣回覆：「你看，這目標也找到了，對吧？我們胸懷大志，回去吧，跟小王和好吧。」對方就很難從衝突的漩渦中抽身了。

正確的做法其實很簡單。你可以說：「小楊，正好我手頭有個專案，需要處理一份文件。這件事你最拿手，要不這兩天你幫我一下吧？」小楊就會全身心的撲在眼前的工作上，回到行動的狀態。

生活中的衝突也是同樣的道理。比如，你身為兒子／丈夫，可以在婆媳產生衝突時為母親設計一個最小化改善動作：「我最近身體不太舒服，特別想吃您給我做的飯，您能不能每天幫我調理一下飲食？」這個請求一出口，你的媽媽每天都要變著法子為兒子烹飪美食，根本沒心思再跟兒媳婦吵架。這樣，她就從眼前的衝突裡抽出身來了。

當然，我們在這個步驟中還可以嘗試進階的方法，引導那些思路開闊的人自己說出最小改善的計畫。像這樣問他：「接下來你想立即著手的事兒是什麼呀？」如果對方制定的計畫和你的想法沒有實質上的矛盾，鼓勵他盡快行動就可以了。對方會因此更有掌控感，更積極的投入行動。

我曾聽「得到溝通訓練營」的一位同學講過一個事例。他的媽媽是廣場舞隊的隊長，經常和退休的朋友、鄰居們一塊兒跳舞，一塊兒表演節目。如果你有類似經驗的話應該知道，「三個女人一臺戲」，更何況幾十個阿姨呢？所以，廣場舞隊經常會出現衝突。

這位同學的媽媽在調解衝突方面就非常有一手。她會引導起衝突的隊友去想：「我們來跳廣場舞是為了什麼？目的只有一個，那就是鍛鍊鍛鍊身體，讓自己高興啊。那誰能決定我們高不高興？是對方嗎？還是自己呢？」

經過一番逼問，和人起衝突的阿姨意識到，自己不應該陷在人際衝突裡：明明是為高興來的，最後反而不高興了，這不是得不償失嘛？緊接著，這位同學的媽媽會為對方設計一個行動，像這樣說：「我們別光說這個，說點高興的。下週就要演出了，你紗巾準備好了嗎？今天我陪你上街去，我們挑個最好看的，下週好參加演出。」讓對方趕緊進入下一個事件，回到原有的生活軌道上去。

這位阿姨短短幾句話，就把調解衝突的幾個關鍵動作，重建目標、設計最小化行動等跑通了。

更上一級：如何預先規避衝突

調解衝突是一項非常艱難的溝通，走錯其中任何一步都有可能「引火上身」。我在這裡想強調的是，只要掌握「規則前置」的方法，我們就可以預先規避衝突。

以「衝突高發地」，我們的婚姻生活為例：感情再好的小倆口也會遇到各式各樣的衝突。為了防止衝突升級，夫妻倆可以在談婚論嫁，也就是雙方期待值最高的時候，把規則確定下來。

比如，我知道的一個很好的規則：我的一對夫妻朋友約定，兩人起衝突時，翌日早晨先起來的那個人要替對方擠牙膏。這不是在道歉，也不是在求和，而是透過這個舉措釋放「事情已經過去了」的信號。雙方只要有這種小默契，發生大衝突的機率就不會太高。

同理，在職場上，如果你不想成為一個天天當「和事佬」的上級，也應該提前制定好規則。

「有問題當下、當面跟當事人提，不允許透過第三方傳話，傳話會被公開詢問」就是我們得到團隊的規則。你肯定聽過一句俗語：「來說是非者，必是是非人。」事實上，在組織內部嚴肅處理背後說壞話的問題，就可以防範絕大多數的人際關係衝突。

花姊幫你畫重點

一、調解衝突不是解扣，而是補網；以自己為中心節點去修補你的社會網絡。而且，在調解衝突之前，你要真正做到課題分離。

二、調解衝突的過程，也是幫助對方回歸正常生活軌道的過程。要先處理對方的情緒，給他製造一個認知失調。對方會在這個空隙中，從起衝突的情緒和狀態裡走出來。

三、緊接著，幫助對方重建目標，為他設定一些最小化的、可以立即啟動的改善動作。這些都有益於對方進入平和、積極的新階段。

19

求助

怎樣用示弱來增強你的關係網

請你帶著這些問題閱讀：

- 求助前，我們應該做哪些準備？
- 求助時，我們怎樣表達，能增加別人答應我們的機率？
- 即便做了很多努力，我們還是被拒絕了，接下去該怎麼辦？

工程思維就是永遠以資源有限、條件不足為前提，
去實現現實世界的目標。

——老喻

這一節我們將介紹一個被嚴重低估的溝通能力——求得他人幫助的能力。

在日常工作中，我經常為一種現象感到抓狂。很多人在遇到難題時，寧可端坐在電腦前發呆，也不願意向外求助。等我發現他們耽誤了重要工作，質問他們為什麼自己解決不了卻不求助時，通常只會收穫他們寫著「我是個好孩子，所以自己的事情自己做」的一臉無辜。發現沒有？這些人把工作搞成了一場閉卷考試。在他們心目中，求助即「作弊」，所以不能幹。

但是，真實的世界中，無論工作還是生活，從來不是一場閉卷考試，沒有必要透過「單打獨鬥」來證明自己的實力。很多溝通高手在本身能力很強的情況下，也會策略性的「示弱」，向別人請求幫助，並且把這種求助的過程做為一個重要的溝通方法來使用。這個做法常常會產生神奇的效果。

有一位小學老師告訴我，他在管理班級時會「故意」求

助，像這樣說：「哎呀，老師忘記帶試卷了。某某同學，麻煩你去一趟辦公室，幫老師把試卷拿過來好不好？」

他是真的忘了嗎？當然不是。這位老師專門求助班上成績不那麼頂尖、沒那麼自信的學生，用這種方式讓他們找到自己存在的價值。而當學生取回試卷以後，老師會及時回饋說：「哎呀，多謝多謝，沒有你可怎麼辦？」學生也會很有成就感。

這個教育心理學技巧讓我意識到了求助潛在的巨大能量。我在公司面試年輕候選人時，也會有意識的考察他們向外求助的能力，問他們：「過去一段工作經歷中，你覺得遇到的最難的事是什麼？你當時是怎麼解決的？」

我通常願意把工作機會優先提供給那些遇到難題廣泛求助，而不是僅僅自己埋頭鑽研的求職者。一個願意向外求助的人，目標感肯定要大過所謂的「自尊心」，而且他人際友好度會比較高，也會具有調動和整合資源的能力。

心理學中的富蘭克林效應（Ben Franklin Effect）也說明了這一點：「那些曾經幫助過你的人會更願意再幫助你一次。」在這個意義上，我們每發起一次求助，就是把更多人拉進自己的協作網絡，當然也有機會團結更多人。

看到這裡，你可能會說：「我當然知道求助有很多好處。可是，好不容易做完心理建設去找別人幫忙，人家眼睛都不眨一下就給拒絕了。」那麼，通過接下來的介紹你會認識到，求助並不是張嘴就來的，發起一次求助，必須滿足兩個先決條件：

求助＝別人幫得了＋自己值得幫

別人幫得了

判斷「對方是不是幫得了這個忙」，是我們發起求助的第一步。求助被拒，很多時候是因為我們強人所難。那怎麼判斷對方是不是幫得了呢？

方法一：在時間和精力上可啟動

假設，主管交給小楊製作 50 頁演講 PPT 的任務，用於第二天的會議。小楊領到任務後，扭頭就去找同事小王幫忙：「小王，江湖救急，你是我們組最擅長做 PPT 的，能不能幫我把這個活給做了？」

即便小王本身特別擅長製作 PPT，聽到請求的第一反應也會是：「憑什麼？你自己沒長手嗎？」

因為小楊的求助，單純是在「派活」、在「甩鍋」，小王當然會拒絕。求助，是別人對你的責任伸出援手，而不是別人替你把活兒扛走。突然向對方求助一個大文件的製作，而且隔天就要——這種工作量，即使對方不在乎你甩鍋，也不願意幫你，因為需要投入的時間和精力太多了。

事實上，小楊可以這樣求助：「王老師，我要負責製作我們組明天會議的 PPT，想請您幫忙指導一下。」緊接著說具體的求助事項：「長官把這個任務交給我了，上次大會的時候，您做的 PPT 長官們都特別喜歡，客戶也覺得我們的 PPT 做得非常酷炫，您看這件事我沒辦法求別人，只能厚著臉皮來求您了。」

到這裡需要注意，不是請小王替自己完成，而是請求他的指導：「您那幾個特別酷炫的效果是用什麼軟體做的？您教教我，教會我以後，我就不用再麻煩您了。」如果只是教幾個技巧，小王投入的精力和時間都比較少，況且這個任務還關係到小組表現，通常他是會願意幫忙的。

所以，我們向外求助時，必須要明確自己的責任主體定位，盡可能減輕對方的負擔。首先要讓對方覺得這件事是輕量級的，是可以輕鬆啟動的。如果我們求助的事項需要對方付出他承受範圍以外的時間和精力，他自然會覺得幫不了你，也不想幫你。

方法二：在職責邊界內可啟動

來看另一種我們經常遇到的求助場景。

銷售部的小楊有個客戶做活動，要提前調撥一批宣傳物料。如果按照原定計畫走流程，需要半個月的時間。小楊就想找另一個部門的小王幫忙，請他先調一批物料出來。這批物料是其他客戶預訂的，並不著急用，可以應急。請問，小楊應該怎麼溝通，才能讓小王覺得這個忙是幫得了的呢？

這個問題是個陷阱啊，從小王的角度看，無論小楊找到自己說了什麼，這個忙都幫不了，因為自己並沒有權限調動這些貨物。再從小楊的角度看，我們就可以得到關於求助的一條金律：求助事項必須是在對方職責範圍內可以啟動的。

小楊選擇了錯誤的協作路徑，找沒有權力拍板的小王幫忙，自然沒辦法拿到應急物料。正確路徑應該是先跟小王打個招呼，了解到這批物料確實可以用，而且小王原則上也不反對。有了這個默契之後，再向自己的直屬主管求助，推動自己的主管去找小王的直屬主管協調。兩位主管取得共識之後，把指令下達給小王，小王就能幫他這個忙了。

上文介紹過，求助是一個將對方拉入我們自己協作網絡的過程。每個人在協作網絡中都有自己的職責邊界。不是說我們只要態度友善一點，對方就願意「越界」協助。所以，在求助之前，我們要想好協作網絡上有哪些人和節點，這件事是在誰的職責邊界內可以啟動的。在每個節點找到那個對應的人求助，他就能幫到你。

方法三：在關係程度內可啟動

來看下一個場景。

某天你突然接到一個人的微信：「聽說你認識那誰誰誰，我有個業務想找他，能不能幫我介紹一下？」你一看，發現你倆已經整整三年沒說過話了，對方張嘴就讓你幫他介紹一個重要關係，你心裡有很高的機率想的是：「不幫，我欠你的嗎？」

這樣的求助通常啟動不了，因為雙方關係的溫度沒到。我們向這樣的「冷關係」求助時，就要做好「有很高的機率會被拒絕」的心理準備。如果反過來，你在上述場景中是向人求助的那個人，你該怎麼做呢？

如果這個業務對你來說很重要，而且你又確切的知道對方能幫到你，你要做的不是舌燦蓮花的說服對方，而是想辦法讓雙方的關係重新升溫。比如，先恢復輕量級的互動，不定期的問候一聲，或是送對方一本最近在看的好書。

如果你要對方幫忙的是件大事，那麼預留給關係升溫的時間應該盡可能長一些。在明確感受到雙方關係已經熱熱乎乎的時候，再開口問他：「有件事不知道合適不合適，我想跟您問個線索。」

但是你可能會問：「為了得到對方的幫助，心機這麼深，萬一對方回過神來，覺得我在設計他，這可怎麼辦？」

對此，我有兩個提醒。首先，交淺言深是溝通的大忌，千萬不要今天剛給人家寄本書，明天就問人家借錢，這確實會讓對方覺得自己被設計了。要明確雙方關係已經熟絡到你可以開口求助的程度，再去那麼做。

其次，就算對方意識到，你是為了求助而跟他搞關係，其實也無傷大雅。只要你行為得體，對方並不會反感。稍微年長些的人都明白一個道理：有人肯「利用」我，那是我的福氣；天天有人求我幫忙，那恰恰證明了我的「江湖地位」。只要對方不是死纏爛打，讓人極度反感，我不會對他的求助有什麼意見，甚至我還有成人之美的衝動，願意幫助他完成這件事。

說到關係的活化和維護，在求助中有一個場景值得我們再思考一下，就是透過中間人去連繫我們原本不認識的人。這種情況在現實生活中也很常見。在發起這類求助時，我們需要注意幾件事：

第一，不要同時找好幾個中間人。最終的求助對象如果同時收到好多人的傳話，會有被逼迫感。況且，中間人們意識到彼此的存在以後，也會遷怒於你：「竟然還去找了別人，是覺得交給我不放心嗎？」

第二，要給中間人足夠的資訊量：要求助什麼事，原因是什麼，已經準備好了什麼，等等。這些關鍵資訊，中間人都要提前知道。否則要來回溝通不說，還有可能鬧笑話。

舉一個真實事例。某次我的朋友突然跟我說，有個人透過他牽線，想跟我們公司合作。我肯定說好啊，聊聊嘛。結果拉了群之後，對方跟我說：「脫不花你好，我們公司有個活動，特別想邀請你們公司的羅永浩[3]老師出席。」

中間人當時就氣瘋了。至於那個請求幫助的人，有很高的機率會永遠失去我們的尊重。因為，但凡他能跟中間人多溝通一句，我這朋友也會告訴他，脫不花不管羅永浩，只管羅振宇。

第三，也是非常關鍵的，別讓中間人承擔太多責任。人家牽個線，只負責幫你們倆認識，但不負責成交。要是把太多責任安放在中間人身上，就會把他嚇跑。

自己值得幫

除了別人幫得了，證明我們自己值得被幫也是一件非常重要的事。試想你是一名風險投資人，你將自己的時間、精力，甚至人脈資源，用來幫助一位創業者，即便不奢求巨額的投資回報，肯定也希望自己因為這筆投資而有所成就。所以，對方是不是值得被幫助也是不容小覷的因素。

那麼，有什麼方法可以證明我們自己值得幫呢？

3　原注：羅永浩和羅振宇，兩個中年男性，活躍在網路上，又都挺胖，外人搞混了是常事。而我想透過這個案例告訴你的，不是不要把人搞混，而是要在溝通中充分了解對方的情況，包括他的基本資訊，這一點非常重要。

方法一：先幹為敬

假設你和小楊是關係不錯的同事，某天你們正熱火朝天的幹活，小楊問你：「Excel 這個公式怎麼用？」過了一會兒，小楊又問：「PPT 怎麼匯出成 PDF ？」

可以看出，小楊就是我們常說的「伸手黨」，自己沒動過腦子，沒做過任何努力，伸手就問別人要，顯然不值得幫。這會讓那些提供幫助的人認為：「你根本不珍惜我的時間，我憑什麼要幫你呢？」

證明自己值得幫，首先要證明自己在這件事上已經付出了極大的努力。在這個意義上，它可以被叫做「先幹為敬法」，在發起求助時可以用下述架構來表達：

第一，說明你的目標。「我遇到了什麼什麼問題，想占用您幾分鐘時間，請教一下。」這說明你珍惜對方的時間成本。

第二，展現你已經做的努力。「這個問題是什麼，我之前已經做了什麼，但是我還沒有搞定。」這會讓對方覺得你確實是搞不定了才向外求助的，而不是偷懶想找人甩鍋。

第三，提出你真實的訴求。「我做了這些努力，都沒有搞定，能不能麻煩您做某件事？」

君子都有成人之美的願望。當你為一件事付出了99%的努力，只需要對方臨門一腳時，他們很容易被你感染，願意協助你把這件事做成。當然，你也要讓對方看到你取得的成果，不能同一個問題接二連三的求助，那對方會認為你沒有足夠認真的對待他的幫助，即便你已經做了很多前期工作，也不值得幫。

方法二：真誠領情

另一種證明自己值得幫的方法是學會感謝，可以把它理解為「真誠領情法」。

我們經常會聽到某些人「為人涼薄」的評價，這可以說是一種最糟糕的品質——別人對你好，你表示無所謂，那就是逼著別人忽視你的求助，甚至對你不好。所以，在獲得幫助、對方向你釋放善意時，我們要真誠的領情。

但人情債的特點是利息高，有很多講究。比如，我們都知道致謝要及時，但怎樣算及時呢？一筆算一筆嗎？

當然不是。對方幫了你一個忙，你立刻表示要回禮，就會讓對方覺得你把這份善意變成了交易，從而覺得和你來往很沒意思。我們所謂的及時致謝，其實是趁這件事還熱乎著去做，而不是發起「一手交錢一手交貨」的行動。

那麼，怎樣向幫助我們的人表示感謝才是合適的呢？我認為，表示感謝最好當面溝通，可以結合對方的貢獻程度不斷升級。比如，從口頭致謝到送一個小禮物，甚至到給對方發「表揚信」，讓感謝的場景別具儀式感。

舉個例子。你的同事幫你解決了一個問題。他平時跟你關係挺不錯的，算是給你個人幫個忙。但你在致謝時，不能把它完全當作你們倆的私事，而應該升級感謝的場景，比如在你們的共同上級面前表達對這位同事的正面評價和認同——這就是溝通高手發「感謝信」的方式，不是紅紙黑字意義上的感謝信，而是在一個更大、更具儀式感的場景中向對方表示感謝。

而在這個意義上，表達謝意的反面教材就是作家和菜頭提醒的，把美好的互助關係變成低水準的工作交換。比如這樣的回覆：「小王，謝謝你這次幫我做PPT，下次你做PPT的時候我也幫你。」這非但沒有升級表揚的場景，還試圖用以物易物的方式予以回饋，對方心裡肯定不舒服。

事實上，向對方回饋時也可以留出一個開放的可選項，像這樣說：「特別感謝你，有什麼用得著我的地方，你可千萬別跟我客氣。」未來他可能找你，也可能不找你，但有這句話，對方至少知道你領情了，而且你也把掌控感給了他。

相應的，還有一種不得不提的情況：你的求助對象可能比你厲害得多，你覺得自己這輩子可能也還不了人情。如果對方什麼也不缺，是不是意味著他也不缺你的感謝，這件事就可以翻篇了呢？肯定不是。如果你想維繫住這段重要的關係，我建議你用每隔半年跟對方彙報你的進步的方式，來表達感謝。

比如，對方半年前可能幫了你一個忙，他自己都已經忘了，但是半年後你跟他說：「王總，您上次幫我，對我幫助特別大。最近我在我們公司升職了，您要有時間的話，我想請您吃個飯。」對方答不答應吃飯不重要，重要的是他一定很欣慰——在他自己已經把這件事忘記的情況下，你一直記著這份人情。而且，這會讓他覺得，「這是在我的幫助下成長起來的年輕人，他的命運因為我的幫助發生了改變。」未來他也會更加關注你的成長，如果你再有什麼困難需要找他幫忙，他答應的可能性也就更高了。

在「得到溝通訓練營」裡有一位叫岳海龍的同學，是很成功的創業者。岳海龍告訴我，從 21 歲開始工作那年起，他就把那些曾經幫助過他的人（及其連繫方式）記在筆記本上。二十多年過去了，這個筆記本上已經有八十多個人。每年的「三節」：春節、端午、中秋，岳海龍都要帶上禮物，登門看望曾經在他的「感恩筆記」上記錄過的人。

這個方法看起來很簡單，但只有我們真正做到時，才會感受到它的千鈞力量。暫且不論岳海龍名單上的人是怎麼想的，僅僅看到這個做法的我們，是不是也對他肅然起敬呢？假設岳海龍現在有事需要幫忙，我們是不是也會更容易選擇信任他呢？

這是岳海龍對「真誠領情法」的詮釋。我還聽另一位同學介紹過自己的方法。他在自己的生活開銷裡成立了一筆專項支出，每個月有 500 元的「感謝基金」，專門用來答謝幫助他的人。這筆錢不能挪作它用，也必須花完。這麼做就是為了訓練自己成為一個會感恩、會領情，主動傳達善意的人。你也可以試試這個方法。

被拒絕了怎麼辦

我們花大篇幅介紹了怎麼讓別人幫得了，怎麼證明自己值得幫，但它們只是一次成功求助的必要不充分條件。縱使我們心裡千般不願意，還是要做好被對方拒絕的準備。因為，幫忙從來不是一個人的本分，哪怕前期我們做了很多努力。我建議你在求助之前就想好，對方拒絕之後你要如何回應。

先說一個反面案例，就是求人不成，反過來諷刺別人。小王拒絕幫小楊做PPT，小楊就說：「您現在職位也高了，特別忙，我就不該來麻煩您。」簡單一句話，兩個人在職場上可能就結仇了。所以，不管你以怎樣的方式被拒絕了，都不要給對方負面的回饋。

小楊其實可以這麼說：「完全理解，完全理解。這樣，沒關係，我再想想辦法。」這句話聽起來就很客氣。當然，緊接著可以再說一句：「不過，麻煩您也幫我想著點，萬一有辦法或者有什麼好的建議，您隨時跟我說說。」

對方可能想著，也可能不想著，但是萬一想著呢？他覺得幫不了你，但是回家跟老婆一商量，他老婆說不定能幫你解決問題。這樣雙方未來的互動就有了更多可能性。

說到這裡，你肯定已經發現了，求助是一個特別有效的溝通方法。破冰時，可以通過求助與初識者進行深層次的連接；道歉時，可以通過求助讓對方重新建立起對你的掌控感；即便是日常閒談的場景中，也可以通過發起一個求助開啟聊天話題……我在最後還想強調一個求助尚未被充分討論的重要作用——幫助我們識別那些最有價值的人際關係。

打個比方，求助的過程很像在沙堆裡撿拾珍珠。通過發起求助，等待回應，我們就可以把那些值得深度交往，應該長期維護，對自己最有價值的人識別出來，串聯成我們的關係網。如果過去忽略了這件事，那麼從今天開始，你可以有意識的梳理，在你過往的人生當中，哪些人是你生命中的珍珠，好好珍惜他們。

更上一級：為自己配備「救生員」

我想在這裡強調為自己配備「救生員」的重要性。它字面意義上指的是那些在危急關頭現身、向我們提供幫助的人。我建議，每個人都應該找到自己的「救生員」，而且只向他們發起一類求助，就是藉助他們豐富的工作、生活經驗，指點我們往後的幾步棋該怎麼走，或者告訴我們向誰求助最高效。

適合做「救生員」的人通常滿足以下兩個條件。

第一，你和對方的工作、生活有一定的交集，這樣「救生員」才能理解你的處境。當你真的碰到難處時，他也可以幫你分析出現問題的實質性原因。

第二，在雙方有交集的前提下，不能有直接的利害關係。比如，你現任的直接上級，或者你公司裡關係很近的同事，就不合適。這些人可能都是你直接求助的對象，但是因為你們的利益密切關聯在一起，他可能無法成為你的「救生員」。

滿足這兩點的，就是你的備選「救生員」。導師、學長，都可能成為「救生員」。還有一種人特別合適——你的前主管。你離開了上一家公司，但你跟前主管關係不錯，你很尊重他，他水準也很高，那他就適合當你的「救生員」。一方面是因為他很了解你，另一方面是因為他的地位和經驗要比你高上一截，眼界更寬。這種「救生員」會特別有價值。

如果我們把求助的場景翻轉過來，從被求助者的立場看待問題，會得到一個恰好相反的溝通場景：每次求助都一定要回應嗎？如果拒絕了別人的求助，就一定會得罪對方嗎？下一節，我們就來看看，不願意提供幫助時，我們要如何得體的拒絕一個人？

花姊幫你畫重點

一、求助本質上是發起一次協作。我們要卸下「求助＝我不行」的心理包袱，把它當作一次拓展自己協作網絡的機會。

二、向別人請求幫助前，首先要判斷對方是不是幫得了。「幫得了」不僅要看對方能力上能不能做到，還要看這個忙在他的協作邊界裡是不是容易啟動。要主動給對方製造最小化的啟動點，讓他覺得自己可以輕易做到。

三、我們還要證明自己確實值得別人幫。一個方法是「先幹為敬」，把自己能做的努力全部做到位。另一個方法是「真誠領情」，透過溝通讓對方感受到他對我們的幫助開花結果了。這會是一個開放並且良好的互動過程。

拒絕

怎樣讓你在說「不」時依然受歡迎

請你帶著這些問題閱讀：

- 為什麼拒絕一個人時，我們會像向人求助那樣覺得不好意思？
- 你認為拒絕時有哪些注意事項？
- 如果你拒絕的理由被對方解決了，你又會如何應對？

世界上最偉大的事，

是一個人懂得如何做自己的主人。

——蒙田

相信你肯定聽過身邊有人這樣抱怨：「哎呀，我這個人就是太善良了，討好型人格[4]，不好意思拒絕人。」甚至你自己也可能這樣自嘲。但細想一下，那些因為不懂拒絕而加過的班、借出的錢，甚至最終還是得罪了的人，真的可以用一句「我太善良了」輕易打發過去嗎？

如果說求助張不開口，是因為我們自己好面子，不想當眾被拒絕，那當我們想拒絕一個人，主動權明明在我們手上時，為什麼還是說不出口？

4　原注：我建議所有人都應該盡量避免給自己貼上「討好型人格」的標籤。每當我們這麼做時，就等於拱手讓出了自己人生的主導權。這在心理學家佛洛姆（Erich Fromm）看來是一種性格缺陷。人們之所以會不自覺的討好，是因為他們認為自己的所需，無論是物質還是精神層面的，都只能從外界獲得，而不能靠自己的能力創造。
一個討好型人格的人，其實是因為要依賴別人，才會對別人表現出善意和友好。但他們討好的對象可能並不領情，反而覺得跟這類人交往很累。

這主要是因為，我們把拒絕對方的提議等同於拒絕對方本身，認為只要說出「我拒絕」三個字，就徹底把對方得罪了。事實上，一個真正懂得溝通的人，完全可以做到只拒絕對方提出的方案或者要求，而不否定對方這個人。善於拒絕應該是一種建設性的溝通能力，它與上文提到的「是否善良」沒有關係。

所以，這裡我們先明確這一節的學習目標：**拒絕該拒絕的事，團結該團結的人**，在二者之間建立起清晰的邊界意識。按照慣例，我們先來看拒絕的公式：

拒絕＝開門見山＋移花接木

開門見山就是直接表明立場。移花接木則是重新發牌，提出替代方案。二者都是字面意思，不需要過多解釋。我們可以在應用場景中進一步看它們發揮的重要作用。

動作一：開門見山

我們在表達拒絕時，經常擔心傷害對方，所以就把話說得特別委婉。但我們以為的委婉，在對方眼中恰恰是模糊。拖泥帶水，不給一個准信兒，只會耽誤人家的進度。要學會拒絕，不要把一個錯誤變成兩個。

試想一下，你自己去求助或者提要求之前，肯定做過被拒絕的思想準備。但對方沒說這樣可以，也沒說不可以，你就有點拿不準，也尚有一絲念想。當事情臨近截止日期時再跟對方確認，那句「實在不好意思，沒辦法幫這個忙」才姍姍來遲，你也沒剩多少時間去找備選方案了……這是不是耽誤你的事？

委婉和延宕，只會放大對方因為被拒絕而產生的負面影響，並不會發揮安撫的作用。我們強調拒絕要開門見山，第一句話就把立場攤在桌面上，就是為了避免這種負面影響。

一個開門見山的拒絕要滿足「第一時間」和「第一人稱」兩大標準。

第一時間是指，對方提出某個要求，我們判斷以後覺得行不通，要在第一時間告訴對方。比如，在別人上門來借錢的場景裡，我們不想借，又覺得當面不好拒絕，通常會回覆：「我回家商量商量。」即便回家商量了，一般也不好意思當天就給答覆，於是還要佯裝幾天。這件事一直壓在我們心中（或者恰好相反，因為拖延而被遺忘了，後者更嚴重），當然也在對方心裡發酵。而對方等待了一週，最後盼來的還是拒絕——這不僅給對方帶去了「沒時間找備選方案」的麻煩，還讓對方白白承受了更長時間的懷疑和焦慮情緒。所以，除非我們覺得這件事回家確實可以商量，否則就應該第一時間拒絕對方。

第一人稱是指，不要為自己的拒絕胡亂找藉口。我們在拒絕別人時通常不會只說「不行」二字，肯定還要塞給對方一個理由。這時，有的人就忍不住把責任推到別人身上。我的建議是，最好不要這樣做。不行就是不行，別說是主管不同意；沒時間就是沒時間，別說是你媽不讓你加班。

從對方的立場來說，拒絕就是拒絕，到底是誰拒絕的，關係其實不大。我們身在職場，如果長期為自己找這種託詞，就會給人留下「沒有主見」、「沒有決策權」的印象，這可比得罪某個具體的人更嚴重。更何況，萬一對方相信了我們的說法，跑去糾纏我們所說的有決策權的人，我們就會同時得罪兩個人。

當然，我們拒絕時應當附上相應的理由。其實，哪怕是「我忙不過來」、「時間有點緊張」這種沒有資訊量的理由，都會讓對方覺得拒絕是可以接受的。這在心理學上被稱為「**因果偏好**」——我們潛意識裡相信「有因必有果，因果必循環」，會本能的為一切現象的出現尋找對應的原因。所以，哪怕這個解釋沒有絲毫道理，也好過沒有任何說明。

心理學家曾組織一些志願者到咖啡廳插隊，志願者被要求和排在隊伍前面的人打招呼：「不好意思，能讓我往前排一下嗎？我很著急。」由於大家都急著去上班，這實在算不上什麼好理由，但實驗證明，只要把這句話掛在嘴上，隊伍裡的人同意插隊的可能性就大得多。

插隊這個看似毫無道理的請求，透過一個簡單的因果關係「變得」合理了。所以，不管我們拒絕對方的理由有多麼牽強，還是要在拒絕時把理由交給對方。這也相當於給了對方一個臺階下——他可以帶上這個理由向其他相關人士做一個交待。

比如，你拒絕了小楊的邀請，但這個邀請可能是老闆交代給他的重要任務。那麼小楊回去跟老闆報告時，就可能有兩種說法。一種是「王總說不行」，另一種是「王總說他來不了，最近特別忙」。兩種說法實質上是同一個意思，但是經過傳話之後，當事人面對有／沒有理由的拒絕，感受是完全不一樣的。

我們在找「第一人稱」的拒絕理由時需要注意兩件事。

第一，不要撒謊。試想，我們為了拒絕對方找了一個虛假的理由，但對方還真把這個障礙清除了。在對方看來，我們應該沒有任何顧慮了，卻仍舊拒絕他提出的要求。這顯然不近人情。況且，我們都知道，一個謊言要用一千個謊言來彌補。特別是拒絕別人的謊言——一旦露餡，對方就會跟我們結仇。這不值得我們冒險。

第二，最好只用一個理由來解釋。這只是給對方一個臺階下，無須過分較真。如果對方死纏爛打，我們可以拒絕回覆，或者重申先前的理由，而不是展開做更多的解釋。這是因為，我們給出的理由愈多，溝通就會愈複雜。萬一我們碰到推銷員性格的溝通對象，我們說一個理由，對方幫你解決一個問題⋯⋯這會讓我們表現得像一個四處找藉口的人。而且，「持久戰」愈到後頭，就愈難拒絕對方的請求。我們自己的心力也很寶貴，容不得這樣肆意消耗。

那麼，帶著「拒絕要開門見山」這個標準，來看兩個練習：

> 假設你和你的一個同事關係不錯，但是他家做生意遇到一些問題，想問你借 5 萬塊周轉。請問，這種情況你會怎麼拒絕？
>
> A.「我們家的錢都是我老婆在管，這樣吧，我回家跟我老婆商量商量。」
>
> B.「不好意思，最近老家的房子正在裝修，我手裡沒有現金。」

A 選項，說回家商量商量，然後再拒絕對方——我們自己不願意借就不借，不要把責任推脫給老婆。在外人看來，你們倆是一家人，誰拒絕其實都是一樣的。萬一對方認識你老婆，去找了她，你一個人的壓力就變成了兩個人的壓力，還沒有得罪借錢的人，先把老婆得罪了。

B 選項，把上文提到的動作要領，第一時間、第一人稱都用上了，是我們推薦的做法。但要特別注意的是，老家房子正在裝修一定得是真實理由，當然也可以是「剛買了基金」、「手頭也緊」等。甚至直接說：「我最近現金不太方便。」對方是在借錢，不是搶錢，不需要有過大的心理壓力，不必逼迫自己撒謊。

來看下一個練習：

假設你有一個親戚轉行賣保險了，他向你推銷保險，請問你怎麼拒絕？

A.「你幫我介紹介紹，我再想想。」

B.「我特別重視保險，所以已經配置得比較齊全，短期內不想增加新的了。但是我挺願意了解保險產品的，你不是剛做這行嘛，現在我們倆了解的情況差不多，你再做一年，到時候你給我當老師。」

在這個場景中，很多人會覺得「哎呀，是親戚，人家轉行剛開張，也不容易，怎麼拒絕呢」，從而陷入拖泥帶水的狀態裡。最常見的錯誤做法就是A選項這樣，不想買，但又不好拒絕，最後兩個人在那裡瞎耗時間。對這位賣保險的親戚來說，拜訪客戶也挺花時間的。你又不買，在那了解半天，對方就少拜訪了另外一個客戶。

一名合格的推銷員，不管是推銷保險還是其他產品，肯定接受過「承受被拒絕」的培訓。這就是他的專業工作，不用擔心你的拒絕會傷害對方。所以，你一定要開門見山，第一時間向對方表達拒絕。與此同時，就像前文強調的，拒絕該拒絕的事，團結該團結的人。在溝通中需要說明，「我拒絕的是今天要在你這買保險的事，但我不拒絕跟你的交流，也沒有否定你這個人。」

但你可能會問：「按照 B 選項答覆的，萬一親戚真的在一年後來找我怎麼辦？」你要意識到，拒絕是一種能力，不是一個套路；不是用過一次就不管用了。如果一年後你還是沒有買保險的需求，當然可以坦率的拒絕。

而且，我從專業的保險經紀人那裡了解到，保險是一個大浪淘沙的行業，大約有 35% 的新人會在轉行賣保險後的第 6 個月「陣亡」。[5] 如果你的親戚已經做這行一年以上了，那說明他已經小有成績，你也值得跟他交流交流。

動作二：移花接木

通常來說，我們的拒絕到這裡應該結束了。但在現實生活中，我們總會遇到一些難以拒絕的人。比如，當你正在忙的時候，一位一直以來都很關照你的前輩突然找過來，希望你能幫他做件事。這個時候怎麼辦？

首先還是要開門見山。但表明立場之後，我們可以上第二個技巧：移花接木，給出替代方案。

我想請你記住一個意象，洗牌。閉上雙眼想像，對方的訴求、你的能力、對方的意願、你的感受等，都是一張張紙牌。當對方將一個你接受不了的排列組合甩在牌桌上後，為了讓牌局得以繼續，你要重新洗牌，盤點資源和方案。

有的高手就可以把一手「電話號碼」變成一條龍、四連對。[6]洗牌雖然不會給雙方帶來什麼新牌，但是它可以透過排列組合，重新發牌。比如，像這樣回覆前輩：「您的事很重要，但我現在手頭上有件事特別緊急。您看這樣行不行？您說的這件事，我有個朋友是專業做這個的，比我更在行，我把他介紹給您，您看可以嗎？」

雖然對方請求的這件事我們不能答應，但我們自始至終都沒有拒絕與對方溝通；我們依舊保持著建設性和方案力，願意重新發牌。

---

5 原注：戰鐵編著：《這就是保險代理人》，新星出版社2021年版。

6 編注：「一條龍」和「四連對」都是紙牌遊戲「鬥地主」的術語，前者指 5 張以上的連牌，後者指像是 77、88、99 這樣的對牌連著出現，都是指好牌。一手「電話號碼」是指原先拿到的牌並不好。

技巧：Yes, if

當然，有時我們可能沒有太多現成的替代方案，那就可以嘗試一個叫做「Yes, if」的小技巧，它的意思是「如果能……的話，我可以同意」。如果你怎麼樣，我才怎麼樣。

這就不是找藉口，而是向對方提條件了。當然，如果對方接受了我們提出的條件，後續我們就要履行承諾。不出爾反爾，是使用這個技巧的先決條件。

具體應該怎麼使用「Yes, if」呢？我們來看一個練習：

> 假設你是一個大學四年級的學生，正在忙著寫畢業論文。這時一個關係特別好的同學突然來找你，說他的論文寫完了，想讓你幫忙看看。你該怎麼辦？

我相信很多臉皮薄的同學會「荒了自己的自留地，種了別人的責任田」，為了幫助好朋友，耽誤了自己的論文。在這個場景中其實就可以用「Yes, if」回覆：「我願意幫忙，但有個原則，就是我自己的論文必須準時完成，否則我們的兩件事肯定都得耽誤。你能不能等我兩週時間，讓我集中精力先把自己的論文完成？這樣我心裡就踏實了。然後我再全力以赴幫你的忙，我一個問題一個問題來解決。」

這一招是延遲交付。因為你向對方提出了「推遲兩週」的條件。如果對方覺得沒那麼著急，你就可以按照約定往下推進。但如果對方覺得這件事容不得拖延，那麼，到底接受還是不接受條件，就是他自己的選擇了。

透過這種方式，你不僅表示了拒絕，也展現了溝通建設性的態度。對方根據自己的情況去評估，並且自己做出最終抉擇。那麼，你的拒絕自然不會得罪對方。

除了延遲交付，你還可以使用的另一招是交換條件。繼續看練習：

假設你馬上要跟一個好不容易談下來的客戶簽合約了，但客戶臨時提了新需求，你該怎麼辦？

在這個時候關閉溝通，肯定不是一個好主意。你其實可以跟客戶交換條件，像這麼說：「您看，您是我們這麼重要的客戶，但這個需求我自己確實定不了，得跟公司申請。這樣好不好？我把這合約直接簽成兩年，如果您跟我們持續合作兩年，我覺得這個條件，我就能跟公司申請下來。」

你提了個要求，其實是把球踢回去了。如果客戶願意跟你合作更長時間，那不是天大的好事嗎？而如果客戶不願意，那他跟你提條件的力量也就相應的削弱了。

簡單翻譯上面這段回覆，其實就是：「我可以答應你，但是我有一個條件，請先滿足我的條件。」這一招在職場上非常好用。當然，至於提一個怎樣的條件，你得根據具體情況評估。因為這是要根據你的工作經驗，實際進行操作的，並不是什麼話術。

那麼，我可以用交換條件的方式，跟上級使用「Yes, if」嗎？請看下題：

假設老闆突然希望你來承擔一個很急迫的專案，而你不是很願意接，可以怎麼跟他談條件？

面對一個緊急專案，你最好的應對方式其實就是交換條件。比如你可以對主管這麼說：「行，但是我一個人實在忙不過來，能不能給我加個人？」

加人，一方面可以幫你分擔專案壓力，另一方面，你從單打獨鬥變成了擁有一支自己的小團隊，當起了負責人。主管認為你是為了真做事要加人，通常比較容易答應你的條件。這就化被動為主動，幫自己爭取到了更多的資源和支持。

看到這裡，你是不是熱血沸騰，心裡是不是想：「既然可以談個條件，我要不要趁這個機會讓老闆幫我調薪呢？」

我的建議很簡單，千萬不要。調薪不是完成這項工作的必須條件，老闆為什麼要答應你？每家公司調薪都有特定的時間點，只要你的表現出色，在特定時間點上該怎麼談就怎麼談。但不要在老闆需要你幹活的時候，談這類條件威脅老闆，這是大忌。

不同於薪資，和專案直接相關的獎金是可以談的。你可以大大方方的跟主管說：「長官，我不是為自己爭取，但這件事我評估了一下，工作量確實挺大的，需要大家加班。能不能公司給我們這個專案小組批個小獎金，達到目標可以拿，不為別的，就是讓大家覺得公司是看得見大家的努力的。」

你的老闆就算再小氣，也知道你是為了這件事來帶動大家，所以答覆通常會是肯定的。

當然，在不同性質的組織裡，你要談的條件也是不一樣的。比如，如果你在事業單位工作，就不能談獎金這種條件，因為你的主管沒這個權力。可以這麼說：「長官，我們能不能提前告訴大家，最近半個月每天晚上堅持一下，然後國慶假期讓大家多休一天？」

沒錯，你始終要根據實際情況來跟對方談條件，透過這種方式來「調節」拒絕和配合之間的尺度。

提前設定規則，解決系統性問題

上面我們介紹了一個完整的拒絕流程。這裡我想補充的是一種特殊情況。當你發現自己老是反覆遇到同一種情況需要拒絕時，就應該意識到，這不是拒絕某個人的問題，而是你的系統本身有問題。你應該採取的行動是：提前設定好規則，把反覆出現的問題集中消滅掉。

以我自己為例，做為一家公司的 CEO，我聽到最多的一句話就是：「花姊，您現在有 5 分鐘時間嗎？ 5 分鐘就行。」針對這類要求，我都必須拒絕。因為我特別清楚，一旦開始，絕對不可能 5 分鐘就結束，我要管理自己的時間節奏。所以，很長一段時間內，我跟我的同事們就處於拒絕與被拒絕的關係裡，大家都很心累。

後來我想到了一個辦法，就是把我自己的日程表和全公司同步。現在，我們公司任何一個人都能隨時看到我的日程表。這個時候，如果再有同事想要預約我的時間，就不會出現「問我 6 點行不行，我告訴他不行；然後再問我 7 點行不行，我再說不行」的情況了。相對的，如果我日程表上有空檔，同事們直接預約這個時段就可以了。

這樣一來，我們的溝通效率提高了，我也不用反覆拒絕這類請求了。

如果你覺得某類拒絕場景在你的工作、生活中是頻繁發生的，你也可以透過規則前置的方式，把這些問題先行處理掉。這種方式不僅適用於個人的工作、生活，甚至可以成為一個組織的運行規則。

我給你展示一個特別的例子。

如今，學校的老師們常年要面對一件麻煩事，就是怎樣和焦慮的、過度干預的家長打交道。在大部分學校裡，這主要依靠老師自己的經驗解決。但是，新老師怎麼辦？新老師因此產生的心理壓力怎麼辦？

在北京未來城學校（小學），我看到了一份學校與家長之間的協議書，在孩子入學前必須簽署。我取得了校長的許可，把這份協議書附在這裡，請你品一品什麼是「主導規則」：

> 您的孩子，我們的學生，我們有著共同的目標，為了孩子的健康成長，北京未來城學校希望就以下方面與您達成共識：
>
> 一、每個孩子都有屬於自己的成長軌道，請不要把自己沒有實現的理想強加於孩子。您可以和老師一起正確引導孩子，但請您也尊重孩子的選擇。
>
> 二、每個孩子的成長都是螺旋式上升的，一時犯錯或學習成績的暫時退步，都是孩子成長過程的常態。我們要以七分等待、三分喚醒，幫助孩子喚醒自己、發現自己，並最終成為最好的自己。
>
> 三、世上沒有完美的孩子，請不要相信您的孩子近

乎完美，犯錯誤是每個孩子成長過程中的必然，教育正是透過各種方式幫助孩子走向成熟。當您的孩子違反了學校的某些規則，也許會受到必要的批評甚至懲戒，此時希望您保持克制，一如既往的尊重這些規則。

四、對待孩子的學習和成長，既不要過分干預，也不要不聞不問，希望您能與老師攜手，找到二者之間的平衡。

五、學校致力於學生成長，當學校利益、教師利益、家長利益與學生成長的利益發生衝突時，我們會選擇服從學生成長的利益。學校和每一位老師既不能因為自己的利益傷害學生，也不會向狹隘的家庭利益妥協。

六、我們非常願意與您保持溝通，傾聽您的意見或建議，以改進我們的工作。然而，請不要因為自己的學歷、身分，或認為自己很懂教育，就希望學校或老師全部接受自己的意見或建議。

七、請不要把社會上一些不良的交往方式帶到學校，老師不會參與家長的宴請，謝絕任何來自家長的禮品，只有我們潔身自好，才能為孩子創造一個純淨的成長環境。

八、我們會盡力把每一件事情做到最好，然而，由於學校處於初創時期，當有些事情還不盡如人意時，希望得到您誠懇的幫助，而不是被某種挑剔或不信任裹挾。

九、為了師生身心健康，我們對教學設施的品質和環保水準已不遺餘力，所以請您相信專業機構的檢測結果，而不是人云亦云。

十、學校堅持法定的非營利性質，把錢花在離學生最近的地方。隨著學生年級的升高，每年的學費會有所增長；當學習階段變化時，學費也會有一個新的增長梯度，請您認真權衡。

以上10條，請您認真閱讀，只有取得您的認同，家校才能成為有共同價值觀的同道，建立良好關係。

謝謝您的合作！

北京未來城學校透過規則前置的溝通方法，保護了學校和老師。當然，從長遠看，因此受益的則是家長和學生。這份協議書雖然一口氣拒絕了很多事，但是沒有冒犯任何人，而是為每個人都帶來了價值。

更上一級：如何對待被拒絕

最後，我們反過來說說，如果被拒絕了應該怎麼辦？

我的建議是，不要死纏爛打。一來，姿態很不好看；二來，確實沒有必要。這個溝通場景裡，主動權是在對方手上的，死纏爛打的價值不大，還會影響對方對我們的看法，不符合「溝通是無限遊戲」的原則。

事實上，當你去給別人提要求的時候，手裡就應該準備好次優方案。尤其是，如果你已經感覺到這個方案很難被接受，那就更應該在被拒絕時拿出次優方案，甚至次次優方案。

以一個極端場景為例。你做為主管，在9月28日突然通知下屬國慶假期加班。在所有人都已經安排好出遊計畫的情況下甩出一個不合理要求，團隊成員當然很不高興，找各種理由請假不來也無可厚非。

那麼，在已經意識到這點的情況下，你就可以拿出次優方案，比如這樣跟大家說：「我知道大家十一日程已經安排好了，既然大家加班都有點困難，那要不然這樣，不論大家人在哪裡，我們克服克服困難，每天集中三個小時，做一個線上的工作協作。大家覺得有問題嗎？」

團隊成員剛剛否決了一起來加班的要求，現在你提出了一個次優方案，他們有很高的機率就會同意。

事實上，很多經驗豐富的人，在溝通時提出的那個次優方案才是他們真正想要的。所以，次優方案的準備非常重要。我們要展現出強大的方案力——對方要幾個方案，我們就有幾個方案，對方拒絕我們幾次，我們就給他幾次方案。

如此，即便在被拒絕的情況下，我們也能不斷發起溝通。被拒絕了，一樣可以玩無限遊戲。

花姊幫你畫重點

一、拒絕其實是一個洗牌的過程，你要把發牌權拿到自己手裡，在任何溝通場景中都把握主動權。

二、開門見山的表達拒絕用「第一時間＋第一人稱」表明立場，不要拐彎抹角。表明立場之後，馬上給出理由，讓對方有臺階下。這是溝通高手的作風。但要注意，絕不撒謊。

三、重新發牌時，特別考驗一個人的方案力。如果你一時想不到合適的方案，可以用「Yes, if」的技巧去交換條件，或者推遲交付時間。

第六部

這樣溝通，你能讓自己發光

如果看過史蒂芬．茨威格（Stefan Zweig）的著作《人類群星閃耀時》，你可能知道這本書的英文名叫做「Decisive Moments in History」。書名裡這個「Decisive Moments」，說得直白一點，就是一個人生命中的「精采時刻」。

比如，對於書中那個叫做魯熱（Claude）的年輕上尉來說，他的「精采時刻」，是應邀譜寫戰歌〈馬賽曲〉，讓鼓舞人心的歌聲傳遍整個法蘭西。雖然今天也許很多人都不記得他的名字，但

是我們知道，他自己的生命因為這個「精采時刻」而從此變得不同。

其實，這樣的「精采時刻」會出現在我們每個人的生命之中。這取決於我們是不是那個「準備好了」的人。

比如，你在一個大型研討會上，忽然被主持人點到發言。如果你可以侃侃而談，把自己的收穫與見聞清晰而準確的表達出來，是不是馬上會給其他與會人員留下深刻的印象？再比如，你在公司組織的競聘答辯現場，把自己未來的工作計畫不卑不亢的傳達給在座的評委，是不是更有可能爭取到競聘的職位，為職業生涯省下 3 ～ 5 年的努力？

很多人面對這個部分介紹的 4 個溝通場景——即興發言、閒談、彙報和競聘，總是非常緊張、手足無措，因為準備不足白白丟失了一個「決勝點」。事實上，只要掌握溝通的方法，這些以前讓你局促不安的溝通現場，都有可能成為你的「精采時刻」。

即興發言

怎樣讓你徹底告別張口結舌

請你帶著這些問題閱讀：

· 如果要當眾做一次發言，你會怎麼準備自我介紹？
· 你在參加一個活動時，突然被要求發表感想，會從哪幾個方向準備？
· 你有沒有遇過即興發言的場景？你當時是怎麼克服緊張情緒的？

談話，和作文一樣，有主題，有腹稿，
有層次，有頭尾，不可語無倫次。

——梁實秋

本書最後一部分，我們要解決那些緊張刺激，同時還可能成為我們「精采時刻」的溝通場景。這一節討論的即興發言就是一個典型。

你陪主管考察供應商，參觀完廠房，也聽對方介紹了情況。這時，老闆突然叫住你：「來，你說兩句，談談今天的收穫。」遇到這種出其不意的點名，還要在現場幾十號人面前即興說出來，你大腦裡肯定是一片空白。

但在這種情形下，也有人可以侃侃而談，將自己的收穫和見聞說得頭頭是道。這會給周圍人一個非常直觀的感受：「太厲害了！沒做一丁點準備還能說得這麼好。」

哈，這就是我們對於即興發言最大的誤解——即興等於毫無準備。

即興是不是等於毫無準備呢？當然不是。那些在你看來突如其來又精采非常的發言，其實都是有「準備意識」的。舉個例子，你和主管請一位重要客戶吃飯，總共只有你們三人，你不可能全程一聲不吭。那你是不是會提前想想，今天和客戶見面要說些什麼呢？雖說主管在飯桌上需不需要你發言還是未知數，但你自己肯定要做點準備。

所謂即興發言，只是沒有落在書面上的發言而已。在這些場景中，你要隨時管理自己的注意力，還要持續思考討論某個問題與你的關聯，甚至把「準備動作」簡化為記一些筆記——在上述拜訪供應商的事例裡，如果你記了筆記，那麼忽然被主管點名時，你就可以直接掏出筆記本說：「我今天收穫特別大，記了好多筆記，分別是……」這其實已經是一個非常完美的即興發言了。

但你可能會說：「雖然我們有這個意識，也預先做了準備，但突然被點名時，難免大腦短路，張嘴就卡殼。」其實，這種情況是可以透過技巧和練習化解的。

技巧是爭取時間：通常你不需要第一個發言（除非你的地位特別高），當你看到其他人陸續起身談感想時，就應該把他們的發言和自己的想法結合起來，打個腹稿。實在沒準備好的話也可以先說一句：「感謝，我先消化消化，讓他們兩位先說。」用這類客氣話為自己爭取一些時間。

練習則是在小場合裡多嘗試：你覺得在公司年會上即興發言稍微有些吃力的話，可以先在小型的同學聚會上「強迫」自己提杯酒，說個敬酒詞。多為自己爭取這樣的機會，反覆練習直到自己不再緊張，就能突破這道心理關卡。

認識到即興發言可以提前準備和練習後，我們接下來看一段即興發言是由什麼組成的。它包括一個萬能開頭和可以鋪陳的感受或者行動計畫。我們拆開來細說：

即興發言＝萬能開頭＋談感受／談行動

動作一：準備一個萬能開頭

如果你的工作需要經常外聯，跟不同的人打交道，那麼，為自己的即興發言準備一個萬能開頭是非常有必要的。首先，萬能開頭可以反覆打磨，保證了一張嘴就有戲。更重要的是，透過前期準備，它會成為你下意識的表達，無須額外消耗心力，從而幫助你克服緊張心理。至於這個萬能開頭應該怎麼組織，你可能已經猜到了，它首先可以是一段自我介紹。

準備即興發言時的自我介紹，和我們在「破冰」一節[1]提到的方法有很大區分——破冰是面對面交互的場景，我介紹自己是脫不花時，通常會一併遞上名片，或者和對方交換聯絡方式，自我介紹提供的資訊就相對簡單一點。但在即興發言裡，我們的自我介紹往往要能發揮帶動氣氛、吸引全場注

1　原注：詳見本書第三部。

意力的作用，因此準備方式也要做出相應的改變。

以我自己為例。因為工作原因，我經常參加各類研討交流會，也會遇到很多學者、大學老師。在這樣的場景中，我是這麼介紹自己的：

> 大家好，很高興和大家認識。我叫脫不花。這是一個花名，來自一部非常老的武俠小說《萍蹤俠影錄》，知道這部小說的人大概都是我的同齡人，我們是70後或者85前。

沒錯，首先團結一下70後。緊接著我會說：

> 脫不花是《萍蹤俠影錄》裡面一個不怎麼重要的女配角，但是我非常喜歡這個角色，因為這個角色的特點是果斷和勇敢。

至此，我介紹了自己的名字以及名字蘊含的訊息。我強調脫不花是一個果斷、勇敢的武俠人物，是在主動管理對方對我的印象。未來對方跟我打交道時，就可以帶著這個標籤來看待我。完成這個步驟後，我們可以從姓名介紹跳轉至身分介紹：

我來自「得到」，一個終身學習 App。在場有的老師可能知道，有的老師可能不太了解。不太了解的老師，是我們工作沒有做到位，我們繼續努力，早日為您服務。我們得到 App 一直在做一件事情，就是把老師們特別優質的知識，用數位化的方式重新生產，然後讓那麼多沒機會來到你們這麼好的大學學習的，但是有上進心的人，也能享受知識盛宴。本質上得到 App 就是在做這麼一件事。

我本人就是這麼個情況。雖然我在做一個終身學習的 App，但可能有的老師不知道，我連高中畢業證書都沒有，我是一個沒有受過大學教育的人。我絕對沒有想到，這輩子還有機會跟各位老師坐在一起，聽這樣一個高水準的講座，而且居然還有發言機會。所以我就說啊，這是對學習者最友好的時代。

這是對我身分的介紹。我在介紹得到 App 時，沒有使用任何黑話，每個人都聽得懂我們這家公司到底是做什麼的。而且，我暴露了「我沒有上大學」的隱私——即興發言通常是一對多的場景，大家的心理距離比較遠；而我們主動「爆料」一個無傷大雅的隱私，會讓對方有掌控感和優越感，大家的距離也就一下子變近了。

除了上述經常用於研討會的萬能開頭，我還為那些人數較多的場合準備了另一種形式的開頭：

> 女士們，先生們，我說兩句，我是一個山東人，我們蔥省的價值觀跟別人都不一樣。

這時候底下就有人開始笑，我接著一本正經的說：

> 今天所有演講者水準都很高，但我們山東人誇一個人水準高，不是讚美你有多先進，也不是讚美你有多厲害。我們山東人對人最高的讚美叫做實在。說這個人特別實在，就同時包含了水準高、講話有乾貨、[2]做事有行動力等褒義詞。剛才主辦方讓我談談我現在的感受，說實話，我的感受就這倆字，今天這個活動辦得真實在。

這其實也是透過暴露一點隱私，在和現場的人拉近一些距離的同時，恭維了主辦方。

這是我為兩種經常出席的場合設計的萬能開頭。你為不同場景準備自我介紹時，要特別注意以下兩點。

第一，不貼負面標籤。比如像這樣介紹自己：「大家好，我姓周，就是那個大家周一不想上班的周」。不能讓別人一提及你的名字，就聯想到負面訊息。完全可以這樣說：

「我是人人都很喜歡的周末的周。」或者：「堅持不懈、周而復始的周。」

第二，不增加冗贅訊息。做自我介紹是要簡化對方對你的記憶，而不是徒增對方記憶的負擔。假設我的同事鹿宇明這樣向你介紹他自己：「大家好，我叫鹿宇明，梅花鹿的鹿，宇宙的宇，然後小明你出去的明。「你聽完這段話，內心肯定會犯嘀咕：「我不想聽你說那麼多，你的名字對我來說沒那麼重要。」

實際上他是這麼介紹自己的：「我叫鹿宇明。名字不是特別好記，大家記住我是鹿晗的鹿就行。」當一個糙老爺們說「我是鹿晗的鹿」時，[3]在場所有人都會會心一笑，也能記住姓氏這個核心訊息。

除了用自我介紹來為即興發言開頭，我們還可以掌握另一種方法：透過讚美一個細節，在即興發言的場景裡起一個好頭。

比如，你做為一個活動的參與者，想表現出對活動主辦方的善意，就可以在發言時讚美主辦方的一個工作細節。我舉一個親眼所見的事例，一位特別著名的經濟學家參加某場

2　編注：「乾貨」在這裡比喻真才實幹，具實用性。

3　編注：「糙老爺們」是形容外表比較不修邊幅、個性大剌剌的男性。

會議時是這樣發言的：

> 特別感謝今天會議的主辦方，因為我參加了那麼多會議，這是我第一次看到每個人面前都擺了兩瓶礦泉水——一瓶冰的，一瓶常溫的。從這個體貼的細節我就感受到，主辦方對於我們這次會議給予了極高的重視和禮遇。

這就是一個讚美細節的開頭。它在主動發起與主辦方對話的同時，指出了他們細致入微的準備工作，很好的傳達了善意。當然，這是在場聽眾共同的體驗，他也藉此完成了熱身暖場的工作。

可以想見，準備這類開頭要比準備自我介紹困難。它不是固定的套路和話術，而是一個發言結構，我們要根據現場實際情況來替換結構中填充的內容。像上文提到的，主辦方準備兩瓶礦泉水，就是彼時彼地特定的一處細節。

但你可能會問：「為什麼要在即興發言的場景裡讚美這些看似無關緊要的細節呢？」

回想一下你過去參加的大小活動：主辦方在前期準備時傾注的心血，都藏在看似無關緊要的細節裡。如果你發現了它們，並表達出來，對方就會覺得自己的心血沒有白費，也會因此感激你的理解。但如果你在開頭安上的是諸如「今天的會議特別成功」之類的客套話，就會顯得很敷衍，沒意思。

真正的溝通高手，辭藻不一定華麗，演說也不一定煽動人心，但他可以讓對方覺得，「我對面這個人，懂我」。事實上，最頂級的溝通實現的，就是「我懂得」和「你懂得」。所以，我們要有意識的訓練自己捕捉細節的能力，藉此把「我懂你」的想法傳達給對方。

動作二：談感受／談行動

如果我們的萬能開頭是經過精心打磨的，那麼說完這幾句話往往就可以把現場氣氛帶動起來。當然，這也為接下來的發言爭取了一些思考時間——這時候應該講什麼？有哪些注意事項呢？

拋開發言內容不談，我們首先要控制發言時間，切勿長篇大論。即興發言只是安插在會議正式流程中的一個「熱場」環節。發言人不宜過度表現，而應該在完成烘托氛圍的任務後，儘快把與會者的注意力帶到主線問題上。我們的發言時間以 3 分鐘左右為宜，這樣小規模的即興發言是非常受歡迎的。不要小看這 3 分鐘，除非你說話特別慢，否則一般來說 3 分鐘已經可以講五、六百字了。好好講，資訊量並不少。

但你可能會說：「我覺得自己只講了 5 分鐘，結果下來一看表，發現有二十多分鐘。」好多主管都這樣，對不對？一開始謙虛說自己只講四條，結果每一條都好幾十句話。遇到這種發言者，大家都很無奈，也很厭煩。這其實是有無「時間感」的問題。時間感是可以透過訓練來培養的。比如，你平時寫完其他稿子以後對著計時器唸一唸，實際感受一下 3 分鐘有多長，能說多少內容。勤加訓練，你對時間就會有更清晰的感知。

而在我們控制發言時間以後，會發現很多內容是無法展開講述的。所以，我們要對發言內容進行一輪篩選。我總結了兩類適合在這個時間範圍內講述的話題：其一是和感受有關的話題，其二是和實際行動有關的話題。「講虛」談感受，「講實」抓落實。

先來看和感受有關的話題。我們知道，在一些人發言後，我們可以接上「我來談談意見」。而在另一些人發言後，我們只能接上「我來談談感受」。前者常見於主管回覆下屬的場景，後者則常見於下屬回應主管的場景。在即興發言的場景中，我之所以認為談感受是最安全的，是因為它可以表現出發言人的謙遜。

「我今天很振奮」、「我今天很受啟發」、「我今天特別感動」等，都是和感受有關的話題。它不需要落實任何行動，就能充分表達肯定。我們可以透過一個真實場景，來看談論感受相關的話題可以怎樣表述，又有哪些優化空間。

某天，一個女孩去參加好友的婚禮。我們都知道，婚禮有拋捧花的傳統，誰接到了新娘拋出的捧花，誰就是下一個幸福的新娘。但在這場婚禮上，新娘沒有拋捧花，而是直接把花遞到了這個女孩手上。你看，新娘非常主動，她冒著得罪其他女孩的風險，為這位同學準備了一份誠摯的祝福。被主持人請到臺上以後，這個女孩有些不知所措的說了這樣一段話：「大家好，我是某某，非常感謝給我的這份祝福，我也不知道未來什麼時候能把自己嫁出去。我也不知道該說什麼，祝這對新人白頭偕老吧！」

這就是一個「談感受」，具體來說是「談意外之喜」的即興發言。事後這個接到捧花的女孩來向我求助。她覺得當天自己的表現不夠好，問我如果再有一次機會，應該怎樣優化自己的即興發言。

當我們遠離婚禮吵鬧的現場，遠離炙熱的鎂光燈和陌生人的目光時，冷靜下來想想，就會意識到這個發言的優化空間很大。

這段發言裡，最大的問題在於那句「我也不知道未來什麼時候能把自己嫁出去」。我們當然知道接到捧花並不代表真的可以成為下一個新娘，但不可否認，它是一份美好的祝福，沒必要在剛剛接到這樣的祝福後，就來一句大實話，這會顯得新娘是在做一件毫無意義的事。

我們可以試著幫這個女孩做個優化：

> 非常感謝，也非常榮幸收到這麼珍貴的新娘捧花，我是新娘十幾年的閨密某某。新娘沒有遵循傳統，拋出捧花，而是直接把花送給了我，她犯規了，她是為了給我傳遞一份最大的祝福而犯規的。你們可以從這個動作中了解到，新娘是多麼善良和熱心的一個姑娘。我希望今天的每位親朋好友都能喜歡上這位內心和外表都閃閃發光的新娘。她值得擁有這個世界上最大的幸福。這束花我也不白收，為了讓新娘放心，踏踏實實去跟她的新郎好好過日子，從今天開始，我給自己也定個小目標：認真生活，好好努力，早日做到像新郎新娘一樣幸福！

這樣回應，就是把新娘的祝福穩穩的接到了自己手中。同時，我們可以「加固」一下前面講過的一個技巧，通過打聚光燈的方式多多讚美別人：這類場合的即興發言，切勿圍繞「我我我」進行。牢記自己捧哏的身分，[4]把光打在別人（在這個案例裡就是新娘）身上。

這就是在即興發言中談感受的優化方式。除此之外，我個人比較推薦在即興發言裡談談實際行動，抓抓落實。舉個例子，你在即興發言中像這樣表述：「我今天參加了這個活動，回去我要做哪件事。」大家就會意識到，你真正聽進去了今天的討論內容，你真正認為今天碰到的人、發生的事和自己是有關聯的。所以，這種抓落實的發言很容易給別人留下深刻印象。

再舉個例子，假設你去聽阜外醫院馮雪教授關於「生活方式醫學」的講座，馮老師在分享結束後點你起來聊聊感想。你可以先拋出準備好的萬能開頭，緊接著這樣說：「聽完這場講座，我特別有收獲。明天起，我就要開始自己的21天健康飲食計畫，按照馮老師的指導堅持21天，然後我再跟馮老師彙報一下。」

馮老師聽到這樣的發言肯定會特別開心，因為她覺得自己傳遞的知識真正對你產生了影響。可以想見，這個落實抓得愈具體，對對方產生的影響就愈大，你的發言也就愈成功。

發言素材來自現場

我們在幾個具體案例中學習了談論感受和行動的方法，現在還有一個問題需要解決：即興發言的素材應該從哪裡獲取呢？

4　編注：「捧哏」是相聲裡的配角。

我相信你在一些活動現場肯定聽過這樣的發言，「老師，您今天講的讓我特別受啟發，讓我想到了上次我去參加哈佛大學的一個活動……」這是一個典型的錯誤示範。在短短 3 分鐘的發言時間裡，把現場情況說明白就很不錯了，為什麼還要瞎賣弄參加其他活動的心得體會呢？

即興發言的任何素材，包括我們傳達的感受、我們未來會採取的行動，都應該來自現場。這是向活動主辦方、嘉賓表達感謝的最佳方式。放著現場不談，而去討論現場以外的事情，所有的人都會覺得「你對這個活動是不是有什麼不滿」。

那麼，如何從現場發生的那麼多事情裡，找出一件做為即興發言的素材呢？

我想，如果你留心現場環境，肯定會發現一些有別於常態的特殊現象，它們就可以成為發言時的素材。比如這麼說：「以前參加這種活動，像老師這樣的專家肯定都是隨口發言，不做準備的。今天老師居然認真寫了講稿，如此認真，太感慨了。」

這就是和嘉賓有關的一類特殊現象。當然，活動場地、活動流程，也就是和主辦方有關的一類特殊現象，同樣可以成為我們即興發言的素材：

「一般參加這種活動都是高大上的，在大禮堂裡面，沒想到你們主辦方把我們帶到了廠房裡。在這麼貼近實務現場的地方舉辦這個活動，很有意思。」

「一般參加這種座談會，都是長官先發言定調。沒想到今天從頭到尾長官都沒發言，讓大家暢所欲言。」

如此，我們在掌握了發言結構的同時，也學會了從現場獲取發言素材的方法。那個曾經讓我們手足無措的即興發言，變成了我們的「精采時刻」。

更上一級：如何克服緊張

即興發言一時語塞，是每一個被忽然點名、懵懵懂懂站起來的人都會面臨的問題。我總結了幾個克服緊張情緒的小方法，反覆練習，可以幫助你不再心理緊張。

首先，不要急於開口說話，要先穩住才開口——主辦方突然請你發言，你其實可以把筆記本翻開看兩頁再起身。這是一個調勻呼吸的過程。而且發言前看看筆記本的動作會顯得你很誠懇。或者，你可以說，「我站起來跟大家說」，然後回身把椅子稍微往後挪一挪。別小看這個動作，哪怕只是小幅度動一動，你的緊張情緒也會舒緩很多。

當然，如果現場人不是特別多，你還可以說：「大家都轉過頭來看我，我挺緊張的。這樣，我走到前面去跟大家說。」往前邁幾步也能幫助你把自己的情緒穩定一些。

其次，你要相信，在這樣一個場合裡，不可能所有人都對你無動於衷，肯定有人會對你的發言感興趣。當你發現人群中有這樣一個「友軍」存在時，你不需要對著所有人發言，對著他發言就可以了。事實上，如果有一個人非常善意的看著你，不斷點頭給你回饋，你就會逐漸找回「一對一」發言的感受，緊張感自然會淡化。

有的發言者為了克服緊張，會對著人群中的孩子講。因為，不管你講好講壞，在孩童面前肯定是自信的，不會擔心他們笑話你。當然，平日裡你也可以對著你最不緊張的談話對象勤做練習。

最後，你要始終記得，即興發言無須說得長、說得多。這是我們在前文強調的一點：即興發言要在極短的時間內完成。交付一個感受，烘托一下氣氛，表達一下對在場其他人的認同，這個任務就已經完成了。

當你了解即興發言就是一個像放煙火那樣一瞬間的任務以後，你怎麼還會緊張呢？

花姊幫你畫重點

一、即興發言不是毫無準備的講話，它不能準備稿子，但一定要「準備意識」。

二、即興發言最重要的原則就是短，3分鐘、500字之內完成。重要的不是展示你的水準，而是傳遞你的態度。

三、你可以用做筆記、準備萬能開頭等技術化的方式，來提高自己即興發言的能力。

四、即興發言展開的方式有兩種：其一是講虛，談談感受；其二是講實，談談行動。但不管怎麼展開，你講話的素材都必須來自現場，要烘托氛圍，給別人捧場。

22

閒談

怎樣讓誰都覺得和你聊得來

請你帶著這些問題閱讀：

- 如果在電梯裡碰到自己的主管，你會怎麼和他閒聊呢？
- 如果同事在飯桌上聊起你不熟悉的話題，怎麼回應呢？
- 如果在飛機上遇到一個點頭之交的客戶，你會怎麼和他閒聊呢？

都說人是細胞和血液組成的，但實際上，
人就像葉子，只要風經過，他就會歌唱。

——讓・季奧諾

即興發言之後，我們來看一類出現頻率非常高的場景——在電梯裡、茶水間、論壇會議上偶遇上級或者合作夥伴，需要積極互動一下——在這種公開或者半公開的社交場合，我們要怎樣和人閒談呢？

這其實是在「考察」我們，能不能成為一個「會聊天」的人。和人閒談，的確只要簡單應酬幾句，但這幾句是什麼，要怎麼準備呢？這對內向的我來說曾經是個大難題，不會就是不會。好長一段時間裡，遇到主管、牛人，[5]我都是低頭裝沒看見，把這個場景躲過去。你現在看到的這一節內容，其實是我發了個狠，把閒談這個任務像搞工程一樣攻關後的成果。也希望你透過學習其中的技術要領，可以氣定神閒的跟別人把天聊下去。

5　編注：「牛人」是形容一個人很厲害，或是做了讓人意想不到的事，使人感到驚訝、佩服。

漣漪式溝通

首先，我認為閒談在本質上區別於本書介紹的其他職場溝通模式。我們可以藉由兩個比喻把它們區分開來。前文提到的批評、請求幫助、調解衝突等，是打靶式的溝通，目標明確，是一個不斷聚焦的過程——端起槍，瞄準靶心，扣動扳機，命中十環。

閒談則不同，我認為它是一種漣漪式的溝通——沒什麼特定邊界，就好比往湖面扔了顆石子，用一個話題帶動另一個話題，像水波紋那樣一環環擴展開來。

平常的職場溝通中，我們都知道自己最終想得到什麼，自己的方案應該如何推進。溝通過程雖然艱難，但是可以被拆解為幾個子任務，透過充分準備各個擊破。而我們閒談時，只是在幾個不同的話題之間跳躍，完全沒有目標感可言。遇到這類場景，習慣於「打靶」的我們反倒不知道該如何表現自己了。

我們首先要釐清一點認識：閒談看起來溫和而發散，但它並不是沒有目標的溝通。閒談是閒聊天，可不是聊閒天。

著名的表演導師劉天池告訴我：「好的演員和不好的演員區別在哪兒？不取決於你好看不好看、條件好不好，甚至都不取決於你敬業不敬業，而是你有沒有最高任務，[6]你能不能理解最高任務，你有沒有最高任務的意識。」閒談的最高任務只有一個：優化雙方關係。比如關係的建立、深化、修復，等等。我們可以透過閒談，讓自己和溝通對象之間的關係變得更好。

明確這一點後，我們來看閒談的溝通公式，它由兩個動作組成：

閒談＝傳遞尊重＋傳遞價值

關於傳遞尊重，英國維多利亞女王說過的一段話特別能詮釋這個問題。她這樣評價自己的兩任首相：

> 如果你跟我的第一任首相交談，你會覺得這個人真是世界上最重要的人。要是你跟第二任首相交談，你會覺得，我真是世界上最重要的人。

這兩任首相都是特別出色的政治家。而第二任首相的溝通水準顯然要比第一任高明。因為，他能讓溝通對象覺得

---

6 原注：劉天池認為，演員的最高任務是先讓觀眾記住你是誰，再讓觀眾記住你所塑造的形象是誰，最後讓觀眾對於你所塑造的藝術形象久久不能忘懷。

自己是世界上最重要的人。對方會因此而更加信任他和愛戴他。

當然，僅僅這麼做還不夠。假設一個人的工作能力很差，也沒什麼有趣的見聞，哪怕他追著你說你是他最重要的人，你也不願意和他推進關係。

社交關係從來都是相互的。閒談除了傳遞尊重，還應該向對方傳遞自己的價值。因為我們自己有分量，所以才能讓我們向別人傳遞的價值同樣有分量。

動作一：傳遞尊重

我們可以透過一個模擬場景，來看如何透過閒談傳遞尊重。假設你在等電梯時剛好遇到了你們公司的業務大拿，你很尊敬他，想和他交個朋友，應該怎樣開啟一次閒談呢？打聲招呼只需要 10 秒鐘，但等電梯可能要花費 3 分鐘，剩下的 2 分 50 秒應該說點什麼呢？

方法一：請教一下

最穩妥的方法是「請教一下」。你想，這種業務大拿，平時挺趾高氣揚的，如果上趕著跟他交朋友，他肯定心想：「我憑什麼這麼做？」但如果你先拋出一個請教，就可以平穩的把閒談推進下去。

你可以這樣說：「王老師，最近我有個客戶要來北京，我們得招待一下。我也沒見過什麼世面，有沒有好餐廳適合招待客戶的，您推薦一下？」

對業務大拿來說，這個請教他張口就能跟你說上幾句，而你提出來也沒什麼負擔。這就特別符合閒談的特點：一方面，雙方都沒那麼強的目的，一個隨口問問，一個隨口說說；另一方面，它能發揮促進關係的作用。

這裡需要稍做說明的是，一個真正能促進雙方關係的請教，其實有不少講究。比如，你請教的問題必須是對方擅長的領域，這樣對方才會有自信心和控制感。你要結合對方的特點，請教一個特定的、明確的、有場景性的問題。

這就考驗你平日裡的觀察能力了——是不是可以察覺到對方和你之間的差異，對方和其他人之間的差異，等等。哪怕遇到沒那麼熟悉的人，你也要留意他的特點。

舉個例子，如果溝通對象身上有明顯的健身痕跡，你就可以請教他平日裡鍛鍊的方式。他如果真鍛鍊，肯定非常樂於分享。而如果他不鍛鍊，因為你變相誇了他身材好，他也會很開心。這樣的請教，左右都不吃虧。

但如果是對方不擅長的領域，就可能出現一個請教拋出來後，對方半天不吭聲，或者一時間回答不完的情況。假如你在電梯間裡追著人家問：「您看霍布斯的書嗎？」這就是故意給對方難堪了。

請教是一種萬能的溝通方法。它不僅可以傳遞尊重，還能讓你切實的有所收穫。蘇格拉底就曾說過：「問題是接生婆，它能幫助新思想誕生。」

方法二：多給一點

向對方請教以後，話匣子算是打開了。這時候請特別注意：如果你想在溝通過程中保持開放性的交流互動，就得學會說話時「多給一點」。

這首先要求你在向對方請教時，不能拋出封閉式問題。比如：「王老師，我想請客戶吃飯，您覺得我請他去全聚德好嗎？」對方只能回答「好」或者「不好」。做完這道選擇題，溝通就此結束。

「多給一點」意味著你要為對方提供更多訊息。比如這樣問：「王老師，我想請客戶吃飯，而且想招待得隆重點，您看我去哪家餐廳合適啊？」這不但是一個開放性問題，而且因為有「想招待得隆重點」這個訊息，對方的回答可以非常有針對性。

當然，假如你在閒談裡是回答問題的那一方，也要注意「多給一點」。比如對方問你，一般都在哪裡請客戶吃飯。你先說：「我一般都在某某地方。」但可以繼續問對方：「你客戶大概多大年紀啊？」

對方這時候或許就會接過話題說：「我的客戶很年輕，

是個二十多歲的富二代。有什麼講究嗎？」那你就可以繼續回答：「如果是年輕人，我們公司附近就有一家義大利餐廳，格調挺高，菜色也不錯。你帶他去那裡吧。」

可能只是打個水的工夫，你就完成了一次非常有資訊量的溝通。事實上，閒談追求的就是這種開放性的交流互動。透過「多給一點」的方式，對方會感受到你的尊重和善意，你們也會因此變得親近。

方法三：深度破冰

如果只是坐電梯、等咖啡時的閒談，掌握前面兩個技巧就足夠了。但在很多社交場合裡，一頓飯吃兩個小時，「請教一下」、「多給一點」根本撐不過這麼長時間。所以，你還要學習如何深度破冰，讓雙方半生不熟的關係在這兩個小時內升溫。

我們在深度破冰環節準備的自我介紹，較先前版本[7]有升級迭代。除了說明「我是誰」、「我和你有什麼關係」，還要想想與這個閒談場景、這些人有特殊關係的事件或者故事。它將成為你投入湖水中的第一粒小石子，可以引發漣漪效應。

7　原注：詳見本書第三部。

有一次，我和博世（Bosch）中國的高階主管交流。這類社交場合，我們在正式見面前肯定要準備和對方相關的談資。比如，有的人會說：「我買過博世的產品，你們的電器品質很好。」對方聽罷當然很高興，但這還不夠。因為，深度破冰需要一個能夠展現你和對方特殊關係的故事。

我在見了博世的高階主管後說了這麼一句話：「你們肯定不知道，我跟博世有一個特殊交情。」對方表現得非常好奇：「有什麼特殊交情，我們怎麼不知道？」緊接著，我講了這樣一個故事：

> 我先生追求我的時候，送我的第一個禮物就是博世的酒櫃。關鍵是，你們公司的產品，品質也太好了，這個酒櫃非常沉！我那時候住在沒有電梯的四樓，找了三個搬運工，才給扛到家裡。
> 你說，哪有剛開始追一個女孩，給人送酒櫃的？我先生後來才告訴我，主要是因為博世酒櫃特別結實耐用。這東西送進家裡，就甭想出來了。這相當於在我家裡安了個信號燈，時刻提醒他的存在。現在我們結婚七、八年了，這個酒櫃還在我家客廳裡。
> 你說，我和你們的交情是不是很特殊？

這其實是一個有趣的使用者故事，對方聽到博世的產品在我的生命中曾扮演過一個這麼重要的角色後，肯定會非常欣慰。而且，對方除了我的基本資訊，還知道了一些無傷大雅的隱私。比如，我結婚了，我老公是個多麼有「心機」的人，他送我的第一個禮物，等等。這其實就是一次升級版的、適用於深度破冰的自我介紹。

當然，這個故事中有不少可以用來發散的線索，對方抓取線索後，就可以接過話題來說，博世的電器做得到底有多結實，或者他自己的家庭情況等。只要你在深度破冰時開了個好頭，這種漣漪式的談話就可以無限發散下去。

至於我們在社交場合的談資，其實是可以透過「強準備」完成的。想像一下，在你的大腦裡有好多裝了各式談資的抽屜。遇到養寵物的人，你可以把裝有貓貓狗狗談資的抽屜拉開來取素材；遇到有健身習慣的人，你可以把裝有健身餐或者器材談資的抽屜拉開來取素材。你甚至可以專門騰出一個抽屜，用來裝和某個特定的人（比如你的重要合作夥伴，或者你的頂頭上司）相關的談資。那麼，下次你在電梯間遇到這個人時，就不會尷尬的想退出去了。

閒談之所以要「強準備」，是因為你可以運用這些談資和對方積極互動。對方可能會意識到你平時就很關注他，感覺自己受到了重視，那你就在這個過程中傳遞了對他的尊重。

方法四：管理人設

我們準備了那麼多個抽屜的談資以後，就可以輕易的開啟閒談了。這裡需要指出的是，談資不僅要和對方的經歷相關，還要符合我們本身的「人設」。

請注意，我們說管理人設，絕對不是自己給自己貼標籤的意思，像「我是一名職業女性」、「我是一個搖滾女青年」等，這太自戀了。我們絕大多數人要管理的，是那些我們不應該談的東西。

比如，一個全職媽媽可以花很長時間聊孩子，這沒任何問題。但如果你希望大家認為你是一名職業女性，那你跟別人交流時，諸如育兒的話題就不宜談得過多。

在閒談場景中，最令人反感的不是不說話或者把天聊死的人，而是誇誇其談的人（know-it-all）。凡事都要摻和兩句，其他人就沒發言機會了。這不符合在閒談時傳遞尊重的原則。不是有那樣一句俏皮話嗎？——「無論面對什麼話題，無論面對什麼對手，我都能在辯論中勝出。大家都知道這一點，聚會時都躲著我。為了表示尊重，他們根本都不邀請我。」

我們應該有意識的將那些不應該談的話題剔除出去，甚至可以坦率的承認，有些話題我們完全不懂，把它們交由在場的其他人解釋。

以我自己為例。在一些高端活動上，大家開始討論紅酒時，雖然這是一個很熱門的閒談話題，但我會立即舉手，「光榮」的承認：「我一無所知，你們給我點杯冰啤酒就行。」

我們不需要證明自己什麼都懂。像這樣自揭「短處」，大家不會瞧不起你，反倒覺得你很坦率。所以，每次我說自己不懂紅酒，所有人的反應都是「不行，給她倒上，今天必須重點幫扶，要讓她嘗出好來」。它同樣可以產生漣漪效應，讓閒談發散開去。

更重要的是，當我們明確「不談什麼」的限定後，它會反過來增強我們的人設。

還是以我自己為例。我是一個創業婦女，飲茗品酒、歲月靜好的生活本就離我很遠。當我強調自己不懂紅酒以後，在場所有人都會給我打上「勞動婦女」的標籤。那麼，如果他們再有那種純粹享受型的飯局，肯定不會喊我了，我就可以節省時間。而如果他們想聊聊公司經營，我創業婦女的形象就會第一時間浮現在他們的腦海裡。當然，我也非常樂意談論這個話題。

所以，漣漪效應不僅會在當下產生，還會在很長一段時間內延展。

對於職場中的年輕人來說，很多人可能都想在閒談的場景中和同事搞好關係，加深自己在主管心中的印象。那麼，你也要知道自己的人設是什麼。比如，對於一個年輕人來說，比較合適的人設應該是「初生牛犢，上進好學」。而當你身邊的主管、同事討論買房、奢侈品這類話題時，你就不應該瞎摻和。事實上，這個限制會反過來增強你「好學上進」的人設。

當然，不管你是年輕人還是有閱歷的人，都要盡可能避免在閒談中聊到彼此的三觀問題，這是一條「強邊界」。觀點類的問題特別容易引起爭論。比如，有人跟你聊，在網路上學習非常不好。對方的某個觀點很容易引發你的不滿情緒。這時候，你為了捍衛自己的觀點，就會跟對方爭個臉紅脖子粗。

我們強調，閒談的目標應該是發展雙方關係。因為三觀不合吵了架，結下仇家，實在不值得。所以，我們要跟這類話題劃清界限，能不談就不談。而當它在閒談中無可避免的發生時，你要做的不是據理力爭，而是用漣漪式的溝通方法向對方請教：「那你平時怎麼學習呢？也給我推薦推薦。」

同理，在很多人聚在一起閒談的場景下，因為我們不一定知道在場所有人的背景，很多敏感的話題，比如疾病、宗教信仰、情感隱私、個人經濟狀況，都不是好的談資。你聽到某個八卦，在飯桌上大談特談，而當事人恰恰就在現場，那你相當於在完全不知情的情況下，嚴重冒犯了對方。

注意閒談的邊界，不冒犯別人。這也是我們傳遞尊重的一種方式。

動作二：傳遞價值

除了傳遞尊重，我們強調閒談還要傳遞價值，讓對方覺得我們說的對他有用。

當然，有用不是非得在5分鐘的聊天裡給對方簽個大訂單，這不現實。只要對方在跟你閒談時感受好，有收穫感，就可以了。傳遞價值的閒談會讓你贏得別人的尊重，那你們的關係就會更長遠。

比如，我對溝通對象的價值應該在於我認識很多「得到」的老師。所以，我的朋友跟我閒談時，不可避免的會聊聊這些來自各行各業的專家高手。他們可以透過我，知道北醫三院副主任醫師薄世寧講的醫學新知；他們也可以透過我，問問金融學者香帥關於最新金融政策的解讀。在某種程度上，我成了一個社會網絡的連接器。

再比如，小李熱衷於看電影，那他可以在閒談時給大家推薦片單；小王特別懂吃，他就能幫大家推薦餐廳。我們身上的一些特質，其實可以在閒談中幫助我們傳遞價值。這跟上文提到的管理人設密切相關：當你劃清邊界，你就在告訴大家「你不是什麼」的同時，讓他們知道了「你是什麼」。好好挖掘「你是什麼」，也就是你能為別人貢獻價值的地方，會讓你成為一個專家型的社交高手。

當然，上述介紹的是一對一的閒談。若是換成一堆人在機場候機的場景，我們就不能衝出來說：「我給你們推薦一個片單，你們要嗎？」所以，接下來我們要看怎麼在一對多的場景裡打開話題，向在場所有人傳遞價值。

這個時候，最好用的方法仍舊是向人請教。你可以像這樣問問大家：「我特別愛看電影，但是最近一直挺忙的，大家說說最近都看過什麼好電影？」這個提問雖然沒有任何資訊量，但它可以「激起漣漪」，讓每個人都有話可說。輪到你的時候，你自然可以分享：「我想了一下，給大家推薦一部老電影吧，是什麼什麼，但是很好看……」

這個時候，你就在現場所有人面前，把你「特別懂電影，而且懂小眾電影」的價值釋放出來了。諸如此類的話題還有很多。作家林特特曾教過我一招——飯桌上實在沒話說了，就可以聊：「某某年，你在哪裡，在做什麼？」

這同樣是一個「萬能話題」，任何人都能說上兩句。至於某某年具體是哪一年，其實有些講究。它得是大家有共同記憶的一個時間節點。比如，大家年齡差不多，都是80後，你就可以問：「2008年奧運會的時候，你在哪裡，在幹什麼？」稍微年長一些的，可以把年份再往前推：「香港回歸的時候，你在哪裡，在幹什麼？」

不管在場的人屬於什麼年齡層，大家都熱衷於回憶往昔。你不僅用這個話題開啟了「一對多」的閒聊，還傳遞了你「積極為他人營造環境、營造關係」的價值。

你可以有意識的積累一些這樣的話題。我也結合在「一對多」場景閒談的經驗，想了下述幾個話題供你使用：

- 過去一年，你發生最大變化的一個認知是什麼？你對什麼事的理解變了，為什麼？
- 過去一年，有什麼事你以前從來不做，但是現在開始做了，這個行為是怎麼發生的？
- 過去一年，你戒掉了什麼？
- 過去一年，你發生的最大改變是什麼？
- 最近兩個月，你有沒有看過什麼好書／好展覽／好電影？

當你積累和發起這類問題時，一定要想想自己的價值在什麼地方。當這個問題在人群中傳了一圈，重新回到你自己身上時，你能為這件事貢獻什麼價值。

如果你從來不看電影，那麼當你拋出「最近大家有沒有看過什麼好電影」的問題後，就只是完成了一次破冰，並沒有發揮你在這個領域的價值。相反，如果你是一個電影專家，大家最後從你那裡得到了一個非常意外的結果，比如，你向他們推薦了幾部他們非常感興趣的紀錄片，這才完整的傳遞了你的價值。

更上一級：如何讓自己有「辨識度」

如果你從事的是銷售、公關這類強社交性的工作，那閒談對你來說就是一個發生頻率很高，也很重要的場景。除了前文介紹的「傳遞尊重」、「傳遞價值」，你還可以怎樣把握它呢？

這裡我還想分享一個祕訣，就是讓自己有「辨識度」，把自己變成別人閒談話題的起點。在這方面，我見過最厲害的人就是香帥老師。只要是認識香帥的人，肯定都知道她特別喜歡染頭髮。這成了香帥一個鮮明的特徵。

有一次，我們「得到高研院」舉辦面試，面試官需要提前加應試者的微信。有一位應試者警覺性很高，擔心工作人員是騙子，就問了我們同事一個問題：「請問，最近香帥的頭髮是什麼顏色？」

「香帥喜歡染頭髮」這個特徵，甚至變成了我們同事證明自己是「得到」員工的證據。對於香帥本人來說，她從來不需要發起一個閒談，只需要接招。別人和她偶遇時都會忍不住問她：「你這次染的顏色好特別，染了多久了？下次你還打算染什麼顏色？」只是頭髮這一件事，就能聊很久。

當然，你也可以給自己專門設計一些小特徵。比如髮型，或是像胸針、手機殼這類小配飾。這都可以讓我們成為閒談話題的起點。

花姊幫你畫重點

一、閒聊天不是聊閒天，這個「閒」指的是場景而不是內容。閒談也有目標，它的目標主要在於關係的建立、維護和深化。

二、最安全的閒談方式就是向對方請教。保持開放性的交流互動，也給對方傳遞尊重。在傳遞過程中，你要注意管理人設，給自己設定好清晰的邊界。不相關或者不懂的話題，盡量不談；三觀類的話題，堅決不談。。

三、除了尊重，你在閒談中還要傳遞自己有價值的一面，比較好的方式是讓自己成為專家型社交高手。

彙報

怎樣才能讓你的方案被人重視

請你帶著這些問題閱讀：

· 提案和彙報有什麼區別？
· 為什麼很多下屬彙報工作時，老板會覺得沒重點？
· 如果甲方對你的提案提出了一個質疑，你該怎麼辦？

在所有傷感的語言或文字中，
最傷感的是：「原本可能做到！」
——約翰・惠蒂爾

做為溝通的方法，彙報和提案都是「辦大事」用的。當然，提案和彙報在溝通的對象上有一點差別：提案面向外部，彙報面向上級。因此，很多人都會把它們看作兩類場景。其實，就二者而言，我們都要基於前期調研工作，向老闆或者客戶進行正式陳述，爭取對方的認可、批准和授權，從而推進下一步的計畫。所以，二者在方法上是相通的。

我們可能隔幾天就要向主管做個口頭彙報。因為它發生得特別頻繁，我們很容易忽略對彙報方法的研究，把這個重要的自我展示機會白白浪費了。所以，我在這一節會把彙報和提案統一為一套方法論。希望你可以像重視提案一樣，重視每一次彙報。

不是請示，而是演習

看到這裡你可能會說：「我當然知道彙報很重要，但很多時候，我兢兢業業做到 120 分，傳遞到主管那裡就只剩 60

分了。」對此，你可能會感到沮喪，覺得這是因為主管沒認真聽彙報，只會催促你說重點、說快點。你的心理活動是，「精心準備了三個星期，憑什麼你聽了 3 分鐘就沒耐心了？」

這裡，我不得不為領導群體稍微解釋幾句。他們之所以總是讓你說重點，不見得是因為急躁，而是他們真的沒抓到你的重點。但下屬呢？一聽主管說「快點進入正題」，就忘了「結構化傾聽」——只聽進去了「快」，沒聽進去「正題」——馬上加快語速，堅持講完 200 頁簡報，其中大概有 100 頁是 Excel 表格。結果肯定是主管愈來愈不耐煩。

我想請你思考一個問題：精心準備一次這麼重要的彙報，為什麼沒有說到重點呢？——注意，是對方心目中的重點。

我認為這和你的語速快慢沒關係，跟你的論述是不是高明也沒關係。這其實是因為，你把彙報／提案當成了一次請示，而不是「演習」。認識不到這一點，就很難分清什麼才是真正的重點了。

我們知道，請示是把工作中的大小事項交由主管決策，那我們肯定要盡可能把訊息鋪陳完整。不管我們表現得多麼恭敬，這麼做的潛臺詞其實就是：「決策權都在你那裡，我只是做了一些執行工作而已；訊息我都告訴你了，你倒是趕快拍個板啊。」這等於是給主管出題呢——還是論述題，連個選擇題都捨不得出。

但做為一場「演習」的提案，其實是在告訴老闆：「我在正式打仗之前舉行了一場演習，現在我給您看看演習結果。您看看，這場仗這麼打，我們一定能贏。請批准我的作戰計畫。」

現代社會中充滿了不確定性，面對一個新方案，主管要考慮很多因素，決策成本很高。如果我們希望主管支持我們的方案，就要盡可能減輕他思考和決策的負擔。在這個意義上，一場演習式的提案，就是我們呈現自己想法的最佳形式。透過這種溝通方式，主管和客戶就可以提前看到我們的工作結果。

所以，我們要把請示的心態盡快扭轉過來。每次做提案時都要提醒自己：「做為一場演習的總指揮（或者總導演），我要主動承擔責任。」這種總指揮意識，可以透過下述公式中的三個動作要領，綜合的建立：

提案＝融目標＋搶進度＋提訴求

先透過一個發生在我們公司的真實提案事例，來看這些動作要領的具體含義。

大家可能都知道，「得到」現在的形象標誌是貓頭鷹。它其實誕生於一場激烈的衝突——當我們決定建立以貓頭鷹為核心的形象體系時，公司的設計師氣得差點集體辭職：他們覺得這太醜了，對於我們的想法特別不理解。這裡我要和你分享的，就是營銷策劃公司「華與華」當時向我們提案的經過，以及我們最終選擇採用這套形象體系的原因。

專案團隊來我們公司提案時，做了這麼幾件事：借用了我們公司的一間會議室；工作人員提前兩小時進入會議室，把門鎖上，不讓我們同事進去。

當時的我們就和現在的你一樣好奇：他們葫蘆裡到底賣的是什麼藥？一般在提案現場，甲方都是審判的一方，居高臨下的坐在自家會議室裡，客場作戰的乙方則會比較被動。而他們把門一鎖，在我們的會議室裡折騰了兩個小時，把它變成了他們熟悉而我們陌生的場域。通過此舉，雙方關於主客場的感受在無形之中發生了調換——乙方是總導演，我們反倒成了前來看戲的觀眾。

做為觀眾的我們，在進了會議室以後發現：哇，整個屋子都被他們這套貓頭鷹的設計包圍了。在那次提案裡，專案團隊沒有長篇大論的介紹方案是怎麼構思的、基於什麼理論，而是迅速的給我們看了幾樣東西。

一個是他們設計的貓頭鷹形象短片。短片完成度之高，讓你很難想像那不是正式作品，而只是他們用於提案的素材。現場的我們都很詫異：「這不是還沒收錢嗎，怎麼宣傳片就做出來了？」在創造了這個巨大的視覺衝擊之後，他們才開始講述整套設計思路。[8]

真正讓我們目瞪口呆的是他們在提案尾聲時，忽然戲劇性的抖出來一條印有貓頭鷹形象的橙色絲巾，特別熱情的強調：「提案專用，僅此一條。送給你。」沒錯，他們甚至把這套形象的衍生商品做出來了——一件圍在脖子上、可以感受、可以照鏡子的真實產品，和你在簡報上看到的一個建議或者道理，效果肯定不一樣。

看完這個提案的經過，換作是你，被說服的可能性是不是也大大提高了？說實話，提案結束後我們還有一點猶豫。因為，就像剛開始提到的，我們公司的設計師看這個貓頭鷹不順眼。這時，「華與華」創始人華杉老師「挑釁」我說：「你不是說『得到』特別強大嗎？那我問你，你要是用這個形象，『得到』能死嗎？」

我想也不想的回答：「當然不會！」他緊接著說：「又不會死，那你先換個 App 首頁試試看。」哎？換個開機螢幕，這是我們自己能做主的，隨時可以取消，也沒有成本支出，好像不是不可以。所以，我們不是被說服了「換標誌」，而是被說服了「換個首頁」。但是，到現在，我們不僅把 App 首頁換成了貓頭鷹，Logo、裝潢、「得到」整套視覺識別系統都替

---

8 原注：你可以在得到App搜索「得到貓頭鷹形象短片」，看看「華與華」來提案時帶來的那版短片和我們現在用於公司活動、品牌廣告的短片，找一找貓頭鷹的存在感。

換掉了。我們的設計師也轉而成了這套形象最堅定的維護者。

毫無疑問，這是專業人士發起的一次非常成功的提案。我們接下來可以試著拆解一下，他們究竟做對了什麼。

如公式所示，提案第一步是融目標。在這個案例裡，乙方的目標是提案獲得通過，我們公司的目標是建立一套能跟使用者親切互動的形象體系。基於此，他們把我們這個抽象的目標轉化成了滿屋子的貓頭鷹。我們剛剛進入提案的房間，就發現到處是可以摸、可以感受的實物。

過去，我們拒絕一份提案，只要對著簡報上的道理說「不」就可以了，心理負擔特別輕。但現在，我要把貓頭鷹絲巾從脖子上摘下來，要把貓頭鷹靠墊從身後拿出來還給他們，可就困難多了。這些可感知的素材加強了對我的影響力。

他們這麼做，其實就是在把自己的目標和客戶的目標融合在一起——滿屋子都是我們想要的、能和使用者親切互動的形象，我們的願望實現了，他們提案成功的目標自然也水到渠成。

第二步搶進度，在這個案例中特別好理解：我們自己還在琢磨怎樣打造「得到」形象體系的時候，乙方就已領先我們一步，把基於形象體系的衍生商品做出來了。即使我們不喜歡這個形象，最後沒有採納方案，我們也會因為對方遠遠跑在我們之前的行動力，而對他們感到敬畏，認為他們非常負責。那麼，未來如果再有這方面的合作，我們肯定會優先考慮他們。

當他們完成前兩項工作後，第三步就是提訴求。注意，「華與華」沒有要求我們立即全盤接受，而是讓我們把App首頁替換掉，看看效果。這是一個不痛不癢的小動作，不用像在市場上打廣告那樣投入真金白銀。我們從而覺得，試試看好像也沒什麼不可以。

當然，他們提訴求的方式非常極端——「你這麼幹能死嗎，不死的話你能先用一下嗎？」這句話很有說服力，但也有一定的風險。你要是沒有華杉的人格魅力，也沒有我跟他之間的交情，最好不要這麼說。你可以學習的是，做為提案方的華杉老師訴求非常明確，而且這個訴求不需要多高的成本，對方馬上可以落實。

透過貓頭鷹這個案例，我們拆解出了提案的三個動作。接下來，我們看看你在平時工作中可以怎樣使用這套方法。

動作一：融目標

提案的第一個動作，要求我們把主管或者客戶的目標和我們自己的目標結合起來。

我相信你在彙報／提案的過程中，肯定聽主管說過這樣一句話：「資料準備得還不錯，就是差點大局觀。」這其實是主管在提醒你，你的目標還沒有跟他的目標一致。

但你可能會說：「對方是主管，他考慮目標的維度肯定要多於我。我受限於自身的角色和立場，無法代入他的視角，這無可厚非。」

那麼，建議你學一學接下來的「穿越大法」，讓主管和客戶在提案過程中立即感受到：「對，這就是我想要實現的目標」。

假如你是活動策劃公司的一名策劃，在向客戶介紹活動方案之前，應該判斷哪些是客戶關心的重點。這個時候，你可以「穿越一下」，來到活動結束後的發布會現場——你在這場發布會上要說些什麼呢？

置身於這個場景，你就茅塞頓開了：活動的亮點是什麼？有沒有做什麼創新？活動效果怎麼樣？大家有沒有什麼難忘的瞬間？這些要素必不可少。那麼，從發布會的場景回推至現在——那些在發布會上呈現的要素，肯定是客戶關心的重點，也是你在提案時應該呈現的內容。

這個極其好用的方法並不是我的發明創造，亞馬遜 CEO 貝佐斯稱之為「遺憾最小化框架」。[9] 而他正是在這套思考方式下，帶領亞馬遜做出今日令人豔羨的成績。

當然，如果你是以公司內部事務做提案，那麼發布會的場景想像就不再適用了。這時，你其實可以穿越至你主管做年終總結的那場會議上。

每年年底，部門主管都要參加公司級的工作會議，向決策層彙報部門過去一年的工作總結。通常這個會議也會有明確的關於新一年工作的規劃。那麼，你在向主管提報方案時，就可以先穿越到這個場景，想一想哪些業績是主管希望放在這個會議上重點闡釋的，哪些說法是這個會議上會做為重要任務提出來的。這就解決了你的方案從哪來、到哪去的問題。你去提案或彙報時就應該往這幾個方向靠攏。比如，你上來就可以這麼說：「針對我們在年初提出的某某計畫的第五項，這項工作在落實的時候，我們認為可以從這麼幾個方面去操作，到年底將會產生某某結果，就是今天給您看的方案。」

穿越大法，其實是把我們自己的目標融入對方的目標，那麼對方在聽你陳述時，才會覺得雙方的目標在主線上是一致的。

但還有一種特殊情況，我們負責的專案特別複雜，提案涉及很多方面。雖然我們的目標跟主管的目標是融合的，但彙報時間一長，主線特別容易跑散，對方聽來，也會覺得雙方的目標不一致。

9　原注：在這個決策框架中，貝佐斯想像自己到了80歲的年紀，在回顧人生的過程中，思考怎樣盡可能的減少過去的遺憾。

針對這種情況，我們首先不要指望一次彙報／提案就能解決所有問題，而是要把大方向的溝通和細節溝通拆開，分成兩次甚至多次提案來操作。

其次，我們要有意識的製造「聽覺錘」，即選擇一個關鍵詞句，在提案說明過程中反覆強調它，把它植入大家的頭腦。「得到」每年都會在 4 月 23 日的世界閱讀日舉辦一個叫做「破萬卷節」的活動，它是我們運營同事命名的一個專案。當時，運營部門在向我提案的每一個環節，都會強調「破萬卷」的概念——「破萬卷到了第二步，破萬卷到了第三步……」他們其實就是在一個龐大的提案裡，利用「聽覺錘」來管理大家的注意力，將在場所有人不斷拉回至主線。

動作二：搶進度

我們透過融合目標明確了主線任務，接下來就可以「搶進度」了。

前文的案例提到，搶進度，不只是為了增強你的說服力，也是為了增強你的責任擔當。因為，這麼做會讓你的提案對象認為：「你都已經走到這一步了，這事不讓你做，還能讓誰做呢？「所以，你要推銷的不是方案本身，而是你自己——一個負責任的人。

至於如何「搶進度」，我還是想藉由一個乙方「推銷自己」的案例來闡釋。

有一家公司希望能說服一個客戶購買自己的行銷服務。客戶是一家賣床墊的公司。乙方並沒有直接去對方公司提案，而是找到某個家具城，在裡面租了一個偏僻的位置，臨時裝了一個展廳，也就是一個快閃店。

乙方把自己設計的行銷方案在這個快閃店裡全面應用起來。緊接著，他們在店鋪內的重要位置裝設攝影鏡頭，透過錄影重播分析消費者行為，總結出以下三條數據：

第一條數據是過店率。就是有多少人經過這個店鋪。第二條數據是進店率，就是過店顧客在看到這個店鋪時，實際有多少人進店。第三條數據則是成交率，把快閃店的銷售數字和商場其他店面進行對比。

快閃店運作了將近一個月之後，行銷顧問帶著這三條數據向對方提案。不難想像，數據自己會說話，這個方案沒什麼需要討論的了，上上下下都覺得應該盡快實施才是。

對比一下，過去甲乙雙方合作的進度條是這樣「跑」的：甲方提出訴求；乙方理解消化需求，提出一個概念方案；雙方針對方案進行討論甚至爭執，退回去改；改得差不多了，乙方再出一個創意方案；拍廣告；廣告再改；再出平面方案；平面方案再改……這套程序的落實，經常要一年半載的時間。

而在這個案例中，乙方是怎麼搶進度的呢？就是在剛開始提案時用行動告訴對方：我們別再爭論方案是不是可行了，就拿快閃店的數據說話，一步到位。

當然，我要提醒你，搶進度，不是簡單的說「我要做得快；主管沒批准，我先做起來」。你搶的是哪方面的進度，其實也是有講究的。我比較建議從下述兩個方向搶進度：

第一，把會影響實質性成果的工作往前做。假如你們部門要做一個新產品，你提前把所有競爭對手的產品摸了一遍，這個進度搶得就有意義。因為，這是一項早晚都要做的工作——詳細的競品分析報告能輔助部門主管思考這個新產品到底值不值得做，從而減少他的決策成本。

至於那些非成果性的工作，像是安排一個分工計畫表之類的，你搶進度就沒有說服力。搞不好主管還會認為：「我還沒同意你這方案，誰讓你瞎幹的？」因為這類工作不能幫助主管更好的理解你的方案；提案如果失敗了，就是白忙活。

第二，把能展現自己決心的工作往前做。比如，你為了爭取公司裡一個外派法國的機會，向主管彙報你為什麼勝任。那麼，你把自己悄悄拿下的法語證書放到主管桌子上，要比你空談拍胸脯更加分。

我曾聽一位同學分享自己彙報的經歷：他所在的交通隊營房非常陳舊，急需修整。而當他拿著一份裝修營房所需的報價單向上級彙報時，上級只是皺著眉頭，以經費緊張為由拒絕了他。

當然，這位同學馬上意識到了被拒絕的原因，開始「搶進度」——針對營房牆面脫落的問題，選擇了一款性價比高的防護板，並把營房的實景照片和用防護板整修後的效果圖放在一起做對比——你感受一下他的決心。

動作三：提訴求

提案行至尾聲，我們可以透過提訴求的方式，保證雙方溝通的開放性。

需要特別注意的是，提訴求，不是讓提案對象立即表態，全盤接受你的方案。假如你的彙報對象是一個副總裁，你向他提「2,000 萬預算您批一下」的訴求，超出了他的權力範圍，他肯定沒辦法當場答應你。他只會回覆：「我回去研究一下。」

事實上，你應該提出一個最小化的訴求。這個「最小化」的定義是，只需要對方輕輕戳下手指頭，當場就可以把事情確定下來。對主管來說，這就是一個輕而易舉的動作；但對你而言，你拿到了啟動專案飛輪的第一股力量，你的整個專案也會因此被帶動起來。

回到剛才的例子。如果你預想到，一個 2,000 萬的預算方案，你的彙報對象無法拍板，需要拿到董事會上討論才能決定，那你應該這樣表達訴求：「我們這個方案還非常初步，能不能請主管幫我們提一些修改意見？您看，我們是不是給您準備一個在董事會開會時跟董事們談的方案。」

當你提出這個最小化的訴求以後，其實就把對方拽了進來，變成了你的共同體。這個方案現在有沒有通過根本不重要，關鍵在於，你有了第二次提案的機會。而當你第二次提案的時候，你和對方就站在同一個戰壕了。

在整個提案過程中，不僅對方心態發生了變化（從催促你講重點到覺得你的提案很務實、有大局觀），你自己的溝通能力也有了很大改觀。這裡，我們可以對這一節介紹的提案動作要領做一個總結。

融目標是讓你的主管或客戶在提案過程中清晰的認識到：「首先這個目標確實是我年初時講的，其次這個方案這麼做的話，我在年底確實能看到這件事的實現。」在此基礎上，你把這件事的方案做出來了，甚至把「搶進度」產生的一部分成果呈現出來，那對方就會因為你的決心和責任心而對你感到很放心。至於你在提案最後提出的那個對他來說輕而易舉的小訴求，還有什麼理由不成全呢？

更上一級：如何徵求回饋意見

即便我們已經是掌握上述技巧的提案高手了，在提案／

彙報過程中，被挑戰，甚至被刁難的情況還是有可能發生。這裡我們來看看遭遇上述情況的解決方法。

最通用的一個方式是，主動邀請對方參與到你的陳述之中。你可以根據自己的準備情況和把握程度，設計徵求回饋的環節，讓對方可以發表回饋意見。

比如，你在闡述自己對目標的理解以後，就可以主動跟對方互動一下：「長官，剛才我們對目標的理解，您看是正確的嗎？」

如果你按照我們在「主持會議」一節介紹的，[10]在提案之前積極奔走，和主管充分交流，這個時候主管就會說：「對的，理解挺到位的。」那你一下子就抓住了所有人的注意力，現場所有人也都意識到了「大主管已經說了，這個目標理解是到位的」這件事。

這就是你可以預先設計的「小回饋」，用一個封閉性的問題，引導對方說「是」或者「不是」。當然，如果你事前溝通到位的話，對方和你的答案肯定是一致的。你可以通過此舉，很好的把握提案節奏。

另一種可以預先設計的是「大回饋」。就是在你說完整個方案或者某個重要的部分後，提一個開放性的問題：「各

---

10 原注：詳見本書第四部。

位主管，針對剛才我們提出的這幾項舉措，大家還有什麼意見，或者有什麼要求？」

設計「大回饋」的風險係數相對較高，對方在發表意見的過程中，可能會反問你一些充滿火藥味的問題。出現這種情況時，沉住氣。你要先弄清楚提意見的人是誰，從而給出針對性的處理方案。

舉個例子。你做為公司市場部的一名企劃，正在公司內部彙報「雙十一」的重大計畫。今年你們公司特別重視這個活動，指望它來拉抬業績。這時候，行政部的人衝出來提了個問題——在這個場景中，不管行政同事提出的挑戰有多激烈，都比不上活動出業績重要。你可以客客氣氣的回覆：「張主任，這個意見我記下來了，很中肯，很重要，我們回頭完善方案的時候把它落實進去。」重要的是，安撫對方情緒。

但如果對方意見的分量很重，單靠安撫不能解決問題，那你就要積極的創造開放性的溝通機會：「王總，這個意見真的非常重要。您看，我們這個準備沒那麼到位，現在這個意見我不能第一時間落實。這樣，我們今天會後馬上就落實，24 小時之內讓這個方案完善。您明天有時間嗎？我單獨再向您彙報一下，正好也聽一聽您詳細的指導。」

你只要這樣回覆，對方一般就會說：「行，那接下來我單獨再找你。」很少會出現不依不饒的情況，提案就可以按照既定的節奏推進了。重要的是主線任務別被帶跑。

當我們提案或者彙報時，歸根結柢，我們推銷的是自己這個人，而不是某個方案。所以，無論碰到怎樣的挑戰、刁難，都要表達對在場所有人的尊重，向他們呈現一個最好的自己。這才是我們最主要的目標。

接下來，我們終於要迎來這本書中的最後一場「戰鬥」了，這是一場會戰，我們要在這一個溝通場景中把前面講過的所有溝通方法融會貫通的使用。這個挑戰就是，怎樣抓住一次晉升答辯的機會。

花姊幫你畫重點

一、彙報／提案本質上是一次演習，而不是請示。

二、彙報／提案最關鍵的能力是向對方呈現結果的能力。你做為總指揮，要把責任承擔起來。

三、向主管或客戶呈現結果，你要做的就是三件事：首先把你的目標融合到主管的目標裡，其次把你的進度搶在主管之前，最後提一個最小化的訴求，用對方的推力讓飛輪先行運轉起來。

24

競聘

怎樣才能讓你在競爭中笑到最後

請你帶著這些問題閱讀：

· 你在競聘前會從哪幾個方向準備？
· 如果競聘成功了，你會怎麼說？
· 如果競聘失敗了，你又會怎麼說？

「自己」這個東西是看不見的，只有撞上一些別的什麼，反彈回來，才會了解「自己」。所以，跟很強的東西、可怕的東西、水準很高的東西相碰撞，然後才知道「自己」是什麼，這才是自我。

——山本耀司

本書最後一節，我想向你介紹的是競聘。你在一個職位上已經工作了一段時間，滿足了申請晉升的基本條件，公司要安排一次晉升的答辯。又或者，公司因為某個重要職位空缺，鼓勵員工競聘上崗，你恰好符合條件，準備一試。上臺答辯的短短幾十分鐘，有可能為你的職業生涯省下3～5年的努力。這毫無疑問是你人生的關鍵時刻（MOT, Moment of Truth）。[11]

那麼我們就來看看，如何在這個關鍵時刻集中力量。

---

11 原注：關鍵時刻，不是一個觀念，而是一套解決問題、改善效果的行動方法。如果你從事的工作需要頻繁與人打交道，我強烈推薦你學習得到App上由體驗設計專家汪志謙老師主講的課程《MOT體驗設計課》，掌握一套可以解碼人心、人性的工作方法。

競聘不是為了贏

該首先要明確競聘的目的是什麼。它是字面意義上的贏得一場競爭，把職務拿到手嗎？

其實不是。參加過這類答辯的話，你就應該知道競聘結果很多時候與你在現場的表現無關。這倒不是公平性的問題，而是因為，別人對你的印象來自日積月累的觀察和交往，你平常的工作業績才是決定你能否升職的關鍵。在能力不達標的情況下，把晉升的希望寄託在一次競聘答辯上，顯然是不切實際的。

但從公司的角度講，為什麼還要花費人力物力舉行一場競聘呢？這是因為公司需要把答辯現場當作一次公開展示，讓所有人可以親眼見證，你做為某個職位的候選人是不是真的能夠勝任——績效證明的是資質，大家知道你過去做得挺好；但是要晉升，就應該著眼於未來。大家要看你在新的職位上，面對新的問題，還能不能做好。

這麼多主管和同事坐下來認真聽一次你對全盤工作的想法，所有的聚光燈都打在你一個人身上——這是你在一家公司工作多年也很少能爭取到的機會。所以，競聘可不是為了一時的輸贏，而是無論輸贏，都讓在場所有人對你的未來表現產生長遠的信心。

你競聘成功了，固然值得高興，但如果你為了贏表現得爭強好勝，現場的人可能會覺得：「雖然這個人挺厲害的，但我不願意和他成為盟友。」這在當時可能只是個印象，但它會伴隨著你的晉升，成為一股日益強勁的阻力。

相反，即使這場答辯你沒有贏，但因為這個聚光燈下的機會，所有人都看到了你的能力與價值，看到了你的誠懇和謙遜，那麼下一次的機會可能就是你的。

還有一種情況是，因為勝負心太強，一旦答辯失敗，當事人就變得特別消沉。周圍的人可能會覺得：「這個人經不起事，太脆弱無能了。」

上述三種情況，恰好說明了競聘和一般述職彙報的差異。雖然都是當著大家的面來講話，著眼點可不一樣，競聘看重的不是過去，而是未來。你可以把自己競選的那個職位想像成眼前的一個靶子。當場正中十環固然很好，但更重要的是看到靶子背後還有一個靶子，眼前目標背後還有長遠目標。

舉一個發生在羅振宇身上的例子。

看過羅振宇的履歷的話，你應該知道他曾在央視工作，負責一個叫做《對話》的名牌節目。但他後來為什麼離開了呢？實事求是的說，是受到一些複雜的人際關係的影響，不得不走。甚至，為了讓他走，還舉行了一次競聘。據他所知，很多評委都得到了暗示，不能投票給他。也就是說，如果羅振宇參加，他必輸無疑。

一般我們會覺得：「這麼針對我，還搞競聘這麼一出，那我不參加不就好了嗎？我不參加，也就不會輸；反正我都決定要走了，為什麼要自取其辱呢？」當然還會有人認為：「剛好趁著大主管和同事都在，我要利用這個機會控訴，把自己的委屈說出來。」

羅振宇當時做了一個決定。他買了人生第一套西裝，穿上西裝打好領帶，準備了他在央視最正式的一次競聘答辯。至於為什麼要參加一個必輸無疑的局，羅振宇的理由很簡單：「我可以忍痛離開這個單位，但這裡的很多同事都是我尊敬的人，我希望他們想起我的時候，雖然未必是朋友吧，但至少覺得我是一個值得被喜歡和被尊重的人。」

所以，他極其認真的參加了一場注定失敗的競聘。

結果，羅振宇的這次競聘不僅讓熟悉他的同事非常驚訝，連很多以前不認識他的同事都對他印象深刻。輸掉競聘的結局雖然沒有改變，但大家對他的風骨都表示非常佩服。在他離開央視之後，他跟很多老同事的關係變得更好了。

透過這個事例，我希望你可以和我一樣認識到，競聘之所以被看作關鍵時刻，是因為它有可能成為溝通這場無限遊戲中一個特別重要的變數。我們可以不看重當下那場「有限遊戲」的輸贏，但要努力爭取在無限遊戲中向前邁進一大步。

明確了這一點，我們回到競聘現場，看看怎麼準備這場無限遊戲。

競聘＝請戰

剛才提到，競聘更加看重未來。我們可以進一步透過請戰這種意象來理解它——統帥已經擺好了戰場、備足了資源。你做為部下，發現了一個戰機，請求允許自己在接下來的戰役中擔起攻堅重任。

在「請戰」這個話語體系下，我們可以明確競聘的兩大前提。

其一，我們一定要肯定現狀，肯定主管或者前任同事的既有布署。先有好的戰場，才會出現合適的戰機。所以，這個話語模式自然回避了我們在競聘過程中和主管或者前任同事的衝突。

其二，我們需要詳述接下來要做的具體事項。這不僅能夠體現一個人的謀劃和執行能力，還能避免我們在競聘現場談論那些大而無當的雄心壯志。

這套話語模式明確了「怎麼說」、「說什麼」的問題。不管你所在的公司有沒有做競聘發言的格式要求，你的陳述稿上都要包括以下三個基本要素：

競聘＝肯定現有戰場＋我的獨特打法＋我的充分準備

下述是包含了這三個要素的發言範本，可以參考一下：

> 主帥展開的戰場態勢特別好，我願意帶部夜襲敵營，為此我部已經操練了三個月。

短短一句話，肯定了現有戰場，呈現了我的獨特打法，還講出了我的充足準備。當然，這是假想的戰場情境。我們再來看一個適用於商業公司的版本：

> 在前任主管的帶領下，本部門業務發展良好，已經臨近一個突破口。我如果競聘成功，希望能在新媒體行銷上更加努力。為此，我已經匿名做了一個抖音號，初步有了手感，現在已經積累了30萬粉絲。希望可以把這個能力貢獻給公司。

競聘 5 大注意事項

競聘的基本要素比較簡單，但在實際操作過程中卻有不少障礙。撞到其中任何一個，都有可能演化為災難性的職場事件。接下來，就把我們在競聘場景中可能會遇到的障礙提前排查一遍。

不要說前任的壞處，要肯定現有戰場

很多人在準備競聘時特別容易陷入這樣一個邏輯：這個職位之所以輪得到我來擔任，是因為前任同事沒做好，換我肯定比他強。

但實際上，你的前任同事有很高的機率還在這家企業工作。如果他晉升了，那他就是你的主管；即使他被調走，「耳目」仍在。你在還沒上位的情況下，就開始否定他的做法和功績，他聽在耳朵裡，肯定沒辦法高興起來。

我們的目標是拿下職位，而不是樹立敵人。所以，這麼說、這麼想都是職場大忌。在競聘發言中，你可以不感激前任同事教了你多少東西，為你打下了多好的基礎，在極端情況下，你甚至可以對他一字不提，但永遠不要說前任的壞話。

事實上，你和前任同事只有一個關係：戰場是他擺的，而你在過程中發現了一個戰機。所以，你要展現的是對現狀的理解：現狀創造了一個機會點，如果我擔任這個職位，我將開展哪些工作。

不要擺過去的功勞，要講未來的打算

當然，很多人在競聘時，講的都是「我之前取得的戰績有多輝煌，所以應該提拔我」。這麼說的問題在於：你士兵當得好，怎麼證明你能當個將軍？正步踢得好，怎麼證明你能帶隊伍？……

新職位和舊職位需要的是兩種能力，二者之間並沒有必然的因果關係。所以，炫耀自己過去的成績在這個場合是無效的。更嚴重的問題是，擺功勞，很多時候是在搶奪別人的勞動成果。

公司內部很多取得巨大成功的專案，肯定是協作的結果，不可能是你獨自做出來的。所以，只要你一擺功勞，旁邊坐著的那些曾經參與協作的人肯定就會「翻白眼」，覺得你侵占了屬於他們的功勞，或是否認了團體的合作。如果這個人手握競聘的投票權，就會帶著反感投出反對票。

不要說對未來的想像，要說對未來的規劃

我們已經知道了競聘時不要擺過去的功勞，但我們在暢想未來的時候，也容易遇到問題——熱血沸騰的談論宏偉藍圖，還要引用一堆名人金句。這些藍圖、金句處理不當，就容易變成「正確的廢話」，主管也會忍不住插嘴說：「注意時間，說重點。」

就像我們在前文提到的，你要把公司的目標翻譯成自己要做的事，把焦點落在具體戰役上。所以，你在競聘的場景中應該告訴主管，如果你競聘成功，你想立即發動一場小戰役；要打哪兒，怎麼打。把你的打法描述清楚，那麼所有人都會被你帶入一個具體的情境，去看哪裡要討論、哪裡要發

言……你陳述的獨特性就體現出來了。

我曾聽一位地產巨頭說，判斷某個看房人是不是真的買家，訣竅在於，這兩口子在現場有沒有開始討論「這屋裡擺不下我們家那張床」。聽起來好像是在挑剔，但有經驗的銷售都知道，出現這種對話時，就不要再給看房人讓價了。因為他已經走進具體情境之中，從一個擁有者的心態看待這套房子了。這時候再要抽身出來是很困難的。

同理，你競聘市場總監，就要拋開「大幅提高公司的品牌資產，三年後公司的品牌會變成怎樣」這類想像，落在一個最小化的啟動點上面。比如，這個「雙十一」你怎麼做，從哪裡入手。打法一定要具體，有邊界，還要有創新點。這樣才能打動給你評分的人。

不要光講準備，要突出個人特質

當你進一步講自己為某個「啟動點」所做的準備時，一定要突出你的特質。人人都能做準備，但特質是別人替代不了的。就像前面講的「我已經匿名做了一個抖音號，有了30萬粉絲」；或者，我的個人微信公眾號已經更新三年了，這讓我對新媒體內容有了一些手感；再或者，我長期接觸客戶，在東南區積累了大量的客戶資源：甚至我單身，可以長期外派不受影響……這都叫個人特質。

當你把自己的特質羅列出來，證明自己是和這個職位最匹配的人，主管就很容易決策了。

不要因為落選鬧情緒，要備妥敗選方案

至此，我們還沒有說競聘中最糟糕的情況：因為沒聘上而鬧情緒。哪怕你只是擺幾天臉色，都會讓所有人覺得：「這是一個不可信任的人，一旦達不到目標，就各種惹麻煩。」

從公司層面來說，鬧情緒反映的不是這次職位應不應該給一個人的問題，而是從此以後這個人還能不能重用的問題。很多人會抱怨說，因為競聘沒成功，主管和同事就開始給我「穿小鞋」了。出現這種情況的原因往往不在於競聘失敗，而在於你鬧情緒被他們看出來了。

所以，決定競聘之前，敗選方案也應該準備好。這是我們下次還能再來競聘的前提。不幸出現落選的情況時，我認為敗選方案應該由兩個小互動組成——首先要想好和負責決策的主管有一個良性互動，其次要想好和當選者有一個良性互動。

和主管互動，就是不讓主管操心，不給他增加負擔。可以像這樣說：「剛才知道結果了。雖然很遺憾，但是這個過程中我學到了很多東西，特別受鍛鍊。您放心，工作不會受任何影響。」

如果你和主管關係比較好的話，還可以多問一句：「我

這次差在哪，下次出差路上能不能跟我說說？我好繼續學習和努力。」這是和主管溝通最積極的姿態。

之所以也要和拿到職位的那個人發起互動，是因為大家既然競聘同一個職位，說明未來仍可能是工作關係緊密的同事，低頭不見抬頭見。

和當選者的互動可以盡量簡潔一些：「熱烈祝賀，哥們兒，回頭多聊聊。」只要釋放出「願意與你保持溝通」的信號就可以了。在這種關係裡，行勝於言，說多了對方會覺得你虛偽。更重要的是，團結同事的責任這時其實是落在當選者身上的。你只需要做出一個最小化表態，把溝通的介面打開，接下來就等著對方來團結你就行了。

到這裡，不知道你有沒有想過一個問題：為什麼要把「競聘」放在本書最後一節介紹呢？

這麼設計的初衷，是希望你能透過這個綜合場景和壓力測試認識到一點：所有的溝通都建立在清晰的目標感之上。咬死自己的目標，不讓自己的目標被特定情境帶偏，是溝通高手真正的內功。

就像你在競聘過程中不能陷入眼下這個「我要贏得更高職位」的小目標裡那樣，你真正的目標是持續優化自己的生存環境，得到更多人的認同和信任。咬死這個目標，升職加薪不過是水到渠成的結果。

做為一個老實人，你可能不夠妙語連珠，但只要你把全身的內力都聚焦到一個真正的目標上，突然有一天，你回過頭，會發現原來自己已經走了那麼遠。

更上一級：如何對待下屬競聘

我們做為競聘者應該怎麼行動，前面已經介紹得非常詳細了。這裡我們嘗試換個角度，來看做為主管的你，在下屬競聘結束後可以怎麼做。我們可以透過「阿里三杯酒」的故事，參考相關做法。

我們知道，阿里有非常成熟的晉升體系。一般晉升結束後，都會有個慶功宴。做為主管，在這場慶功宴上要給下屬分別敬三杯酒。關鍵在於，這三杯酒面向晉升成功的人和沒成功的人時，要敬出不同的效果。

對於晉升成功的人，第一杯酒，當然要表示祝賀。第二杯酒，就要表示認可，說說這位下屬的優點、亮點。這是要讓別人看見，主管確實對這個人很認可，以後要好好配合新主管工作。而到了說給本人聽的第三杯酒，就要提要求、說期待。

至此，這位新晉升的同事有很高的機率會在現場對你的期待和要求許下承諾。喝下三杯「雞血」後，接下來他就要大展身手了。

但同在慶功宴的場合，那些沒晉升成功的人，情緒就很微妙了。做為主管，為及時安撫他們的情緒，同樣可以敬上三杯酒。

第一杯酒，依然表示祝賀。沒晉升成功的人，此刻心裡肯定覺得很丟人，也沒什麼安全感，所以反而要高調的表示祝賀；並且說清楚，提名就代表了公司的認可，他其實很優秀。把他的不安全感和覺得丟人的心理化解開。

第二杯酒，就要用更具體的分析來幫他重建信心。告訴他為什麼差了一點，他的優勢在哪些地方。請注意，這裡不是要你批評下屬，關鍵在於後面優勢的分析。這是讓周圍的人都看到，這位同事沒有晉升成功，只是某個小地方還不夠好，那麼大家便不會因為這次失敗而輕視他。

到了最後第三杯酒，還是提期待。這裡的期待，更多的就是鼓勵了，讓這位下屬不要被一次失敗影響，再接再厲。

這意味深長的三杯酒，希望可以對你（或者未來的你）有所幫助。

花姊幫你畫重點

一、競聘的本質，不是和對手競爭，而是向公司請戰。競聘不是為了贏，而是為了改善你未來的生存環境。要帶著無限遊戲的眼光去看這場競聘。

二、一篇競聘演講稿或者競聘資料，要包括三個基本內容：肯定現有戰場，我的獨特打法，我的充足準備。

三、給你五個提醒：不要說前任的壞處，要肯定現有戰場；不要擺過去的功勞，要講未來的打算；不要說對未來的想像，要說對未來的規劃；不用光講準備，要突出個人特質；不要因為落選鬧情緒，要備妥敗選方案。

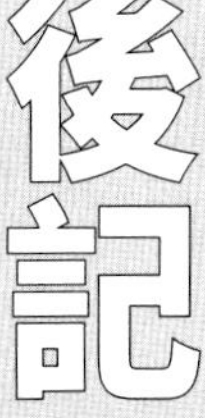
後記

哈，既然你都耐心的讀到這裡了，我想請你幫個忙：如果你覺得這本書有用，就請你把它推薦給你身邊的人，好嗎？

按照書中「求助」一節的方法，為了感謝你的幫助，我為你準備了一份小禮物——在得到 App 的搜尋欄搜尋「高效學習」，就可以領取我主講的一門課程《怎樣成為高效學習的人》。這門課程已經有一百多萬人在學習了，希望對你有用。

我們再說點心裡話。

我十分喜歡一個象徵，那就是燈。認真與人溝通，就是在傳燈。在我的想像中，人生最好的樣子，是一口真氣不散，修己、傳燈、度人。

書裡傳遞的這些溝通方法，不是我一個人的經驗，而是我在自己過往的成長道路上遇到的那些貴人們無私教導我、幫助我而慢慢積累起來的。這些方法曾經塑造了我，我希望如今它們也能夠成就你。溝通的方法，是他們手中曾經照亮我的那盞燈，今天通過我，變成《溝通的方法》這本書，傳到你手中。

答應我，只要有機會，就把這盞燈傳下去。

在這本書的最後，我想特別感謝「得到溝通訓練營」最初的 3 萬多名同學，他們每一個人都全心投入到這個計畫中，並且無私貢獻了自己的想法、故事和經驗。這些同學的改變和他們不定期給我發來的喜訊，深深鼓舞了我。他們是這本書的共創者。

感謝心理學家陳海賢老師、李松蔚老師，在這套溝通的方法研究過程中，他們兩位為我提供了來自心理學和複雜科學的視角，幫助我用更深層的邏輯來思考這個課題。

感謝教育家李希貴校長和教育學者沈祖芸老師，他們一直非常關心這個計畫的進展，為我提供了大量來自教育界的案例和經驗，讓這本書更加有血有肉。

感謝和我一起推動這個計畫的同事們，鹿宇明、李倩、賈行家、羅硯、李寧、馮啟娜、史婉霜、徐溟旭、朱君宜、董耘、于婷婷、馬想、王玲玲、白麗麗、翁慕涵、龍立恆、楊寧、李岩、陽子、劉帆、甄宬。特別是一位「不願意透露姓名」的楊霽琳同學，她不僅是這個計畫的主要教研成員，而且是這本書中很多案例里負面角色「小楊」的原型，為了寫作效果，她無私的背起了這口「巨鍋」。

感謝中國傳媒大學的趙俐老師，教會我在鏡頭前怎樣講課。沒有她的悉心指導，我無法在短時間內面對那麼多人、講那麼多遍溝通的方法，也就談不上這本書的寫作。

感謝著名攝影家王太平老師，他為我拍攝的這張封面照片，讓我人生中第一次對自己有了「謎之自信」，我單方面宣布這就是我唯一的標準照。

感謝我的兩位創業夥伴羅胖和快刀青衣。我們是合夥人，我們也是人生的戰友。

最後的最後，感謝我的父母賜予我旺盛的精力和體能，讓我在面對所有挑戰時都充滿鬥志。感謝我的先生張新陽多年如一日包容我的「簡單粗暴」，只有在他面前，我可以不必非得是一名溝通高手。更要謝謝親愛的張樂意和張本意小同學，你們的名字就是一名溝通者最好的樣子：做自己樂意的事，遵循自己的本來意願。

你我之間也是一場無限遊戲，所以，我不會跟你說再見，而是要說：書讀完了，我們一起落實它吧！

溝通的方法 / 脫不花著 -- 第一版 . -- 臺北市 :
遠見天下文化 , 2021.09
424 面 ; 14.8×21 公分 . -- (財經企管 ; BCB743)

ISBN 978-986-525-309-7 (平裝)
1. 人際傳播 2. 溝通技巧
177.1　　　　　110015326

財經企管　BCB743

溝通的方法

作者 — 脫不花

副社長兼總編輯 — 吳佩穎
副總編輯 — 黃安妮
責任編輯 — 張彤華
校對 — 石容瑄（特約）、凌午（特約）
美術設計 — 謝佳穎（特約）
內頁排版 — 蔡美芳（特約）

出版者 — 遠見天下文化出版股份有限公司
創辦人 — 高希均、王力行
遠見・天下文化 事業群榮譽董事長 — 高希均
遠見・天下文化 事業群董事長 — 王力行
天下文化社長 — 王力行
天下文化總經理 — 鄧瑋羚
國際事務開發部兼版權中心總監 — 潘欣
法律顧問 — 理律法律事務所陳長文律師
著作權顧問 — 魏啟翔律師

讀者服務專線 — 02-2662-0012 ｜ 傳真 — 02-2662-0007, 02-2662-0009
電子郵件信箱 — cwpc@cwgv.com.tw
直接郵撥帳號 — 1326703-6 號　遠見天下文化出版股份有限公司

製版廠 — 中原造像股份有限公司
印刷廠 — 中原造像股份有限公司
裝訂廠 — 中原造像股份有限公司
登記證 — 局版台業字第 2517 號
總經銷 — 大和書報圖書股份有限公司 電話／(02)8990-2588
出版日期 — 2021 年 9 月 28 日第一版第 1 次印行
2024 年 10 月 15 日第一版第 9 次印行

本書臺灣繁體版經北京思維造物信息科技股份有限公司授權出版。
文化部部版臺陸字第 110286 號。

定價 — NT450 元
ISBN — 978-986-525-309-7
書號 — BCB743
天下文化官網 — bookzone.cwgv.com.tw

天下文化

BELIEVE IN READING